빅데이터
부동산 투자
2022-2023 대전망

빅데이터 부동산 투자

2022-2023 대전망

김기원 정세윤 지음

거대한 변곡점 앞에 선
한국 부동산 시장

클라우드나인

부동산 시장을 거시경제 지표 관점에서 분석하라

(홍춘욱, 리치고 인베스트먼트 대표)

29년간 거시경제 지표를 분석하는 이코노미스트 일을 하다 보니 주변 지인들에게 "부동산 어떻게 보세요?"라는 질문을 참 많이 듣습니다. 거시경제 지표의 관점에서 부동산 시장 분석은 그렇게 어렵지 않습니다. 크게 보아 세 가지 정도의 지표를 보면 대략적인 설명이 가능하거든요.

부동산 시장을 볼 때 가장 중요한 지표는 '경기동행지수'입니다. 간단하게 말해 현재 경제 여건이 어떤 방향으로 움직이는지 점검하는 것입니다. 한눈에 보기에도 경기가 좋아지면 주택 가격이 오를 가능성이 높고, 반대로 경기가 나빠질 때에는 주택 가격이 하락할 가능성이 높습니다. 그러나 이것만 가지고는 2020년부터 시작된 강력한 랠리를 설명하기는 쉽지 않습니다.

그래서 한 가지 지표를 더 보는데 바로 실질금리입니다. 실질금리란 우리가 은행에 가서 대출을 받을 때 적용되는 금리에서 물가상승률

경기동행지수 순환변동치와 주택가격 상승률 추이

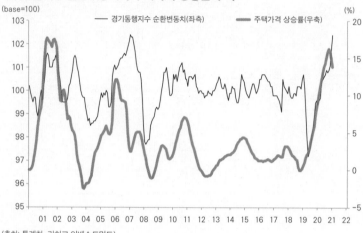

(출처: 통계청·리치고 인베스트먼트)

한국 실질 대출금리와 주택가격 상승률 추이

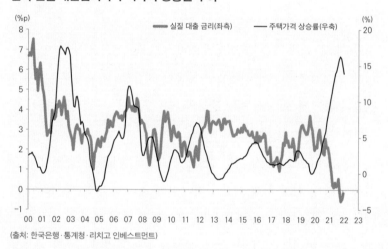

(출처: 한국은행·통계청·리치고 인베스트먼트)

을 뺀 것입니다. 예를 들어 대출금리가 3%인데 소비자물가상승률이 4%라면 실질적인 금리 부담은 마이너스 1%가 되는 셈이죠. 실질금리가 마이너스일 때는 대출 부담이 없는 것이나 다름없기에 대출이 크게 늘고 또 주택을 사려는 사람도 늘어납니다.

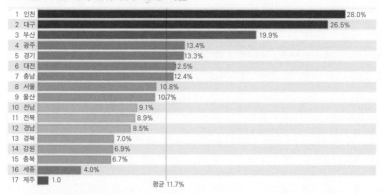

시도별 20년 대비 신규 입주 물량 비율

순위	지역	비율
1	인천	28.0%
2	대구	26.5%
3	부산	19.9%
4	광주	13.4%
5	경기	13.3%
6	대전	12.5%
7	충남	12.4%
8	서울	10.8%
9	울산	10.7%
10	전남	9.1%
11	전북	8.9%
12	경남	8.5%
13	경북	7.0%
14	강원	6.9%
15	충북	6.7%
16	세종	4.0%
17	제주	1.0

평균 11.7%

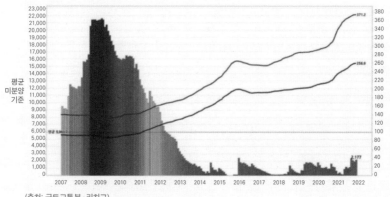

대구 미분양 추이(기간: 2007년 1월~2021년 11월)

(출처: 국토교통부·리치고)

앞의 차트를 보면, 2022년 초 국내 실질 대출금리가 역사상 최저 수준임을 알 수 있습니다. 한국은행의 기준금리 인상에도 불구하고 실질금리가 마이너스를 지속하고 있는 것은 강력한 인플레이션 때문이죠. 러시아의 우크라이나 침공을 전후해 원유 가격이 상승하는 데다가 코로나 팬데믹 영향으로 반도체 생산이 차질을 빚고 있는 것도 영향을 미친 것 같습니다.

이렇게 답을 하고 나면, 그 다음 질문이 "어디를 살까요?"입니다. 이럴 때 저는 『빅데이터 부동산 투자 2022-2023 대전망』을 읽어보라고 말씀드립니다. 지역별 주택 시장의 동향은 물론 미래 입주 물량이 한눈에 알기 쉽게 설명되어 있기 때문입니다. 예를 들어 제 고향 대구의 아파트를 사려는 친척들에게 다음의 첫 번째 차트를 보여줄 것입니다. 시도별 지난 20년의 총량 대비 신규 입주 물량 비율을 살펴보면, 인천과 대구가 2025년까지 상당히 공급이 많다는 것을 발견할 수 있습니다.

물론 이것 하나만 보고 대구 아파트 시장을 판단할 수는 없죠. 그 다음으로 미분양 추이를 살펴보는 것도 좋은 방법이라 생각합니다. 다음의 두 번째 차트는 대구의 미분양 추이를 보여주는데 2021년 2월 195호를 바닥으로 2021년 11월 2,177호까지 9개월간 꾸준한 증가세를 보이는 것을 확인할 수 있습니다. 그리고 미분양이 늘어난 이후 주택 가격의 상승 탄력이 꺾이는 것을 확인할 수 있습니다.

따라서 저라면 대구의 아파트를 매입할 때 신중하라고 말할 것 같습니다. 이 대목에서 "서울은 어때요?"라고 묻는 독자분들이 많을 것 같습니다. 책에 지역별 미분양, 입주 물량, 전세 수급, 소득 대비 주택 가격 비율이 상세히 나와 있으니 읽어보시면 좋을 것 같습니다. 끝으로 책을 집필하느라 수고하신 김기원 대표님에게도 감사하다는 말씀드립니다.

한국 부동산 시장에 거대한 변곡점이 시작됐다

2021년 1월 출간된 두 번째 저서인 『빅데이터 부동산 2021 대전망』에서 필자는 "한국 부동산 시장은 거대한 변곡점을 눈앞에 두고 있다. 그리고 부동산 시장의 상승세가 1년간은 더 이어질 수 있으며 최대 2년까지도 이어질 수 있다."라고 언급한 바 있다. 또한 "2021년 하반기에서 2022년 상반기 무렵에는 서울, 경기, 대구 등과 같이 고평가된 지역들은 부동산 시장에 거대한 변곡점이 시작될 가능성이 매우 크다."라고 전망하였으다. 2021년 10월 9일에는 필자의 소통 창구인 블로그를 통하여 부동산 시장의 변곡점이 이제는 시작되었다고 자세히 기술하기도 하였다. 필자는 이번 책에서 한국 부동산 시장의 거대한 변곡점이 시작되었다는 다양한 근거들을 빅데이터들을 통해 제시하고 있을데 독자들이 부동산 시장의 흐름을 읽고 인사이트를 얻는 데 도움이 되었으면 한다.

2020년 중순에서 2021년 중순 사이에는 역사상 부동산 시장이 가장 뜨거운 한 해였다. 부동산 시장이 이렇게까지 뜨거운 상승세를 보인 것은 그 누구도 예상하지 못했던 2가지 변수가 있었기 때문이었다.

첫 번째는 '코로나19로 말미암은 유동성 증가와 초저금리'였다. 2020년 3월 코로나의 영향으로 주가가 폭락하고 경제가 셧다운되자 정부는 시중에 유동성을 엄청나게 풀었다. 이뿐만 아니라 2020년 2월에 1.25%였던 기준금리를 2020년 3월 0.75%, 2020년 5월 0.5%까지 인하하며 인위적인 초저금리로 경제가 무너지지 않기 위한 대책을 최대한 펼쳤다. 시중에 유동성이 풀리고 금리가 역사상 최저인 초저금리 시대가 되자 많은 사람이 대출을 최대한 이용하여 투자하는 '투자광풍'이 불었다. 대중은 주식, 코인, 부동산 등을 가리지 않고 '투자하면 자산 가치가 증가한다.'라는 생각에 너도나도 투자하기 시작하였다. 자금이 지속해서 주식, 코인, 부동산 등에 유입되며 부동산 역시 본질 가치를 무시하고 큰 폭으로 상승하게 되었다. 두 번째는 2021년 7월 말에 통과된 '임대차 3법'이었다. 정부가 인위적으로 부동산 시장에 개입하면서 전세가격의 급등을 부추기게 되었고 매매가격도 동반 상승하게 되었다.

예측 불가능했던 위 2가지 사유 탓에 역사상 가장 뜨거웠던 부동산 시장은 이제 거대한 변화의 흐름이 감지되고 있다. 2021년 10월 이후로 부동산 시장의 열기는 급격하게 식어가고 있고 수도권 부동산 시장에서도 고평가된 지역들은 이미 거래 절벽 현상이 나타나고 있다. 왜 이렇게 갑자기 부동산 시장이 식어가고 있는 걸까?

정부는 0.5%로 유지되던 기준 금리를 2021년 8월부터 인상하기 시작하면서 2022년 2월 기준 1.25%까지 급격히 인상하였다. 상승률로 비교해보자면 0.5%에서 150%가 상승한 격이다. 초저금리일 때 대출을 받은 사람들의 이자 부담이 기하급수적으로 증가하게 된 것이다. 코로나19의 영향으로 풀린 엄청난 유동성 때문에 2020년 하반기부터 인플레이션 문제가 심각하게 나타나고 있어 금리는 지속해서 인상될 가능성이 크다. 즉 투자 광풍을 불어왔던 요인들이 이제는 후폭풍을 몰고 오기 시작하고 있다.

다시 정리해보자. 2021년 8월을 기점으로 하여 코로나로 영향을 받았던 엄청난 유동성과 초저금리의 시대는 끝나가고 있고, 정부는 이미 대출 규제를 강화하고 있으며 2022년 7월부터 대출과 관련된 DSR(총부채원리금상환비율) 규제가 전국으로 확대되어 더욱 강화될 예정이다. 그리고 투자 광풍에 의해 그 어느 때보다 본질가치(소득, 전세가격, 통화량, 물가, 국내총생산 등) 대비 부동산 시장은 고평가된 상황이다.

이미 초저금리였던 2020년에 2030 세대가 소위 영끌하여 역사상 가장 많은 부동산 거래가 이뤄졌으며 지금은 매매 수요가 현격히 감소하여 역사상 가장 적은 거래가 이뤄지고 있다. 모든 투자는 내가 매수하는 가격보다 더 비싸게 사줄 수 있는 누군가가 많을수록 성공할 확률이 높다. 주변을 둘러보라. 과연 여러분 주변에는 아파트를 살 여력이 있는 사람이 얼마나 있는가? 2013년 말부터 시작하여 2021년 말까지 만 8년이란 긴 기간 동안 대세 상승해왔던 수도권 부동산 시장은 이제 상승 에너지가 거의 소진되어 하락의 변곡점에 들어섰다고 판단이 된다. 2022년에는 대선과 지방선거의 이슈가 있다 보니 재건축, 리모델링 등의 아파트는 반등의 흐름이 나타날 수도 있겠지만 일시적인 반등에 그칠 가능성이 더 커 보인다.

많은 사람과 대화를 해보면 부동산이 오랜 기간 상승을 지속하였기에 더 상승할 것이라는 기대를 많이 하는 것 같다. 하지만 부동산을 포함한 모든 투자는 상승과 하락을 반복하는 큰 사이클에 있다. 대다수 대중에게 내 집 마련은 인생에서 중요한 의사결정인데 최고점에서 매수하는 잘못된 결정을 내리게 되면 그 고통은 이루 말할 수 없이 크다. 이것을 잘 알고 있기에 필자는 이 책을 읽는 독자들이 잘못된 의사결정을 내리지 않도록 여러 빅데이터들로 분석한 부동산 시장의 흐름을 자세히 기술하였다. 부동산에 관한 의사결정은 자산을 키울 수도 있지만 반대로 나락으로 빠지게 할 수도 있으며 대부분 내 집 마련은 인생에서 가장 비싼 구매 의사결정 중 하나일 것이다.

필자가 개발하고 있는 부동산 관련 빅데이터들은 여태까지 부동산 시장의 방향성을 높은 확률로 맞춰왔다. 이 책에는 독자들이 이해하기 쉽도록 부동산에 가장 큰 영향을 미치는 빅데이터들을 최대한 정리하여 제시하였으며 지역별 부동산 시장을 전망하려고 노력하였다. 하지만 필자 역시 절대로 "100% 부동산 시장이 이렇게 흘러갈 것입니다."라고 미래를 확정 짓지는 않는다. 미래에 어떤 일이 일어날지 그 누구도 모르기 때문이다. 하지만 단편적인 근거하에 "부동산은 계속 상승하니 지금이라도 내 집을 마련해야 합니다."라고 주장하는 것은 위험한 발언이라고 생각한다. 그러하기에 부동산에 영향을 미치는 다양한 빅데이터들을 종합하여 부동산 투자의 위험을 최소화하였고, 독자들이 부동산 시장이 흘러가는 방향을 어렵지 않게 이해할 수 있도록 빅데이터들을 시각화하였다. 이 책을 통해 현재 부동산 시장의 상황이 어떠한지 팩트 체크를 해보길 바란다.

시대가 많이 바뀌고 있으며 부동산 시장에도 빅데이터와 인공지능의 시대가 열리고 있다. 필자는 부동산 시장에 몰아치고 있는 기술 혁

신의 파도가 부동산 시장의 안정화에 크게 이바지할 수 있을 것으로 예상한다. 부동산에 관한 의사결정 하나 때문에 벼락부자가 되고, 벼락거지가 되는 세상은 과연 공정한 세상인가? 투자에 관한 책임은 개인에게 있지만, 다른 무엇도 아닌 '내 집 마련'을 하는 데도 금전적 이익이 우선시되는 투자 성격이 강한 것은 문제가 있다고 생각한다. 부동산에 관한 의사결정을 하는 주체인 개인, 기업, 정부 모두 데이터에 근거하여 의사결정을 내린다면 향후 부동산 시장의 안정화를 이루어낼 수 있을 것이다. 정부는 철저하게 데이터에 근거해 부동산 관련 정책 의사결정을 하게 될 것이고, 기업들은 데이터에 근거하여 지역별로 적절하게 공급을 조절할 수 있을 것이다. 그리고 개인들은 부동산이 본질가치 대비 고평가되었다는 것을 인지할 때 무리하게 부동산을 매수하지 않고 본질가치 대비 부동산이 저평가되었을 때 걱정 없이 부동산을 매수할 수 있게 될 것이다. 지금 당장에 이뤄지긴 어려울 수 있겠지만 몇 년 후에 빅데이터가 부동산 시장의 안정화를 가져오리라 기대한다. 이 책이 내 집 마련을 꿈꾸는 분들에게 빅데이터를 통해 부동산 시장을 이해하는 데 도움이 되기를 간절히 기도한다.

▌차례▐

1장 │ 부동산 시장이 변곡점에 도달하였다

4장 | 2021년 6개 유망지역 리뷰

5장 | 2022~2023년 종합투자점수 랭킹과 유망지역

부동산 시장이
변곡점에 도달하였다

역사상 최대 고평가 상태인 부동산 시장에 금리 인상은 치명타이다

현재 한국 부동산 시장이 어디쯤 있는가를 가늠하는 것은 매우 중요하다. "무릎에 사서 어깨에 팔아라."라는 투자 격언이 있다. 쌀 때 사서 비쌀 때 파는 것이 성공 투자의 기본 원칙이기 때문이다. 하지만 내가 계속 살아야 하는 집에 투자의 원칙만을 적용하기에는 무리가 많다. 그래서 위의 투자 격언을 내 집 마련에 적용한다면 "내 집 마련은 허리 밑에서 사야 한다"이다.

내 집 마련은 인생에서 가장 중요하고 비싼 구매 의사결정이다. 거주의 개념을 포함하고 있는 데다 투자 측면에서도 매우 중요한 의사결정이다. 자칫 어깨 이상에서 내 집 마련을 하게 되면 3~4년 후에 상당한 재정적인 위험을 감수해야 할 수가 있다. 그 때문에 지금 부동산 시장이 어디쯤 있는가를 파악하는 것은 너무나도 중요하다. 그래서 다양한 지표들을 만들었다. 한국 전체 부동산 시장에서 서울과 경기가 차지하는 비중이 압도적으로 크다. 즉 이 지표들은 전국 모든 지역에 해당한다기보다는 서울과 수도권 부동산 시장의 큰 흐름을 파악하는 데 도움이 될 것이다.

시중 통화량 대비 아파트 시가총액은 사상 최대로 고평가됐다

부동산은 기본적으로 꾸준하게 우상향하는 것이 맞다. 시중의 통화량이 지속해서 증가하기 때문이다. 그래서 시중의 통화량이 증가하는 속도만큼 부동산 가격이 상승하는 것이 맞다. '시중의 통화량은 엄청나게 증가했는데 부동산 가격은 이에 비해 아직 덜 올랐다.'라는 내용의 신문 기사를 접해보았을 것이다. 필자도 이런 뉴스와 기사들을 볼 때마다 도대체 무슨 근거를 가지고 저런 이야기를 하는가? 데이터로 실제로 계산을 해보았는가? 하는 생각이 들었다. 그래서 직접 시중의 M2 통화량과 아파트 시가총액을 비교한 차트를 만들어보았다. 매우 간단해 보이지만 한국 아파트 시가총액을 구하는 것 자체가 매우 힘든 작업이다.

다음의 차트에서 파란색 선이 시중의 M2 통화량이고 빨간색 선이 아파트 시가총액이다. 그리고 막대그래프는 그 비율이다. 막대그래프가 녹색이며 낮아질수록 통화량보다 시가총액이 더 작은 것이고 막대그래프가 빨간색이며 높아질수록 통화량보다 아파트 시가총액이 더 높은 것이다. 보는 바와 같이 엎치락뒤치락하기는 하지만 통화량이 지속 증가하면서 아파트 시가총액 또한 상승을 해왔다. 과거 2007년이 고평가(통화량 〈 시가총액)였고, 2004~2005년과 2014~2015년은 저평가(통화량 〉 시가총액)였다. 2020년 7월부터는 이 비율이 지난 역사적 최고점인 2007년 2월의 123%를 초과하였고, 2021년 11월 기준 146%로 역사상 가장 높은 수준에 도달하였다. 역

전국 아파트 시가총액과 M2 통화량의 시계열 추이 비교

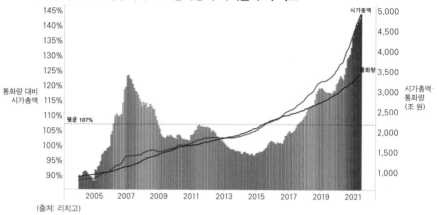

(출처: 리치고)

사는 반복된다고 가정하고 시가총액이 대략 30% 정도는 하락해야 통화량과 비슷한 수준이 된다. 2020년 초 코로나 때문에 풀린 막대한 통화량 증가는 부동산 시장뿐만 아니라 주식과 코인 등으로 흘러가며 소위 '투자 광풍'이 불었다. 2020년 3월 이후의 예기치 못한 통화량 증가는 부동산 시장에 대한 빅데이터의 위험 신호를 비웃듯 더욱 매매가격이 상승하며 부동산 시장을 더욱 고평가 상태로 만들었다. 2020년 7월 말에 시행된 임대차 3법 또한 부동산 시장을 더욱 과열시켰다.

역사적으로 볼 때 통화량과 시가총액은 서로 엎치락뒤치락한다. 이것은 언젠가는 시가총액이 통화량보다 더 밑으로 떨어질 수 있다는 가능성을 의미하는 것이다. 다시 말해, 역사상 가장 고평가되어 있다는 것은 역사상 가장 큰 하락이 있을 수도 있다는 것을 의미한다. 하지만 통화량 하나만 가지고 부동산 시장이 사상 최대 고평가라고 100% 확신할 수는 없으므로 다른 지표와 함께 고평가 여부를 확인해보도록 하겠다.

국내총생산 대비 아파트 시가총액도 사상 최대로 고평가됐다

'부동산 버핏 지수'라고 할 수 있는 '국내총생산GDP 대비 아파트 시가총액'을 분석해도 국내총생산과 아파트 시가총액 간 격차가 가장 많이 벌어진 상황이다. 국내총생산은 한 나라의 국경 안에서 가계, 기업, 정부 등 모든 경제 주체가 일정 기간 생산활동에 참여하여 창출한 부가가치 또는 최종 생산물을 시장 가격으로 평가한 합계로서 그 나라의 전체 경제 규모를 나타낸다. 그 나라의 아파트 시장 규모도 이와 유사하게 움직이는 것이 타당하다.

다음의 차트에서 보는 바와 같이 이 부동산 버핏 지수는 2021년 3분기 9.8까지 치솟으며 1년 만에 무려 20% 정도 급등하였다. 과거 최고점으로 기록됐던 2007년 1분기의 5.6 대비 2020년 2분기 8.0까지 상승하며 약 13년간 43%가 증가하였는데 불과 최근 1년 동안에만 20% 정도가 급등한 것이다. 한국 경제의 펀더멘털인 국내총생산에 대비해서 부동산 시장이 역사상 최고 버블의 시점에 들어서 있다

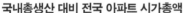

국내총생산 대비 전국 아파트 시가총액

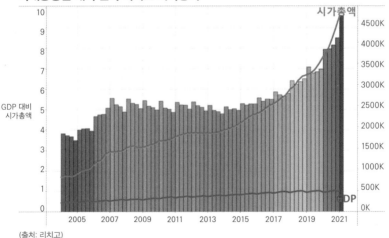

(출처: 리치고)

고 해도 과언이 아니다. 국내총생산 대비 아파트 시가총액의 평균은 2017년과 유사한 5.6 수준인데 2021년 3분기 기준으로 평균 대비 75% 고평가되어 있어 아파트 시가총액이 40% 정도 하락해야 평균 수준으로 회귀할 수 있다.

국민순자산 대비 부동산 비중도 너무 지나치게 높다

이번에는 국민순자산 대비 아파트 시가총액이 차지하는 비율을 통해서 전체 자산에서 아파트 비중이 얼마나 높은지를 체크해보자.

'국민순자산 대비 아파트 시가총액' 비율 역시 이례적으로 2019년 대비 2020년에 무려 2%가 증가하였다. 이는 그 어느 때보다 높은 수준이다. 국민순자산에는 당연히 부동산 가격도 포함되므로 부동산 가격이 상승하며 자연스레 순자산 규모 역시 증가하였다. 그런데 국민순자산 대비 아파트 시가총액 비율이 더 높아졌다는 의미는 (아파트가 포함된) 순자산이 증가하는 속도보다 아파트 시가총액이 증가하는 속도가 매우 빠르다는 것이다. 이 수치가 높은 만큼 아파트 가격이 고평가라는 것을 의미한다. 특히 아파트 시가총액의 비중은 서울과 수도권에 집중되어 있어 역사상 국민순자산 대비 수도권 전반적인 아파트 가격이 가장 높다는 것으로 가늠할 수 있다. 과거 빨간불이 들어왔던 2007년과는 비교되지 않을 정도로 2020년 말 기준으로 이 수치가 높은 것으로 보아 국민순자산과 대비해서도 역사상 최고로 고평가되어 있다는 것을 의미한다.

2004년부터의 평균이 17.4%인데 2020년 기준으로 평균 대비 25.9% 고평가되어 있어 이 수치가 20% 정도는 하락해야 평균 수준으로 회귀하는 것이다. 통화량, 국내총생산, 국민순자산을 가지고 비

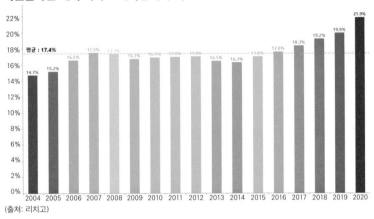

국민순자산 대비 아파트 시가총액 추이

(출처: 리치고)

교해보면 부동산 시장은 역사상 가장 고평가되어 있다는 것을 알 수가 있다. 물론 여기에서 더 고평가될 수도 있다. 하지만 그러기에는 부동산 시장을 둘러싼 여건들이 갈수록 안 좋아지고 있다. 그중에서도 치명적인 악재는 바로 금리 인상이다. 역사상 최악의 고평가 상태인 수도권 부동산 시장 등에 금리 인상은 치명타로 작용할 가능성이 매우 크다. 다음의 차트는 국내 기준금리, 국고채(3년)금리, CD금리의 추이를 보여준다.

2020년에 발생한 코로나 때문에 통화량이 엄청나게 증가하였고 여기에 금리까지 인하되었다. 자금의 유동성이 넘쳐나면서 대출받아 투자하면 돈을 벌 수 있다는 심리가 강해져 부동산, 주식, 코인 시장에 엄청난 투자 광풍이 불었다. 그런데 2021년 8월부터 기준 금리가 갑작스레 인상되기 시작하였고 지속해서 금리가 올라가고 있다. 여기에 미국 역시 2022년에 금리 인상이 본격적으로 시작된다. 얼마 전까지만 하더라도 "2022년에는 금리 인상이 없을 것이다."라고 하였으나 2022년에만 금리를 여러 차례 올릴 것으로 이야기하고 있다. 미국이

국내 기준금리, 국고채(3년)금리, CD금리 추이

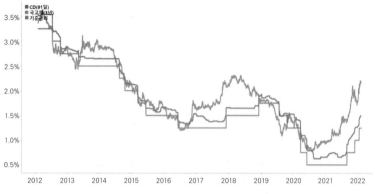

(출처: 리치고·한국은행)

금리를 인상하면 우리나라도 따라서 금리를 인상할 가능성이 크다.

앞으로도 국내 대출 금리는 갈수록 인상될 것으로 예상할 수 있는데 우리나라는 이미 역사상 가장 많은 가계 대출을 부담하고 있다. 또한 숨겨진 부동산 관련 대출도 상당수 있어 정부도 대출 규제를 본격적으로 강화하고 있고 2022년 7월 대출 DSR 규제는 더욱 강화될 예정이다. 대출을 더 받을 수 있는 여력이 있는 사람도 거의 없고 갈수록 있는 대출마저 이자 상환하기가 버거워질 것이다. 지속적인 금리 인상은 역사상 가장 고평가된 부동산 시장에 엄청난 부담을 줄 것이고, 결국 부동산 시장에 치명적으로 작용하여 대세 하락의 방향을 가속화할 것으로 판단된다.

임대차 3법으로 인한 전세가격 상승은 매매가격 상승으로 이어질 수 있는가

2020년 7월 31일에 시행된 임대차 3법은 전국의 부동산 시장에 뜨거운 감자였다. 2020년 7월 1일부터 11월 30일까지 5개월간 전세 시세가 15.1% 증가하였다. 2020년 1년간 전세 시세 증가율이 20.9% 였던 것을 고려하면 임대차 3법의 여파가 상당하였다.

임대차 3법으로 부동산 전세 시장의 혼란이 가중되었는데, 이때 전 세금 상승 때문에 매매가격 상승이 뒷받침되었다. 2020년 7월 당시 계약갱신청구권을 사용한 임차인들 계약 만기 도래 시점이 2022년 7월이므로 자연스레 전세금이 상승할 것임으로 매매가격 역시 상승 할 것이라 주장하는 이들 역시 적지 않다. 전세는 실수요이기에 사실 상 전세가격이 상승하면 매매 수요도 증가할 가능성이 커지기 때문 에 매매가격이 상승하는 것은 자연스러운 흐름이다. 2008~2013년 서울 부동산 시장을 같이 확인해보자.

과거 서울 부동산 시장에서 매매 시세가 하락하는 시점에서 전세

임대차 3법

구분	주요 내용
계약갱신청구권	임차인 희망 시 전세 계약갱신청구권 행사 가능 – 계약 2년을 체결하였더라도 임차인이 계약갱신청구권 행사 시 2년 더 연장 가능
전월세상한제	임대료 증액은 기존 임대료에서 최대 5% 이내로 제한 – 계약 갱신 시 임대인은 기존 임대료에서 최대 5%까지만 상한 가능
임대차신고제	임대차 실거래 정보 취합 – 임대차 계약 시 실거래 신고 의무화

(출처: 국토교통부)

시세는 더욱 증가하던 상황이 있었다. 당시 뉴타운 사업이 추진되며 이주 수요로 말미암은 전세 대란이 이뤄져 전세가격이 급격히 증가하고 있음에도 서울 부동산 매수 심리는 저하된 상황으로 매매가격은 하락하고 전세가격은 상승한 것이다. 비단, 서울 부동산 시장뿐만 아니라 전국을 세부적으로 확인해보면 전세가격은 상승하지만 매매가격은 하락하는 현상을 찾아볼 수 있다. 이처럼 단순하게 전세가격이 상승한다고 매매가격이 상승하진 않으니 부동산 시장을 조금 더 세부적으로 들여다볼 필요가 있다.

서울의 매매 및 전세 시세 추이(2008년 1월~2013년 12월)

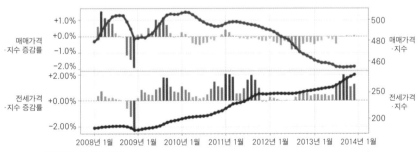

(출처: 리치고·KB부동산)

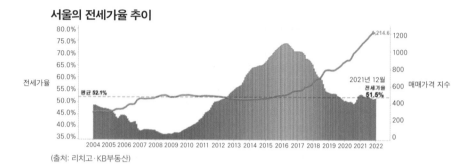

서울의 전세가율 추이

(출처: 리치고·KB부동산)

  서울 부동산 시장의 전세가율은 2016년 최고치였던 73.9%에서 2021년 12월에 51.5%까지 감소한 상황으로 2020년 7월 49.4%에서 2021년 1월 53.2%까지 증가한 이후 다시금 감소하고 있다. 2022년 신규 전세 수요 진입에 의한 전세가격 상승으로 전세가율이 증가할 수도 있으나 서울은 이미 17개 시도 중 16번째로 전세가율이 가장 낮은 지역에 속하며 5~6년 진 대비 전세가율이 높은 상황도 아니다. 다시 말해 전세가격이 상승한다고 한들 매매가격이 전세가격과 격차가 이미 많이 벌어질 만큼 많이 상승하였다. 따라서 서울 부동산에 투자로 접근할 수요는 과거보다 많이 줄어들었을 뿐더러 투자로 접근하기에는 현금 여력이 더 많이 필요해진 상황이다. 전세가격 상승으로 매매가격이 상승한다고 접근하는 것은 위험한 접근이다.

서울 아파트는 공급 부족으로 몇 년 더 상승할 것인가

많은 사람이 앞으로 2~3년간 서울에 새 아파트가 부족해서 가격이 계속해서 더 상승할 것으로 전망하고 있다. 실제로도 2022~2024년 서울의 새 아파트 공급 물량은 매우 적은 수준이다. 이를 두고 "앞으로 입주 물량이 많으면 가격이 하락하고 적으면 상승한다."라는 전망은 수요와 공급의 측면에서 보자면 너무나도 그럴듯해 보인다. 그렇다면 정말 입주 물량이 많으면 아파트 가격이 하락하고 입주 물량이 적으면 상승할까? 향후 입주 물량이 아파트 가격에 영향을 미치는 주요 지표 중 하나이나 절대적인 것은 아니다. 데이터로 확인해보면 심지어 입주 물량이 매우 많아도 상승을 하고 반대로 입주 물량이 매우 적어도 하락했던 경우가 있다. 그 대표적인 예가 바로 경기도다.

다음의 차트에서 보는 것처럼 2011~2014년 경기도 아파트 입주 물량은 역사적으로 매우 적은 수준이었다. 그렇다면 이때의 경기도 아파트는 수요와 공급의 논리만 가지고 전망했다면 무조건 경기도 아

경기도 아파트 입주 물량

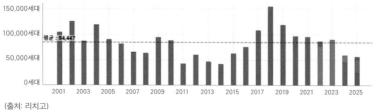

(출처: 리치고)

파트의 매매가격이 상승해야 했다. 하지만 실제 결과는 어땠는가? 상승이 아니라 2013년 9월까지 대세 하락하였다. 입주 물량이 역사적으로 매우 적었더라도 아파트 가격이 대세 하락한 것이다. 이것이 의미하는 바는 향후 입주 물량보다 경기도 부동산 시장에 영향을 미친 중요한 요인들이 있었다는 것이다. 반대로 2017~2019년은 경기도의 아파트 입주 물량이 역사적으로 매우 많았던 시기다. 그래서 2017년의 부동산 화두는 '수도권 입주 폭탄'으로 정말 많은 기사가 배포되었다. 당시 수도권 부동산 시장이 엄청난 공급 물량 때문에 상승하지 못하리라고 전망했던 부동산 전문가가 80% 이상이다. 당시 부동산에 조금만 관심이 있었더라도 쉽게 상기할 수 있을 것이다. 그런데 실제 결과는 어떻게 되었을까? 엄청난 입주 물량에도 잠깐 주춤했을 뿐 지속해서 대세 상승하였다. 경기도의 사례를 보면 수요와 공급의 논리와 완전 반대의 결과가 도출된 것을 확인할 수 있다. 자, 그렇다면 향후 서울 아파트 공급 물량이 적다고 해서 매매가격이 몇 년 더 상승할 것으로 전망하는 것은 틀릴 수도 있다는 것을 의미한다.

　결론적으로, 입주 물량 데이터 하나만 가지고 전망을 하는 것은 매우 위험할 수 있다. 부동산의 가격에 영향을 미치는 요인은 매우 다양하기 때문이다. 수년간 부동산 관련한 다양한 데이터를 연구해온 필자가 보기에는 이번에는 서울에서도 수요와 공급의 논리가 깨질 가능성이 커 보인다. 왜 이런 전망을 하는지는 뒤에서 다룰 서울 분석 편에서 다시 자세히 이야기할 것이다.

2020년 여름부터 2021년 여름까지의 상승과 비정상적인 폭등장이었다

　지역마다 조금씩 차이는 있지만 2020년 중순부터 전국 대부분의 아파트 매매·전세가격이 상승하기 시작했으며 지난 2021년 중순까지 가격 상승세가 이어졌다. 반대로 2021년 9월부터 부동산 시장의 흐름이 안 좋아지기 시작하더니 싸늘하게 식어가는 추세를 보여 부동산 전문가들 사이에서는 2022년의 부동산 시장에 대한 상승과 하락에 대한 설전이 그 어느 때보다 뜨겁다.

　2022년 부동산 시장 전망에서 꼭 짚고 넘어가야 할 '2020년 여름부터 약 1년간 엄청난 폭등장이 발생하게 된 배경'에 대한 설명은 대부분 빠져 있다. 그래서 필자가 이 부분을 짚고 넘어가고자 한다. 2020~2021년까지 부동산 가격이 상승할 가능성은 있었으나 그렇다고 이렇게까지 큰 폭등장이 나타날 가능성은 크지 않았다. 그 누구도 예상하지 못했던 '2가지 돌발 변수'가 2020년 3월과 7월 말에 발생했기 때문에 사실상 비정상적인 폭등장이 나타났던 것으로 볼 수 있다.

첫 번째 돌발 변수는 바로 '코로나19로 말미암은 유동성 폭증과 금리 인하'였다. 2020년 3월 세계보건기구WHO가 코로나 팬데믹을 선언함에 따라 전 세계 주가가 폭락하고 경제가 셧다운되자 각 국가는 엄청난 유동성을 풀고 금리를 과감하게 인하하였다. 이로 인해 대출 이자 비용이 급감하고 위험 자산에 대한 선호 현상이 나타나면서 주식 코인, 부동산 등 자산 시장에 엄청난 버블이 생겨났다. 또한 코로나19 탓에 대부분 집에 있는 시간이 대폭 늘어나게 된 부분도 부동산 가격 상승에 크게 한몫하였다.

두 번째 돌발 변수는 2020년 7월 말에 시행된 '임대차 3법'이었다. 전세 계약 갱신을 2년에서 4년으로 연장하자 집주인들이 전세금을 대폭 인상하였고 이 때문에 주택 매수 심리에 다시 한번 불을 지르게 된 것이다. 그래서 전세가가 급등하였고 다시 매매가의 급등을 불러온 것이다.

자, 다시 한번 정리해보자. 2020년 여름부터 나타난 이 폭등장은 위의 2가지 돌발 요인 때문에 발생한 것이다. 만약 이들 돌발 변수가 없었다면 부동산 시장의 큰 상승은 없었을 것이다. 냉정하게 판단해본다면 금리는 2021년 8월부터 지속해서 인상되고 있다. 대출 이자에 대한 부담이 커지고 있으며 물가의 상승으로 사람들의 호주머니 사정이 악화되고 있다. 문제는 금리 인상이 지속될수록 대출 금리는 더 상승할 것이며 대출 규제가 강화되면서 부동산 시장에 추가로 들어올 유동성이 많이 감소하였다는 것을 생각해야 한다. 이제는 부동산 시장을 둘러싼 여건이 지속해서 나빠지고 있다. 이런 상황 속에서 부동산 시장이 추가적인 대세 상승을 과연 할 수 있을까? 독자 여러분이 스스로에게 진지하게 질문해보기를 바란다.

수도권 아파트의 상승과 하락 사이클을 정리하면 인사이트를 얻을 수 있다

세상 모든 투자에는 계절이 반복되는 것처럼 사이클이라는 것이 반복된다. 대중들의 부동산 투자에 대한 탐욕 심리와 공포 심리 역시 역사적으로 반복됐다. 다시금 언급하지만, 통화량은 지속해서 증가해왔으며 통화량이 증가하는 한 부동산은 지속해서 우상향한다고 필자역시 생각한다. 통화량이 증가하는 속도만큼 인플레이션 발생 속도가 빨라질 것이고 부동산 가격에 자연스럽게 반영되기 때문이다. 그래서 많은 사람이 "부동산은 오늘이 제일 싸다."라고 이야기하고 있으며 대체로 잘 들어맞는다. 하지만 이 책을 읽는 독자들은 부동산이 상승하는 과정에 때때로 대세 하락장이 오기도 한다는 것을 꼭 이해하길 바란다. 서울 부동산 시장의 흐름을 확인해보면 1991년 중순에서 1998년 말까지 약 7년간 대세 하락하였고, 2008년 중순에서 2013년 말까지약 6년간 대세 하락하였다. 그리고 2022년 서울 부동산은 어쩌면 또다른 대세 하락장의 초입에 서 있을지도 모르는 국면에 있다.

서울 아파트 KB부동산 매매가격 지수

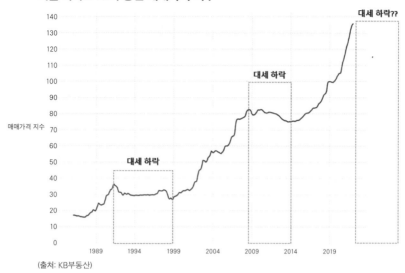

(출처: KB부동산)

　분명히 상승과 하락에 대한 사이클이 존재한다. 그럼에도 최근 몇 년간의 너무나도 뜨거웠던 서울 부동산 시장에 대한 기억 때문에 아직 많은 사람이 공급 물량 부족 등의 이유로 3~4년은 더 추가로 상승할 것이라고 기대하고 있다. 하지만 부동산 관련 수많은 데이터를 연구해본 필자가 판단하기에는 이미 수도권 부동산 시장은 하락의 변곡점에 들어선 것으로 판단된다. 어떻게 하면 수도권 부동산 시장의 상승과 하락의 사이클에 대해 잘 설명할 수 있을까 고민하며 다음과 같이 정리하였다.

　단계별로 설명을 해보겠다.

① 상승 변곡점(바닥): 하락이 끝나고 매매가격이 상승하는 아파트 단지들이 증가하기 시작한다. 거래량이 서서히 증가하고 미분양은 감소하기 시작한다. 대중은 지난 몇 년간 지속된 대세 하락장

부동산 시장 사이클

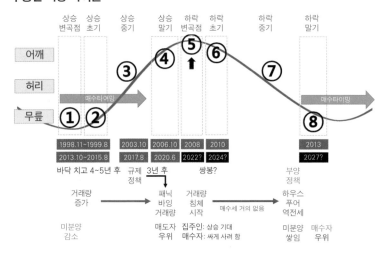

(출처: 리치고)

의 기억 때문에 부동산을 매수하는 것에 확신이 없으며 정부는 여전히 부동산 부양 정책을 할 가능성이 크다. 이때가 최고의 부동산 매수 기회다.

② 상승 초기(무릎 이하): 대부분 아파트 매매가격이 상승한다. 거래량이 상당히 많이 증가한다. 즉 부동산 투자 선수들이 본격적으로 매수에 나서는 것이다. 미분양이 잠깐 증가할 수도 있지만 큰 흐름은 지속해서 감소한다. 이때는 하락에 대한 큰 우려 없이 마음 편하게 매수해도 되는 타이밍이다. 하지만 대중은 매매가격이 바닥에서 오른 것을 보고 다시 가격이 낮아질 것으로 생각하고 더 싸게 사려고 아파트 매수를 보류한다. 그래서 대부분 이 시기에도 아파트를 매수하지 못하고 부동산 시장을 관망하며 기다리게 된다.

③ 상승 중기(허리 정도): ①번 바닥 구간에서부터 아파트 매매가격

이 계속 상승하니 정부가 부동산 규제를 시작한다. 하지만 이미 매매 수요가 매우 강해진 부동산 시장은 규제해도 잠깐 주춤할 뿐 매매가격이 지속해서 우상향한다. 심지어 입주 물량이 많더라도 부동산 투자에 대한 심리가 이를 이겨내고 매매가격이 상승한다. 하지만 이때까지도 상당수의 대중은 과감하게 내 집을 마련하지 못한다. '정부가 규제를 시작하니 집값이 조금은 잡히지 않을까?'라는 생각을 하기 때문이다. 예를 들어 부동산 규제 대책인 2017년 8·2 대책 이후 부동산 관련 신문 기사들은 대부분 수도권 입주 폭탄이 예정되어 있고 정부가 강력하게 규제까지 하니 수도권 부동산 매매가격은 상승하기 어렵다는 내용이 위주이다 보니 일반 대중은 집값이 잡힐 것이라는 기대 심리로 내 집 마련을 대부분 보류했다.

④ 상승 말기(어깨 이상): 정부가 규제를 지속하여 강화하고 입주 물량이 많은데도 아파트 매매가격이 계속 상승하니 이제는 대중의 패닉 바잉(영끌 매수) 현상이 나타나게 된다. 거래량이 엄청나게 증가하면서 상승의 기울기가 더욱 가팔라진다. 또한 부동산 투자 심리가 강하여 수도권 외곽에 있는 지역들의 상승세가 커진다. 정부는 각종 규제 대책을 통해 부동산 매매가격을 안정화하려고 하지만 매매가격은 쉽사리 잡히지 않는다. 매도인(집을 파는 사람)은 계속해서 아파트 가격을 높이고 심지어는 위약금을 물어주고 매매 계약을 파기하기도 한다. 완전히 매도자 우위 시장이 되어버린다. 만약 매도해야 한다면 해당 상승 말기의 중후반에 하는 것이 가장 좋다. 대략 대중들의 영끌 거래량이 터지고 나서 1년에서 1년 반 정도 후에 매도하는 것이 좋다.

⑤ 하락 변곡점(꼭지): 이전 구간인 상승 말기에서 영끌 거래량이 증가하고 난 후 1년 반에서 2년 정도 후가 되면 이미 많이 상승해버린 아파트를 매수할 수 있는 수요가 거의 없어지게 된다. 쉽게 말해 기존에는 아파트를 매수할 수 있는 수요가 많았으나 꾸준히 아파트 매매가격이 상승하며 수요가 감소하고 있었다. 거기다 2030세대가 아파트를 대부분 영끌 매수했기 때문에 이제는 가격이 많이 상승했다고 생각하는 사람들이 더욱 많아지면서 아파트를 살 사람들이 상당히 줄어들었다. 그래서 부동산 시장에는 매수세가 줄어들고 반대로 매도세가 강해지며 매매 물량이 증가하기 시작한다.

이 하락 변곡점에 들어서게 되면 집을 내놓더라도 잘 팔리지 않는다. 매도인은 아직 추가 상승에 대한 기대감으로 호가를 낮추지 않고 매수자는 더 싸게 하려고 하므로 거래량이 많이 줄어든다. 하지만 사람들은 오랜 기간 지속된 상승 사이클의 프레임에서 벗어나지 못하고 여전히 상승에 대해 기대하고 있다. 이때는 지역에 따라서 신고가가 나올 수 있지만 대체로 매매가격이 하락하는 아파트 단지들이 계속 늘어나기 시작한다. 필자는 이번 사이클에서 2021년 10월에 이 하락 변곡점에 들어선 것으로 판단하고 있다.

⑥ 하락 초기(어깨 이상): 대다수 아파트 단지들의 매매가격이 하락을 본격적으로 시작한다. 매도하고자 하는 매매 물량은 갈수록 증가하고 매수세는 거의 찾아볼 수 없다. 이런 시기임에도 매매가격 상승에 대해 기대하는 사람들이 일부 있다. 미분양 또한 점차 증가하기 시작한다. 매도인은 매매가격을 낮춰서라도 매도

하려고 하지만 집을 사려고 하는 사람이 별로 없다.

⑦ 하락 중기(허리 정도): 본격적인 대세 하락장이 진행 중인 시기다. 부동산 관련 온갖 부정적인 뉴스들이 나오게 된다. '하우스 푸어' '역전세'와 같은 이야기들이 많이 나온다. 이제는 정부가 규제가 아니라 완화 정책을 펼치기 시작한다. 하락하고 있는 집값을 그냥 보는 것 외에는 할 수 있는 것들이 많지 않다. 부동산 시장 상황이 좋지 않기 때문에 미분양은 일정 수준 이상을 유지한다. 하지만 이런 시기에도 입주 물량이 많지 않다면 전·월세가격은 하락하지 않고 우상향을 유지할 가능성이 크다. 매매로 가야 할 수요가 대부분 전·월세로 몰리기 때문이다. 하지만 향후 다가올 하락 사이클에서는 이 부분도 장담할 수 없다. 매매가격뿐만 아니라 전·월세가격도 사람들의 소득에 대비해서 이미 엄청난 거품이 껴 있기 때문이다.

⑧ 하락 말기(무릎 이하): 집을 소유한 사람들이 가장 힘들어하는 시기이다. 이제는 엄청난 공포에 휩싸이게 되는 시기이기 때문이다. 사정이 급한 사람들이 더는 버티질 못하여 경·공매로 물건들이 가장 많이 쏟아져 나오며 미분양도 가장 많은 시기다. 이때부터 내 집 마련하기에 아주 좋다. 매수자가 절대 우위인 시장이기 때문이다. 또한 정부는 지속해서 완화 정책들을 꺼내놓는다. 그래서 세금도 절감할 수 있다. 이때 아파트를 매수하면 상당한 이익을 누릴 가능성이 매우 크다.

역사는 반복되지만 항상 다른 모습으로 나타난다. 과거의 수도권 부동산 시장 사이클이 앞으로도 똑같이 전개될 것이라고 필자 역시 절대 생각하지 않는다. 하지만 우리는 과거의 사이클을 통해서 큰 흐름을 가늠해볼 수 있다. 부동산 시장의 흐름이 과거와 유사하다면 서울을 비롯한 주요 수도권의 다음 바닥 시기는 2027년 정도가 될 것으로 예상한다. 다만, 부동산 시장은 공급 물량, 매매가격 및 전·월세 가격 추이, 인구수 및 세대수 증감률, 일자리 환경, 소득 또는 물가 또는 전세가격 대비 매매가격의 저평가 수준 등 다양한 요인들이 많기에 언제든 변화할 수 있다. 매주, 매월 바뀌는 데이터를 보면서 꾸준히 부동산 시장의 동향을 체크해나가면 더욱 정확하게 부동산 시장의 흐름을 파악할 수 있을 것이다.

〈보충 설명〉

1. 경기도 외곽 지역은 사이클이 다르다

모든 경기도 지역이 수도권의 사이클에 속해 있지는 않다. 주요 경기도 지역과 생활권이 완전히 다른 경기도 이천, 평택 등의 경우는 상승, 하락 흐름이 완전히 다르다. 즉 주요 경기도 지역이 하락해도 이천, 평택 등의 경우는 상승할 수 있다. 물론 그 반대도 가능하다.

2. 이번에도 쌍봉을 찍고 대세 하락을 할 것인가?

지난 사이클의 수도권 부동산의 대세 하락장은 KB부동산 월간 통계 기준으로 2008년 8월에 고점을 찍고 하락하였다가 2009년 3월에 저점을 찍고 다시 상승하기 시작해서 2010년 2월에 다시금 고점을 찍고 2013년 9월까지 대세 하락하였다. 2008년 금융 위기가 발생하며 부동산, 금융 시장이 큰 타격을 받자 미국 중앙은행은 바로 적극적인 부양 정책을 펼쳤기에 전 세계 금융 시장이 빠르게 안정되고 국내 주가도 상승하면서 서울과 주요 수도권 부동산 시장이 다시 상승하였다. 그리고 2010년 초부터 본격적인 대세 하락을 시작한 것이었다. 그렇다면 이번 사이클은 어떻게 될 것인가? 쌍봉을 찍고 대세 하락을 할 것인가? 아니면 즉시 대세 하락이 시작될 것인가? 다음과 같은 시나리오를 생각해볼 수 있다.

만약 미국의 금리 인상이 예상치를 넘어 지속되면 긴축 발작이 발생할 수 있으며 세계 경제에도 상당한 충격을 가할 수 있다. 그렇게 된다면 부동산 시장에도 좋지 않은 영향을 미칠 수 있으므로 2008년 하반기처럼 단기간에 부동산 가격이 급락할 수 있다. 하지만 그 이후에 다시 경기를 부양한다면 부동산 가격도 상승하는 흐름을 보이면서 쌍봉을 찍고 다시 하락할 가능성이 있을 것으로 판단된다. 하지만 코로나19로 인해 이미 역사상 유례를 찾아볼 수 없을 정도로 엄청난 유동성을 풀었기 때문에 추가로 경기 부양을 한다고 해도 한계가 있을 것이다. 따라서 필자는 이번에는 수도권 부동산 시장의 흐름이 과거와 달리 쌍봉 없이 대세 하락할 가능성이 더 크다고 예상한다. 다만, 미래에 어떤 일이 생길지는 그 누구도 알 수 없다. 이 때문에 쌍봉을 찍고 대세 하락할지, 아니면 쌍봉 없이 대세 하락을 지속할지는 장담할 수 없다. 하지만 분명한 것은 서울과 주요 수도권 부동산 시장의 대세는 이미 하락 쪽으로 서서히 기울어지고 있다.

위기의 신호가 지속되고 있으니
무조건 오른다는 생각에서 벗어나야 한다

2022년 부동산 시장 전망에 대해서는 의견이 저마다 분분하지만 대부분 상승한다고 전망하고 있다. 2022년 3월에는 제20대 대통령 선거와 6월 지방선거가 기다리고 있으며 이사철과도 겹치는 점 등을 고려하면 2022년 초 매매가격 상승은 일정 부분 근거가 있는 주장이라고 판단된다.

다만, 서울 주택구매력지수HAI는 이미 17년의 기간 중 가장 최저

2004~2021년 서울 주택구매력지수(HAI)

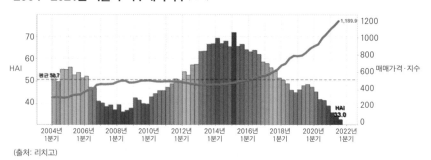

(출처: 리치고)

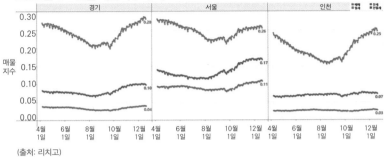

2021년 4~12월 매물지수 추이

(출처: 리치고)

치인 33.0(2021년 3분기 기준)을 나타내고 있다. 이미 매매가격 상승에 대한 대출 상환 부담은 역사상 가장 어려운 상황에 있으므로 매매가격이 더욱 상승하는 경우 서울 부동산 시장에 참여하는 수요는 더욱 감소할 수밖에 없을 것이다. 게다가 대출 금리는 가파르게 상승하고 있어서 주택구매력지수는 더욱 안 좋아질 것이다. 누군가는 인천, 경기도의 일부 아파트 가격이 서울 아파트 가격과 유사한 수준까지 상승하였기 때문에 앞으로도 갈아타기 수요가 꾸준히 증가할 것으로 주장하기도 한다.

지역별 총세대수 대비 매물량을 집계한 매물 지수(중복 매물은 제외)를 통해 추이를 확인해보면 서울은 매매 물량이 보합 수준으로 안정화되어 있지만 경기, 인천 등은 매매 물량이 지속해서 쌓이는 것을 볼 수 있다. 그래서 경기, 인천에서 아파트를 매도 후 서울 아파트를 매수하기 위해 진입하기가 더 까다롭다. 수도권이 같은 규제 지역이고 대출 규제가 유지되는 상황이라면 경기, 인천 등에서 서울로 이동할 수 있는 수요도 한정적일 수밖에 없기에 꾸준한 수요가 유지되기 어렵다.

특히 2015년을 기점으로 하여 서울의 연간 거래 신고 건수는 감소

서울 아파트 거래량 추이

(단위: 신고 건수)

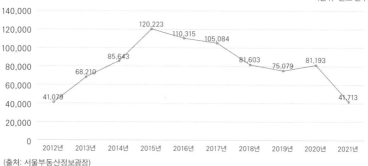

(출처: 서울부동산정보광장)

하고 있다. 공급이 부족했던 2011~2016년 사이 서울의 거래량은 지속해서 증가했다. 이는 부동산 시장이 좋아지기 시작하며 수요가 증가하였다고 볼 수 있다. 반면, 2018년 이후 공급 물량이 감소하고 있음에도 거래량이 감소하고 있어 공급이 부족함에도 수요가 감소하고 있다는 것을 여실히 확인할 수 있다. 단순히 공급 물량의 부족뿐만 아니라 수요가 감소하는 다른 요인들을 같이 확인할 필요가 있다는 것을 느낄 수 있을 것이다.

부동산은 하루하루 등락 폭이 변화하는 주식과 달리 한번 목표를 향해 움직이기 시작하면 지속해서 한 방향을 향해 움직이는 거대한 항공모함과 같다. 전국 매매 및 전세 시세 흐름을 확인하면 상승하는 시기 뒤에 자연스레 하락하는 시기가 온다는 것을 알 수 있다. 물론 지역별 차이는 있겠으나 전국 부동산 시장은 상승이란 목표를 향해 움직여왔고 이제는 반대 방향을 향한 노선으로 움직이기 시작하는 변곡점에 와 있다고 판단된다. 부동산 투자에 더욱 신중에 신중을 기해야 할 국면에 맞닥뜨리고 있으며 이제는 무조건 부동산 가치가 상승할 것이라는 기대감에서 벗어날 시점에 와 있다. 하지만 자금은 어

전국 매매 및 전세 시세 추이(2004년 1월~2021년 12월)

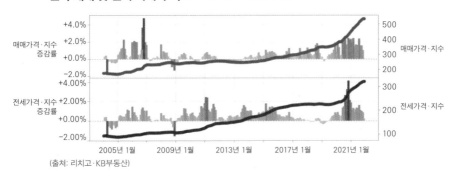

(출처: 리치고·KB부동산)

딘가로 흘러가기 마련이므로 「2022~2023년 종합투자점수와 유망지역」에서 빅데이터와 인공지능 기술에 근거하여 아직 다른 지역 대비 안정성 있는 지역들을 선별하여 자세히 설명하도록 하겠다.

2장

부동산 정책에 따른
부동산 시장 분석

왜 '똑똑한 한 채'에 몰릴 수밖에 없는가

2021년 3월 공동주택 공시가격의 전국 변동률은 19.08% 증가하였는데 2020년 5.99% 대비 무려 13.09%가 증가하였다. 2019년에 5.23%였던 점을 고려하면 1년 만에 매우 큰 폭으로 증가한 것으로 정부는 보유세 인상을 사전에 예고하였다. 참고로 보유세는 재산세와 종합부동산세로 구분되는데 둘 다 과세 기준일은 6월 1일이다. 이미 6월 1일부터 양도소득세율 인상이 예고되어 있었기에 정부는 6월 1일 전까지 다주택자는 집을 매도하도록 유도하고 무주택자 또는 1주택자에게 기회를 주려고 한 의도로 풀이된다.

비단 정부는 2019년 12월 16일 '부동산 종합 대책'을 발표함으로써 주택담보대출을 통한 대출 규제와 종합부동산세율 상향 조정 등 다주택자에 대한 규제 정책을 시행하기 시작하였는데 통계청이 발표한 「2020년 주택소유통계」에 따르면 다주택자 수는 2019년 228만 4,000명에서 2020년 232만 명으로 3만 6,000명이 증가하였으

2021년 공동주택(안) 공시가격 지역별 변동률 현황

구분	전국	서울	부산	대구	인천	광주	대전	울산	세종
2020년	5.98	14.73	0.02	-0.01	0.87	0.80	14.03	-1.51	5.76
2021년	19.08	19.91	19.67	13.14	13.60	4.76	20.57	18.68	70.68
구분	전국	서울	부산	대구	인천	광주	대전	울산	세종
2020년	2.72	-7.01	-4.40	-0.55	-3.65	0.82	-4.43	-3.79	-3.98
2021년	23.96	5.18	14.21	9.23	7.40	4.49	630	10.15	1.72

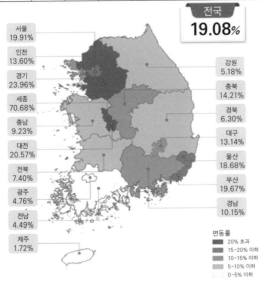

전국 **19.08%**

서울 19.91%
인천 13.60%
경기 23.96%
세종 70.68%
충남 9.23%
대전 20.57%
전북 7.40%
광주 4.76%
전남 4.49%
제주 1.72%

강원 5.18%
충북 14.21%
경북 6.30%
대구 13.14%
울산 18.68%
부산 19.67%
경남 10.15%

변동률
- 20% 초과
- 15~20% 이하
- 10~15% 이하
- 5~10% 이하
- 0~5% 이하

(출처: 국토교통부)

나 2014년(13.7%→13.6%) 이후 6년 만에 처음으로 다주택자 비율 추이가 감소(15.9%→15.8%)하였기에 정부의 다주택자를 향한 세제 강화는 강력한 규제 효과를 발휘했다고 볼 수 있다.

특히 2020년 7월 10일 「주택시장 안정 보완정책」으로 발표된 양도소득세율 인상으로 2021년 6월 1일부터는 주택 보유기간에 따라 20~30% 세율 인상이 예고되어 있었기에 3~4월 전국의 매매 물량은 증가하였고 매매 수급은 매수자 우위였다.

다만, 2021년 6월부터 8월까지 서울의 매매 수급이 증가하며 매도

다주택자 비율 추이

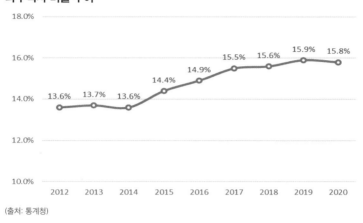

(출처: 통계청)

2021년 양도소득세율 인상

구분		기존			2021년 6월 1일부터	
		주택/입주권	분양권		주택/입주권	분양권
보유 기간	1년 미만	40%	50%	조정지역은 기간 상관 없이 50%	70%	70%
	2년 미만	기본 세율	40%		60%	60% (1년 이상)
	2년 이상	기본 세율	기본 세율		기본 세율	

※조정지역 경우
2주택 중과세: 기본 세율 + 20%
3주택 중과세: 기본 세율 + 30%

(출처: 국세청)

서울의 매매 수급 동향

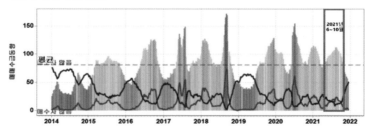

(출처: 리치고·KB부동산)

자 우위 시장으로 전환하게 된 데에는 2021년 7월부터 시행된 규제 지역 6억 초과 주택에 대한 DSR(Debt Service Ratio: 총부채원리금상환 비율) 40% 적용과 관련이 있다. DSR이란 대출을 받는 사람의 연소득 대비 전체 금융 부채의 원리금 상환 비율이다. 쉽게 말해 연소득 중 주택담보대출이나 기타 대출(마이너스통장, 자동차 할부, 신용카드 미결제, 신용대출 등 모든 금융회사 빚을 의미한다)의 원금과 이자를 갚는 데 얼마나 상환할 수 있는지 비율로 본다는 의미인데 대출 규모는 일반적으로 줄어든다. 이때부터 '똘똘한 한 채'라는 내용이 더 자주 등장한다. 서울의 매매 수급이 증가하던 2021년 6~10월의 상황은 3월 공시가격 상승으로 다주택자 축소, 양도소득세율 인상, 대출 규제가 맞물려 나타날 수밖에 없었던 과정이었다.

앞으로 대출 규제 완화 가능성은 있는가

일부 전문가들은 지금의 부동산 시장이 주춤하는 건 대출 규제 때문이라고 이야기하고 있다. 그리고 이 대출 규제만 풀어준다면 다시 시장이 상승할 것이라고 한다. 정말 그럴까? 대선 결과에 따라서 정부의 대출 규제가 일부 대상자에 한하여 완화될 수는 있으나 큰 틀에서 대출 규제는 지속해서 강화될 가능성이 더 크다. 그리고 무엇보다 코로나19 이후 자산 시장 거품이 발생하면서 이미 많은 사람이 엄청난 영끌 대출을 하였기 때문에 추가로 대출을 받을 여력이 있는 사람들이 별로 없다. 또한 대출 금리는 지속해서 인상되고 있으므로 기존 대출에 대한 상환 부담도 갈수록 커지고 있다. 이런 상황에서도 향후 대출 규제만 완화된다면 다시 부동산 시장이 좋아질 수 있을까? 독자분들이 곰곰이 생각해보길 바란다.

정부의 부동산 규제 중 하나인 대출 규제는 2017년 8월 2일부터 본격적으로 시작되었으며 부동산 규제지역들에 대해 약 5년간 대출

차주단위 DSR 2·3단계 조기 시행

구분	2021년 7월 이전	1단계	2단계 (2022년 1월 시행)	3단계 (2022년 7월 시행)
주택담보 대출	투기과열지구	① 전 규제지역 6억 원 초과 주택	총 대출액 2억 원 초과 (①/② 유지)	총 대출액 1억 원 초과 (①/② 폐지)
신용대출	연소득 8,000만 원 초과 & 1억 원 초과	② 1억 원 초과		

(출처: 금융위원회)

규제를 유지하고 있다. 특히 2017년 10월 24일 발표된 가계부채 종합대책으로 DSR을 통한 대출 규제가 신설되었다. 2018년 3월 26일에 은행권에 도입된 DSR은 그동안 투기지역과 투기과열지구에만 적용되었으나 2021년 7월부터 본격적으로 조정대상지역을 포함한 전 규제지역에 적용되기 시작했다.

2022년 1월부터 전 규제지역에서 총대출액 2억 원 초과의 경우 DSR이 적용됨에 따라 규제지역의 대출 규제는 더욱 상략해질 것이며 2022년 7월 이후 사실상 전국 부동산을 매수할 때 DSR이 적용된다. 그동안 LTV(주택담보인정비율)나 DTI(총부채상환비율)는 비교적 주택의 담보가치와 연소득만 확인하여 대출할 수 있었기에 신용대출과 같은 다른 대출의 영향이 크지 않았으나 DSR은 개인별 연소득 대비 모든 대출을 총합하여 원리금과 이자의 상환 능력을 보기에 실제 주택담보대출은 매우 줄어들 수밖에 없다. 주택담보대출을 실행하면 신용대출 한도가 감소하거나 아예 대출이 불가하기에 DSR의 적용은 강력한 부동산 규제 정책 중 하나로 손꼽히고 있다.

대출과 부동산 시장의 상관관계를 확인해보면 2021년 8월 신용대출 규제와 9월 제2금융권과 전세자금대출 규제의 여파 때문에 전국 부동산 시장의 거래가 감소하는 상황이다. 그런데 광복절 연휴 다음 날

바젤 III (2007년 1월 시행) **– 한국은 2013년 12월부터 국내 은행 도입**

$$자기자본비율 = \frac{자기자본}{위험가중자산 \,(신용 + 시장 + 운영)} \times 100 \geq 8\%$$

(출처: 금융위원회)

인 2021년 8월 17일부터 신규 가계 담보대출 전면 중단과 추석 연휴 다음 날인 2021년 9월 23일부터 제2금융권 대출, 주택담보대출, 전세자금대출의 규제 등 본격적인 대출 규제가 시작되며 전국 매물량이 9월 23일을 기점으로 증가 추세에 있다. 특히 세종과 대구는 전국 시도 중에서도 매매 물량이 가장 많이 증가하며 부동산 시장이 침체하기 시작했다. 이에 대중의 심리를 반영하여 2022년 3월 대통령 선거의 공약 중 하나로 '부동산 대출 규제 완화'가 등장했다. 필자는 무주택 등의 실수요자에게는 대출 완화가 이뤄질 수 있지만 앞으로도 DSR과 관련된 대출의 규제는 유지될 것으로 판단하고 있으며 이는 2010년에 체결한 바젤3Basel III 국제 협약과 관련이 있다고 보고 있다.

바젤3 협약이란 바젤은행감독위원회에서 금융위기 재발을 막기 위해 내놓은 '은행 자본 건전화 방안'을 골자로 하고 있다. 우리나라는 2013년 시행 예정이었으나 당시 수도권 부동산 시장이 회복되지 않은 시기였기에 늦추고 늦추다가 이제 시행한 것이다. 바젤3 시행을 미루고 대출 규제를 하지 않는다면 은행의 지위 박탈과 국제회계기준 IFRS9 미충족으로 외국 자본이 국내에 유입되지 못하고, 국내 기업들도 달러 부족으로 재무건전성이 위험해진다. 따라서 바젤3의 시행은 정부의 필연적 선택이다. 이미 기업들은 국제회계기준을 충족하기 위해 4~5년 전부터 부동산 자산을 꾸준히 매각하며 '자기자본비율의 안정화'를 준비하고 있었다. 앞으로 대출 규제가 부동산 시장 침체 시 일시적으로 완화될 가능성이 없다고 보긴 어려우나 현재로서는 대출이 완화될 가능성은 희박한 상황이라 볼 수 있다. 비교적 자기자본금이 많이 투입되는 부동산의 매매 물량이 지속해서 증가한다면 공급물량 증가에 따른 부동산 투자 수요 역시 위축될 가능성이 커질 수밖에 없으므로 주택 매수뿐만 아니라 매도 시기를 고려하는 데도 주의할 필요가 있다.

2022~2023년 주요 부동산 정책 이슈는 무엇인가

1. 1가구 1주택자 보유세 부담 상한 조정

가장 먼저 떠오르는 이슈는 공시가격에 따른 보유세 이슈가 있을 수 있다. 정부는 2021년 12월에도 '공시가격 현실화 로드맵' 계획이 차질 없이 추진 중이라고 발표하였으나, 2021년 보유세 부담이 급격히 가중된 것을 인지하고 세 부담 완화를 위해 내년 주택 보유세 산정에 2021년 공시가격을 적용하는 방안과 동시에 재산세, 종합부동산세, 건강보험료 등 공시가격에 영향을 받는 제도별 완충장치를 2022년 3월까지 마련하기로 하였다. 또한 1가구 1주택에 대한 보유세가 증가하지 않는 방법으로 세 부담 상한 조정도 검토 예정이어서 '똘똘한 한 채'는 내년에도 이어질 전망이다.

2. 조합원 입주권 양도소득세 비과세 요건

2022년 1월 1일 이후부터 조합원 입주권 보유 시 양도소득세를 면

제받으려면 2021년 1월 1일 이후 취득한 분양권도 보유하지 않아야 양도세 비과세 요건을 충족할 수 있다. 또한 2021년까지는 조합원 입주권 외 1주택(분양권은 주택 수 미포함)을 보유하였을 때 주택 취득일부터 3년 이내 조합원 입주권을 양도하면 비과세 요건이 충족되었으나 2022년부터는 조합원 입주권과 1주택을 제외하고 2021년 1월 1일 이후 취득한 분양권 역시 보유하지 않은 경우로 한정하여 비과세 요건이 충족된다. 즉 조합원 입주권과 분양권은 둘 다 권리에 해당하여 양도소득세 비과세 특례에 대한 세금 부과가 다소 모호했던 상황이었기에 혼동이 없도록 2021년 1월 1일 이후 취득한 분양권은 세법에서 1주택으로 간주한다고 볼 수 있다. 조합원 입주권 보유자들 처지에서는 앞으로 분양권에 대한 취득이 더욱 신중해질 수밖에 없다. 이 역시 더욱 '똑똑한 한 채'에 대한 이슈로 이어지리라 판단된다.

3. 재개발, 재건축을 통한 주택 공급 확대 방안 마련

앞으로는 공공임대주택 기부채납을 전제로 하는 소규모 재건축 사업에 대해 용적률과 높이 제한 등의 건축 규제가 완화되고 인근 지역을 편입할 필요가 있는 경우 사업시행면적을 20%까지 확대할 수 있다. 서울시는 2021년 9월 '신속통합기획'이라 하여 민간이 정비 계획을 수립하는 과정에서 일종의 개발 추진과 관련된 기준을 제시하여 정비구역 지정까지 소요되는 5년이라는 기간을 2년 내로 단축할 수 있는 제도가 마련되었다. 2022년 역시 3기 신도시의 추진과 더불어 노후화된 도시를 빠르게 정비하고 공급하기 위한 주택 공급 확대 방안이 화두가 될 것으로 판단되며 2021년에 이어 지속적인 재건축 또는 재개발 사업, 가로주택정비 사업, 리모델링 사업 등이 이슈화될 수 있다. 그래서 이런 이슈들이 있는 곳들은 일시적으로 다시 좋아질 수도 있으나 부동산 시장은 이미 하락으로 접어들었고 본격적으로 대세 하락을 하게 되면 사업성이 급속도로 악화가 되어서 이런 이슈가 있는 곳들 역시 점차로 대세 하락의 영향권에 들어서게 될 것으로 판단된다.

3장

전국 17개 시도 진단과
시도별 향후 전망

실행하지 않은 자는
지금이라도 움직여라

　앞서 다뤘던 정부의 정책 방향을 정리하면 다주택자에게는 규제를 통한 공급 물량을 유도하고, 1가구 1주택자에게는 공급 물량에 대한 선택권과 양도소득세 부담 완화를 통해 최대한 주택을 매수하는 데 부담이 가중되지 않도록 정책을 마련한 것을 확인할 수 있었다. 전작 『빅데이터 부동산 투자 2021 대전망』에서 언급하였듯 실행하는 자와 실행하지 않는 자의 자산 격차는 더욱 심해질 것이다. 부동산 시장의 흐름을 발바닥, 무릎, 허리, 목, 머리 등으로 구분한다면 2021년에는 전국 부동산 시장이 뜨거웠던 만큼 가장 저평가된 지역 역시 무릎에서 허리 사이까지 도달하였다. 그러나 부동산 시장이 침체할 위험성이 높은 지역과 아직 부동산 시장이 양호한 지역을 다음과 같이 9가지 빅데이터들을 통해 확인해보고 옥석을 가려 '똑똑한 한 채'를 보유함으로써 자산 가치를 증대할 수 있길 바란다.

1. 매매·전세 시세 흐름: 2015년 1월부터 2021년 12월까지 7년간 의 시도별 매매가, 전세가 흐름을 살펴보며 현 상황을 진단한다.

2. 전세 대비 저평가 인덱스: 7년간의 전세와 매매 지수의 월별 누 적증감률을 비교하여 실제 사용 가치인 전세가격 대비 매매가격 이 얼마나 저평가인지, 고평가인지 확인하는 지표다.

3. 소득 대비 저평가 인덱스: 사람들의 처분가능소득과 비교하여 각 시도별 매매가격이 저평가인지, 고평가인지 확인하는 지표다.

4. 물가 대비 저평가 인덱스: 소비자물가지수 상승률과 시도별 매 매 지수를 비교하여 실물 자산인 아파트가 얼마나 저평가인지, 고평가인지 확인하는 지표다.

5. 주택구매력지수HAI: 중위소득 인구가 중간 가격의 아파트를 대 출받아 상환할 수 있는 능력을 확인하는 지표다. (※주택구입부담 지수K-HAI와 같은 지표로 실제 평균 소득의 인구가 아파트를 매수하는 것이 얼마나 부담스러운지 확인할 수 있다.)

6. 전세가율: 매매가격 대비 전세가격의 비율이다. (※전세가율이 높 을수록 갭투자 수요가 증가할 가능성이 크고 실수요자 역시 매매 수요가 증가할 수 있으므로 매수 적기를 잡는 데 유용하고 더불어 투자 유망 지 역까지도 찾아낼 수 있다.)

7. 매매·전세 수급: 매매 시장에서 매수세와 매도세가 얼마나 많은 지 알 수 있고, 전세 시장에서 공급이 많은지, 수요가 많은지 확 인 가능하다. (※해당 데이터를 꾸준히 활용하면 적절한 매매 기회를 잡 아낼 수가 있다.)

8. 입주 물량 추이: 해당 지역에 아파트가 적정 공급되었는지 확인 가능하다. (※아파트가 과잉 공급되었다면 부동산 거래 시장 침체 가능

성이 크다.)

9. 미분양 추이: 미분양 추이를 확인하여 해당 지역의 부동산 시장이 좋아지는지, 안 좋아지는지 확인 가능하다. (※미분양이 감소하는 지역은 부동산 수요가 좋아지고 있다고 판단할 수 있다.)

9가지 빅데이터들을 통해 각 시도별 종합 결론을 도출하여 앞으로 부동산 시장이 침체할 위험성이 있는 지역과 부동산 시장이 양호한 지역을 구분하고 본격적으로 2022년 부동산 시장을 전망해보도록 하겠다.

참고로 시도별 매매·전세가격 데이터 출처는 주로 KB부동산 지수 통계를 사용하나 10년 이상의 중장기를 비교해야 할 때 실제 가격 증감률을 더 잘 보여주는 KB부동산 시세 데이터(KB부동산의 개별 아파트 시세와 세대수를 고려한 해당 지역의 제곱미터당 매매가격)도 같이 활용하여 기술하도록 하겠다.

매매·전세 시세 추이를 보고 흐름을 파악하라

    17개 시도별 매매·전세 시세 흐름을 확인하기 전 2015년 1월부터 2021년 12월까지 7년간의 '플라워 차트'를 통해 시도별 매매·전세 시세의 추이를 확인해보도록 하겠다. 17개 지역의 플라워 차트를 비교하여 확인해보면 내가 관심 있는 지역의 매매·전세 시세가 다른 지역 대비 상대적으로 어떤 흐름을 보이는지 파악할 수 있다. 플라워 차트란 2015년 1월부터 2021년 12월까지 매매·전세 시세의 월별 증감률을 확인하는 차트로 X(가로)축이 매매 시세 흐름, Y(세로)축이 전세 시세 흐름을 나타낸다. X축은 0%를 기준으로 오른쪽으로 이동하면 매매 시세가 상승하는 흐름을 보이고, 왼쪽으로 이동하면 매매 시세가 하락하는 흐름을 보인다고 할 수 있다. Y축 역시 0%를 기준으로 위쪽으로 이동하면 전세 시세가 상승하는 흐름을 보이고 있고, 아래쪽으로 이동하면 전세 시세가 하락하는 흐름을 보인다.

    지난 7년간 매매·전세가격이 가장 많이 오른 곳은 서울로 플라워

전국 시도별 매매·전세 플라워 차트(2015년 1월~2021년 12월)

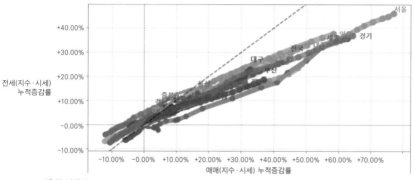

(출처: 리치고)

매매(지수) 7년간 누적증감률 순위(2015년 1월 5일~2021년 12월 6일)

순위	시도	증감률	순위	시도	증감률
1위	서울	+77.9%	10위	광주	+32.6%
2위	경기	+65.4%	11위	강원	+21.5%
3위	세종	+61.9%	12위	울산	+16.8%
4위	인천	+60.2%	13위	전남	+12.7%
5위	대전	+51.5%	14위	전북	+10.1%
6위	전국	+45.9%	15위	충남	+8.3%
7위	제주	+42.2%	16위	충북	+5.9%
8위	부산	+37.4%	17위	경남	+4.0%
9위	대구	+32.9%	18위	경북	+2.1%

(출처: 리치고)

전세(지수) 7년 간 누적증감률 순위(2015년 1월 5일~2021년 12월 6일)

순위	시도	증감률	순위	시도	증감률
1위	서울	+46.3%	10위	광주	+18.4%
2위	인천	+38.4%	11위	울산	+13.0%
3위	경기	+37.2%	12위	강원	+12.2%
4위	세종	+35.9%	13위	전남	+9.6%
5위	대전	+33.7%	14위	충북	+8.9%
6위	제주	+28.6%	15위	충남	+7.4%
7위	전국	+28.0%	16위	전북	+7.3%
8위	대구	+22.9%	17위	경남	+5.9%
9위	부산	+19.2%	18위	경북	+2.3%

(출처: 리치고)

차트에서 확인 시 오른쪽으로 가장 많이 이동하고 위쪽으로 가장 많이 올라간 모습을 볼 수 있다. 서울 다음으로 매매가격이 가장 많이 상승한 곳은 경기로 2021년 3위에서 2위였던 세종을 제치고 1년간 세종보다 상승하였다. 2020년에는 6년간 매매·전세 누적증감률이 높지 않았던 충남, 충북, 경남, 경북 등도 역시 1년간 증가하여 전국 부동산 시장이 뜨거웠다고 할 수 있겠다. 지금까지 7년간의 모든 시도를 서로 비교 분석하여 시장의 큰 흐름을 확인하였다. 이제 본격적으로 시도별 매매·전세가격의 흐름을 자세히 살펴보자.

1) 서울 아파트 시세 추이: 2019년 초 다소 주춤. 단, 7년간 꾸준히 매매가격 상승세

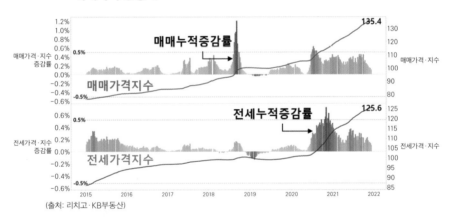

(출처: 리치고·KB부동산)

위 그래프는 앞서 언급한 2015년 1월부터 2021년 12월까지의 매매 지수와 전세 지수의 시계열 추이와 증감률을 보여주고 있다. 서울은 2018년 8~9월에 급격한 가격 상승 때문에 2018년 12월부터 약 6개월간 매매·전세가격이 조정받았으나 그 이후 상승을 유지하고 있다. 2020년 6월에서 2021년 2월까지 임대차 3법으로 인해 전세가격이 7년 기간 중 가장 높이 상승했으며 매매가격 역시 그 영향에 의해 6~8월 사이 일시적 상승세가 있었다. 서울 아파트 시세는 2021년에도 상승세를 보였으나 2021년 9월 말 대출 규제 때문에 매매·전세가격 모두 상승률은 감소 추이에 있다.

2) 경기 아파트 시세 추이: 서울과 유사한 흐름. 2015년부터 매매가격 상승세

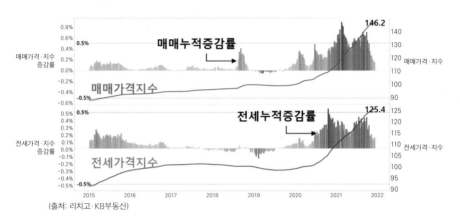

(출처: 리치고·KB부동산)

경기도 역시 서울과 유사한 흐름을 보이는 것을 확인할 수 있다. 다만, 경기도는 2018년 12월부터 2019년 9월까지 매매가격이 약 9개월 조정이 있었던 것으로 보아 서울보다 회복세는 더뎠던 것으로 확인된다. 그 이후부터는 매매가격 상승세가 이어졌다. 특히 2021년 2월에 매매가격 상승세가 가장 높았던 것으로 확인되며 전세가격 역시 임대차 3법의 영향으로 2020년 10월에 상승세가 가장 높았던 것으로 볼수 있다. 서울의 매매가격 상승세가 2020년 6~8월에 이루어졌고 전세가격 상승세가 2020년 6월부터 2021년 상반기까지 높은 상승세였다. 서울의 매매·전세가격이 상승함에 따라 경기도로 수요가 모여들며 매매·전세가격이 상승했다고 볼 수 있다. 2021년 5월까지 상승세가 감소하다가 9월 중순까지 다시 상승세가 높아졌으나 대출 규제 때문에 12월까지 매매·전세가격 모두 상승률은 감소 추이에 있다.

3) 인천 아파트 시세 추이: 2021년 가장 높은 매매·전세가격 상승세

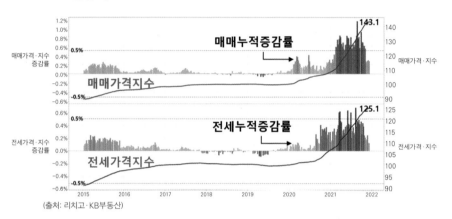

(출처: 리치고·KB부동산)

인천은 2018년 4월부터 2019년 8월까지 매매가격이 다소 약세에 있었다. 2017년 11월부터 2019년 9월까지 전세가격 역시 약세였으나 그 이후 상승세를 유지 중이다. 인천은 2021년에 매매가격 상승에 대한 이슈가 많이 있었던 지역으로 2021년 3월부터 10월까지 7개월간 7년 중 가장 높은 매매·전세가격의 상승세가 이어졌다. 이 역시 경기와 마찬가지로 서울의 가격 상승 영향으로 서울에서 수도권 전반적으로 수요가 모여들며 가격이 상승했던 것으로 생각할 수 있다. 2021년 11월부터는 매매·전세가격 상승률이 급격히 감소 중이다.

4) 광주 아파트 시세 추이: 1~2년의 조정 딛고 2020년 상승 시작

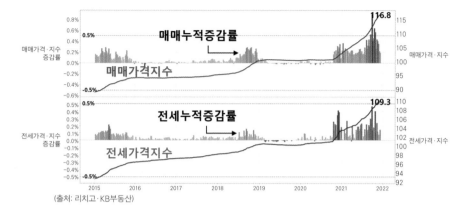

(출처: 리치고·KB부동산)

　광주는 매매·전세가격 흐름이 유사한 지역으로 2019년 3월에서 2020년 9월 사이 매매·전세가격의 조정이 있었으나 2020년 10월부터 매매·전세가격의 상승세가 점진적으로 커진 지역이다. 특히 2021년 9월은 매매·전세가격 상승률이 7년 중 가장 높았으며 10월부터 상승 폭이 점진적으로 감소하고 있다. 2021년 11월 말에 매매·전세가격 상승률이 둘 다 큰 폭으로 감소하였으나 매매가격 상승률은 감소하는 데 반해 전세가격 상승률은 다시 증가하고 있어 2022년 매매·전세 시세 추이를 지속해서 확인할 필요가 있다.

5) 대구 아파트 시세 추이: 변곡점이 시작되는 지점. 매매가격 하락 세로 접어들기 시작

　대구는 2015년 12월부터 2017년 6월까지 매매·전세가격의 하락이 뚜렷했던 지역으로 2017년 7월 이후부터 2020년 4월까지 3년간 약상승과 약 하락을 반복하며 횡보하였다. 대구의 매매·전세가격은 2020년 5월부터 점진적으로 상승하며 2020년 12월에 7년 중 가장

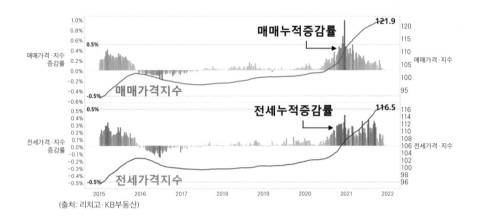

(출처: 리치고·KB부동산)

높은 상승세를 보였다. 그런데 2021년부터 1년간 매매가격 상승률이 점진적으로 감소하다가 2021년 12월 감소세로 진입하였다. 전세가격은 2021년에도 높은 상승세를 유지하고 있었다. 그러나 2021년 9월 말 전세자금대출 규제 이슈가 겹치며 이 역시 상승세가 큰 폭으로 감소하여 전세가격 상승률 역시 감소하고 있다. 2021년 12월부터 매매가격이 하락세를 보여 대구는 2022년부터 부동산이 침체할 가능성이 큰 상황이다.

6) 대전 아파트 시세 추이: 2021년 2~3월 7년 중 가장 높은 매매가격 상승세. 상승세 유지 중

대전의 매매가격은 2011년 10월까지 높은 상승세를 이어가다 2011년 11월에서 2013년 7월 사이 약 2년간 조정이 있었으며 2013년 8월에서 2018년 8월 사이 5년간 약상승과 약 하락을 반복하며 비교적 안정적 흐름을 띄고 있었다. 2018년 8월 이후부터 2021년 12월까지 매매가격 상승세가 본격적으로 이어졌는데 전세가격 상승세도 확대되며 전세가격이 2020년 10월부터 11월까지 7년 중 가장 높은

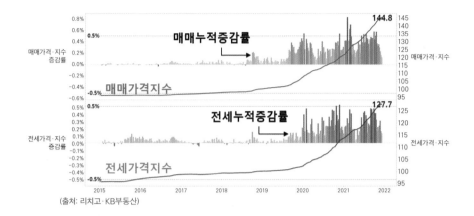

(출처: 리치고 · KB부동산)

상승률을 보였다. 이에 따라 매매가격이 2021년 2월에 7년 중 가장

높은 상승률을 보였다. 대전 역시 대출 규제 여파로 2021년 10월 중

순부터 매매·전세가격 상승률이 감소한 것으로 판단된다.

7) 부산 아파트 시세 추이: 2020년 5월 매매가격 본격 상승 시작

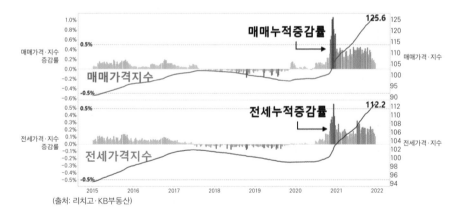

(출처: 리치고 · KB부동산)

부산 부동산 시장은 2017년 9월에 본질가치 대비 주택 가격이 고평

가된 상황에서 조정대상지역 규제가 겹치며 2019년 11월까지 약 2년

간 침체하였다. 2019년 11월 이후 조정대상지역에서 해제되며 매매가

격 상승세가 뚜렷하게 나타나는데 2020년 5월부터 상승률이 증가하기 시작하여 2020년 11월에 매매·전세가격 상승률이 7년 중 가장 높게 나타났다. 2020년 11월부터 기장군을 제외하고 조정대상지역으로 다시 규제되며 상승률 역시 다소 감소하였으나 2015~2017년 상승률 대비 높은 상승률이 지속해서 이어졌다. 다른 지역들과 마찬가지로 2021년 11월부터 매매·전세 상승률이 감소하였다.

8) 울산 아파트 시세 추이: 2021년 상승세 유지(대세 상승 중후반)

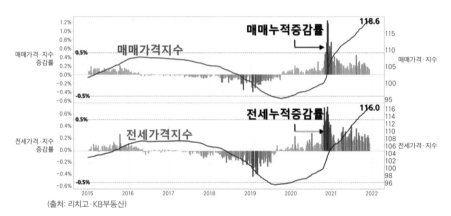

(출처: 리치고·KB부동산)

울산의 일자리는 2015년부터 악화하기 시작하였는데 인구수가 급격히 감소하기 시작하며 2016년 4월부터 2019년 9월 말까지 약 3~4년간 매매가격에도 악영향을 미쳤다. 오랜 기간 지속된 부동산 시장 침체기에서 벗어나 2019년 10월부터 서서히 매매·전세가격이 회복하기 시작하였고 2020년 10월 이후부터 본격적으로 상승하기 시작하여 2020년 11월 7년 중 가장 높은 매매·전세가격 상승률을 보였다. 2020년 12월 울산 중구와 남구가 조정대상지역으로 지정되고 상승률이 감소하기 시작하였으나 2021년에도 상승세를 유지하고 있다.

9) 세종 아파트 시세 추이: 2020년 뜨거웠다가 2021년 7월부터 매매가격 하락

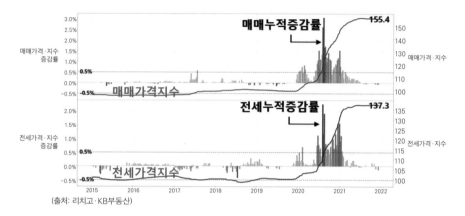

(출처: 리치고·KB부동산)

세종은 2012년 7월 세종특별자치시로 출범한 이후 2012년 12월에 중앙행정기관이 이전을 시작하며 2014년 본격적으로 아파트 입주가 시작되었다. 2015년부터 2016년 8월까지 약상승과 하락을 반복하다가 2016년 8월부터 2018년 9월까지 상승세가 이어졌다. 그러나 2017년 8월 투기지역으로 지정된 이후 2018년 9월까지 금융 규제 확대 및 강화로 인해 규제지역 내 다주택자 대출이 제한되고 양도세 비과세 기준이 강화되면서 2018년 10월부터 2019년 11월까지 1년간 매매·전세가격 조정이 있었다.

2019년 12월부터 국회 세종의사당 추진으로 세종 부동산 시장에도 활력이 돌며 매매·전세가격이 상승하기 시작하여 2020년 8월에 매매·전세가격이 7년 중 가장 높은 상승률을 기록하였다. 2021년 1월 초부터 매매·전세가격 상승률이 점진적으로 감소하더니 2021년 7월부터 매매가격이 하락세로 접어들었다. 2021년 12월까지 매매가격뿐만 아니라 전세가격 역시 하락하고 있어 세종 부동산 시장은 가격 조정이 진행 중임을 확인할 수 있다.

10) 제주 아파트 시세 추이: 2021년 가장 뜨거웠음(대세 상승 중반)

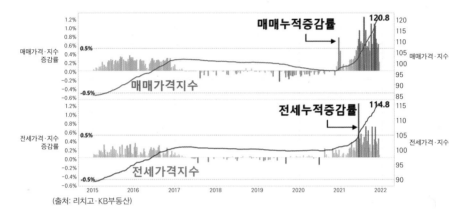

(출처: 리치고·KB부동산)

『빅데이터 부동산 투자 2021 대전망』에서 기술했던 것과 같이 2021년 제주는 긍정적 변화의 흐름이 나타났다. 2017년 3월부터 2020년 11월 초까지 부동산 침체기를 겪었으나 2020년 11월 말부터 매매·전세가격이 모두 상승하였으며 2021년 6~7월 매매·전세가격 상승률은 7년 중 가장 높은 상승률을 기록하였다. 2021년 11월 말까지 매매·전세가격 상승률은 높은 수준을 유지하고 있다. 제주 부동산 시장은 활황 중에 있다고 볼 수 있으며 2022년 역시 상승세를 지속할 수 있을 것으로 판단된다.

11) 강원 아파트 시세 추이: 2021년 불타오르며 매매 · 전세가격

상승세 유지 중(대세 상승 중반)

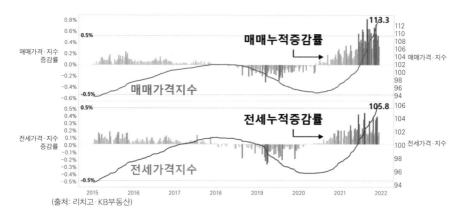

(출처: 리치고 · KB부동산)

2018년 4월~2020년 5월까지 부동산 시장 침체를 딛고 점진적으로 매매가격이 회복되기 시작한 강원은 과거 최고점이었던 2018년 4월 매매가격지수 101.4 이후 2021년 7월에 103.1로 전고점을 돌파한 후 12월까지 상승세를 유지 중이다. 전세가격 역시 높은 상승세를 유지하고 있어 2021년 중순부터 2021년 말까지 강원 부동산 시장이 뜨거운 상황이며 세부적으로 확인할 필요는 있으나 다른 빅데이터들이 아직 양호하여 2022년 역시 강원 부동산 시장은 양호할 가능성이 크다.

12) 경남 아파트 시세 추이: 2020년 6월부터 매매가격 상승 시작.

2022년에도 상승 가능성이 높은 지역(대세 상승 중반)

경남 역시 울산과 유사한 시기였던 2016년 2월부터 매매가격이 하락하기 시작하여 2020년 6월까지 약 4년간 부동산 시장 침체기에 있었다. 하지만 2020년 6월 중순부터 회복세에 진입했으며 2021년 12월까지 매매 · 전세가격 모두 상승세를 유지하고 있다. 2021년 11월

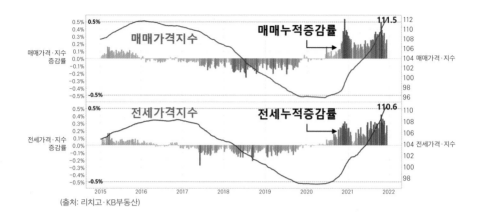

(출처: 리치고·KB부동산)

매매·전세가격 상승률이 일시적으로 감소하였으나 이후 점진적으로
증가하고 있으며 시세 추이로 볼 때 2022년에도 경남 부동산 시장이
활황을 유지할 수 있을 것으로 판단된다.

13) 경북 아파트 시세 추이: 2020년 6월부터 매매가격 상승 시작.
2022년에도 상승 가능성이 높은 지역(대세 상승 중반)

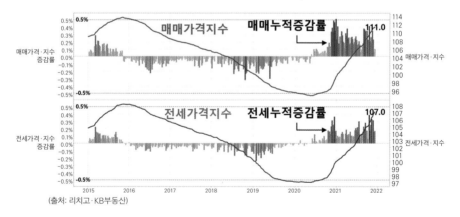

(출처: 리치고·KB부동산)

경북은 다른 시도와 비교해도 7년 중 부동산 시장 침체기가 길었
던 지역 중 하나다. 매매·전세가격은 2015년 11월부터 2020년 5월까

지 약 5년간 장기간 하락했던 만큼 기나긴 부동산 시장 침체를 딛고 2020년 6월부터 상승세를 이어오고 있다. 2020년 12월에 매매·전세가격 상승률이 가장 높았으며 2020년 12월 18일에 경북 경산시와 경북 포항시 남구 등 경북의 일부 지역이 조정대상지역으로 규제지역에 포함되며 상승률이 감소하였으나 2021년에도 높은 상승률을 유지하고 있다. 다른 시도는 대출 규제의 여파로 2021년 10월부터 대체로 상승률이 감소하고 있으나 오히려 경북은 10월 전세가격이 7년 중 가장 높은 상승률을 보였다. 2021년 11월 말부터 상승률이 다소 감소하였으나 다시 증가할 여지를 보여 2022년에도 상승세가 이어질 가능성이 크다.

14) 전남 아파트 시세 추이: 2020년 6월부터 매매·전세가격 상승 후 상승세 유지 중

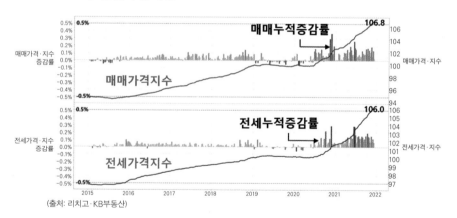

(출처: 리치고·KB부동산)

전남은 2011년 11월 매매·전세가격의 강한 상승 이후 2012년 5월부터 하락하기 시작하여 2015년 7월까지 약 3년간 부동산 시장 침체를 겪었다. 2015년 7월 이후 2019년 1월까지 약 3~4년간 다시 상승세를 유지했으나 2019년 1월부터 2020년 6월까지 약 1년간 매매·전세가격이 조정받았다. 2020년 6월 이후 다시 부동산 시장에 온기가 돌기 시작했으며 2020년 11월에 매매·전세가격이 7년 중 가장 높은 상승률을 기록하였다. 2021년 역시 꾸준한 상승세를 이어오고 있으며 다른 빅데이터들을 통해 2022년 전남 부동산 시장의 전망에 대해 자세히 확인할 필요가 있다.

15) 전북 아파트 시세 추이: 2021년 매매 · 전세가격 상승 지속 중

(대세 상승 중반)

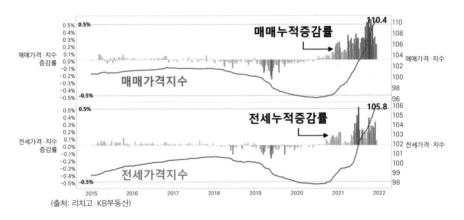

(출처: 리치고·KB부동산)

전북의 본격적인 매매가격 상승장은 2020년 6월부터 시작하여 상승세를 이어오고 있다. 특히 2021년 8~11월에 상승률이 7년 중 가장 높았다. 2021년 11월 이후 상승률은 다소 감소하였으나 매매가격 상승세는 유지되고 있으며 전세가격 상승률 역시 높아지고 있어 2022년에도 매매·전세가격 상승세가 이어질 가능성이 크다고 볼 수 있다.

16) 충남 아파트 시세 추이: 2019년 12월부터 매매가격 상승 시작. 2021년 11월까지 매매·전세가격 상승 폭이 가장 높은 지역(대세 상승 중반)

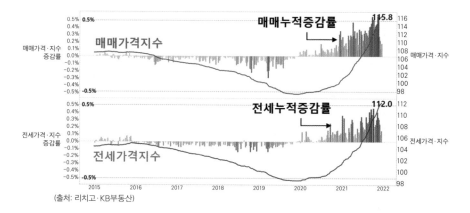

(출처: 리치고·KB부동산)

　　충남은 2015년 5월부터 2019년 11월까지 약 4년간 부동산 시장 침체기를 겪었다. 긴 침체기를 지나 2019년 12월부터 상승세를 이어오고 있으며 특히 2021년 11월 초에 상승률이 7년 중 가장 높았다. 2021년 11월 말부터 매매·전세가격 상승률이 감소하는 움직임은 있으나 여전히 상승세 유지 중이다. 시세 추이를 볼 때 2022년에도 매매·전세가격 상승세를 유지할 것으로 판단된다.

17) 충북 아파트 시세 추이: 2021년 8~9월 사이 7년 중 상승률이 가장 높음. 전세가격이 꾸준히 높은 상승률을 유지하고 있어 2022년에도 기대되는 지역(대세 상승 중반)

　　충북은 2015년 10월부터 본격적인 부동산 시장 침체기에 진입하여 2020년 4월까지 약 4~5년간 매매·전세가격이 하락하였다. 2020년 5월부터 매매·전세가격이 상승세에 진입하였으나 5월 중순 충북 청

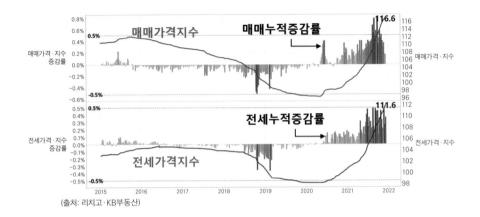

(출처: 리치고·KB부동산)

주시 전 지역이 조정대상지역으로 규제를 받아 8~9월 사이 일시적 하락세가 있었던 것으로 확인된다. 9월 중순부터 매매가격 상승세가 다시 시작되어 2021년 8~9월 사이 7년 중 가장 높은 상승률을 보였으며 11월 이후부터 상승률이 빠르게 감소하였다. 그러나 전세가격은 2021년 6월부터 높은 상승률을 유지하고 있어 2022년에도 매매가격 상승을 기대할 수 있는 지역이다.

전세 대비 저평가 인덱스로
옥석을 가려라

　지금까지 7년간의 매매·전세가격의 추이를 확인해봤다면 세종과 대구를 제외하고 15개의 시도가 모두 상승하고 있음을 볼 수 있다. 대부분의 시도가 불타오르는 부동산 시장 속에서도 전세, 소득, 물가 대비 매매가격의 본질가치를 판단하는 3가지 저평가 인덱스 중 '전세가격 대비 매매가격의 누적증감률을 비교'하여 '전세가격 대비 매매가격이 아직 양호한 지역인가?' 아니면 '전세가격 대비 매매가격이 많이 상승하였으므로 가격 격차가 심해 투자나 투기 수요가 감소할 수 있고 투자의 매력도가 점진적으로 나빠지기에 시장이 침체할 위험성이 큰 지역인가?'를 구분하는 '전세 대비 저평가 인덱스'로 우선 저평가, 고평가를 구분하도록 하겠다.

　전세는 실제 거주할 목적(실사용 가치)으로 투자의 목적이 전혀 없이 공급과 수요에 따라 가격이 변동된다. 이에 따라 전세가격을 본질가치로 놓고 만든 인덱스가 바로 '전세 대비 저평가 인덱스'이며 부동

7년간의 전세 대비 저평가 인덱스(2015년 1월~2021년 12월)

순위	지역	전세 누적증감률－매매 누적증감률 =전세 대비 저평가 인덱스	순위	지역	전세 누적증감률－매매 누적증감률 =전세 대비 저평가 인덱스
1위	충북	+3.0%	10위	제주	-13.7%
2위	경남	+1.9%	11위	광주	-14.2%
3위	경북	+0.2%	12위	대전	-17.7%
4위	충남	-0.9%	13위	전국	-17.9%
5위	전북	-2.7%	14위	부산	-18.3%
6위	전남	-3.1%	15위	인천	-21.8%
7위	울산	-3.8%	16위	세종	-26.0%
8위	강원	-9.3%	17위	경기	-28.2%
9위	대구	-10.0%	18위	서울	-31.7%

(출처: 리치고)

산을 투자하는 데 주요한 지표 중 하나다. '전세 대비 저평가 인덱스'로만 결론을 도출하기에는 부동산 시장은 다양한 변수가 있다. 따라서 쉽게 결론을 짓기보다는 다른 8가지 빅데이터들을 모두 활용하여 종합적인 결론을 도출하고, '전세 대비 저평가 인덱스'는 전국 대부분이 불타오르는 부동산 시장 속에서도 다른 시도와 비교하며 옥석을 가리는 데 유용한 지표로 판단하길 바란다.

'전세 대비 저평가 인덱스'는 3장의 서두에 있는 '매매 및 전세 시세 추이를 통한 부동산 시장 흐름 파악'에서 확인한 '매매 및 전세 플라워 차트'를 바탕으로 하며 7년간의 매매 및 전세 누적증감률을 확인한 바와 같이 '7년간 누적된 전세 증감률에서 누적된 매매 증감률'을 빼면 전국 17개 시도의 저평가 인덱스를 도출할 수 있다. 위 표 '7년간의 전세 대비 저평가 인덱스'는 2021년 12월을 기준으로 하여 전국의 시도별 매매 및 전세 저평가 인덱스 순위와 저평가되거나 고평가된 비율을 보여주고 있는데 '+3%'라는 것은 해당 지역의 7년간 전세 및 매매 누적증감률을 비교해본 결과 매매가격이 전세가격 대비 +3% 만큼 저평가되었다는 것을 의미한다.

『빅데이터 부동산 투자 2021 대전망』에서는 '충북'이 '+7.3%'로 가장 저평가되어 있다. 2021년 동안 충북의 매매가격이 전세가격보다 더욱 상승하여 저평가 인덱스는 '4.3%' 만큼 감소하였고 이번에도 다른 시도와 비교했을 때 가장 저평가된 것으로 확인된다. +값인 '경남, 경북' 등이 아직 전세 대비 매매가격이 저평가된 지역들로 나타난다. 2020년 저평가 지역이었던 '전북, 강원' 등은 고평가로 진입한 것을 확인할 수 있다. '충남'은 '-0.9%'로 고평가에 진입하였으나 다른 시도와 대비하여 양호한 수준임을 확인할 수 있으며 그밖에도 '전북, 전남, 울산' 등이 전세 대비 저평가 인덱스가 다른 시도 대비 상대적으로 양호한 수준임을 볼 수 있다. 반대로 2021년에도 전국에서 가장 고평가된 지역은 '서울'로 2021년 12월 기준으로 '-31.7%'이며 2020년 '-24.0%' 대비 '7.7%'가 감소하며 매매가격과 전세가격의 격차가 더 벌어진 것을 확인할 수 있다. 그리고 경기(-28.2%), 세종(-26.0%), 인천(-21.8%), 부산(-18.3%), 대전(-17.7%), 광주(-14.2%), 제주(-13.7%), 대구(-10.0%), 강원(-9.3%), 울산(-3.8%), 전남(-3.1%), 전북(-2.7%), 충남(-0.9%) 순으로 고평가된 것으로 확인되며 '충북, 경남, 경북' 3개의 시도만 제외하면 대체로 고평가로 진입한 상황이다. 전세 대비 저평가 인덱스 데이터로만 확인하면 '서울, 경기, 세종, 인천' 등이 부동산 투자에서 가장 위험한 지역들로 나타나며 반대로 내 집 마련하기에 가장 좋은 지역들은 '충북, 경남, 경북'이다.

이제부터 시도별 7년간의 세부적인 '전세 대비 저평가 인덱스' 추이에 대해 자세히 확인해보도록 하겠다. 참고로 수도권과 지방은 같은 저평가 인덱스라도 다르게 해석하여야 한다. 수도권이 다른 시도 대비 일자리와 인구가 더 많이 집중되어 있으므로 역사적으로도 고평가 정도가 지방보다 더 심하게 변동하는 모습을 보여왔기 때문이다. 예를 들면 수도권은 30% 이상 고평가되기도 하나 지방은 10% 이상 고평가 구간에 들어가는 것이 매우 드물었다. 그래서 지방은 수도권과 비교하여 고평가가 10% 이상만 되더라도 수도권과는 다르게 해석할 필요가 있다. 이 점을 참고하여 '전세 대비 저평가 인덱스'를 확인하길 바란다.

1) 서울: **상당히 고평가 -31.7%**(평균 -9.4% 대비 -22.3% 고평가)

서울 전세 대비 저평가 인덱스(기간: 2015. 1. 5.~2021. 12. 6.)

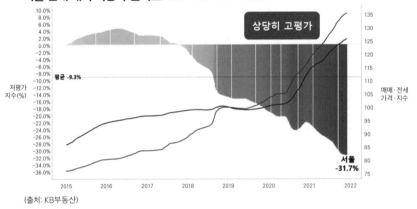

(출처: KB부동산)

빨간색 선 　: KB부동산 매매가격 지수

파란색 선 　: KB부동산 전세가격 지수

막대그래프 : 전세 대비 저평가 인덱스

(녹색은 저평가 구간, 빨간색은 고평가 구간)

서울은 2016년 4월 전세가격 대비 매매가격이 가장 저평가되었던 시기다. 즉 2017년 8월 2일부터 부동산 규제가 본격적으로 시작되었을 때도 서울은 여전히 전세 대비 저평가 인덱스가 양호했다. 그렇기에 2018년에 출간한 『빅데이터 부동산 투자』에서도 빅데이터를 통해 도출한 가장 전망이 좋은 지역 중에 서울이 있었다. 하지만 2018년 3월 이후부터 전세 대비 저평가 인덱스가 고평가로 진입하였고 이제는 7년 중 가장 고평가된 '-31.7%'까지 떨어졌다. 그만큼 서울의 아파트 매매가격은 다른 지역과 비교해도 전세가격과 격차가 심하다는 의미로 부동산 투자뿐만 아니라 실거주를 위한 똘똘한 한 채를 마련하기에도 매매가격의 부담이 과거 대비 가장 크다고 볼 수 있다. 2020년 코로나로 인해 통화량이 증가하며 부동산에 돈이 흘러갔을 뿐만 아니라 '패닉 바잉'으로 서울의 매매가격 상승세를 지속할 수 있었다. 그러나 전세 대비 저평가 인덱스로 확인 시 이미 '상당한 고평가' 구간으로 서울 전 지역에 투자 주의가 요구된다.

2) 경기: 상당히 고평가 -28.2%(평균 -3.6% 대비 -24.6% 고평가)

경기도의 전세 대비 저평가 인덱스 추이는 서울과 유사하게 움직이고 있는데 2018년 6월부터 고평가 구간에 진입하였다. 2021년 1월부터는 매매가격 상승이 전세가격 상승보다 더 커지기 시작하며 저평가 인덱스가 급격히 낮아지기 시작하였으며 2021년 12월 '-28.2%'로 서울의 저평가 인덱스와 유사한 수준에 와 있다. 『빅데이터 부동산 투자 2021 대전망』에서 경기도의 전세 대비 저평가 인덱스가 '-5.3%'였던 것을 상기해본다면 1년간 저평가 인덱스가 급격히 낮아진 것을 실감할 수 있다. 결론적으로 지금의 경기도는 '상당히 고평가'된 상황

경기 전세 대비 저평가 인덱스(기간: 2015. 1. 5.~2021. 12. 6.)

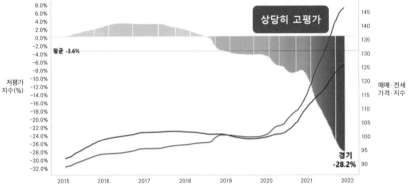

(출처: KB부동산)

이며 경기도 외곽 지역 중 일부 저평가된 지역을 제외하고 본다면 서울 근교에 있는 경기 지역은 특히 부동산 투자를 주의할 필요가 있다.

3) 인천: 상당히 고평가 -21.6%(평균 -2.4% 대비 -19.2% 고평가)

인천 전세 대비 저평가 인덱스(기간: 2015. 1. 5.~2021. 12. 6.)

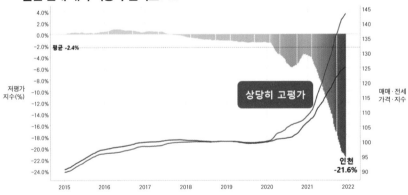

(출처: KB부동산)

인천 역시 서울과 경기의 전세 대비 저평가 인덱스 추이와 유사하게 움직이고 있는데『빅데이터 부동산 투자 2021 대전망』에서 인천의 전세 대비 저평가 인덱스는 −1.1%로 '약간 고평가' 수준이었으며 매매가격이 상승할 여지가 있다고 하였다. 그러나 2021년 사이 빠른 속도로 매매가격이 상승하며 1년 만에 '상당히 고평가'된 수준으로 진입하였다. 서울과 경기의 가격 상승에 의한 풍선효과로 인천 역시 같은 수도권으로 부동산 투자가 상당히 진입한 것으로 판단되며 1년간 매매가격과 전세가격 격차가 빠르게 벌어져 2022년 부동산 투자 진입에 주의하여야 한다.

4) 광주: 상당히 고평가 −14.1%(평균 −2.4% 대비 −11.7% 고평가)

광주 전세 대비 저평가 인덱스(기간: 2015. 1. 5.~2021. 12. 6.)

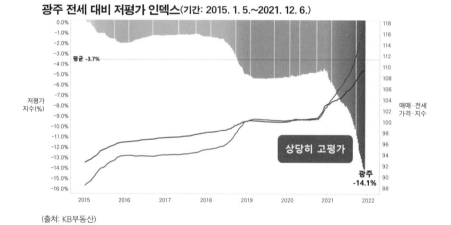

(출처: KB부동산)

광주는 2015년 1월부터 고평가 구간에 있었는데 2019년 6월 이후부터 2020년 11월 말까지 전세 대비 저평가 인덱스가 조금씩 상승하였다. 2020년 12월 이후부터는 매매가격이 전세가격보다 더 높게 상승하기 시작하며 저평가 인덱스 역시 급격히 감소하기 시작하였으며 2021년 12월 '-14.1%'로 7년 중 가장 고평가되어 있다. 앞서 언급한 것과 같이 서울과 수도권이 다른 시도 대비 일자리와 사람이 더 많이 집중되어 있으므로 수도권과 지방은 저평가 인덱스를 차별화하여 구분해야 한다. 지방은 10% 이상 고평가(-10% 이하) 구간에 들어가는 것이 매우 드물었다. 따라서 광주는 현재 '상당히 고평가'되어 있는 상황이며 매매가격과 전세가격의 격차가 매우 벌어져 있어 전세 대비 저평가 인덱스로 판단 시 광주의 부동산 투자 진입에는 주의하여야 한다.

5) 대구: 상당히 고평가 -10.0%(평균 -3.7% 대비 -6.3% 고평가)

대구 전세 대비 저평가 인덱스(기간: 2015. 1. 5.~2021. 12. 6.)

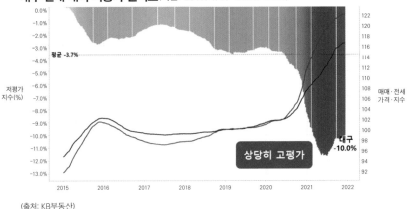

(출처: KB부동산)

대구는 『빅데이터 부동산 투자 2021 대전망』에서 전세 대비 저평가 인덱스가 '-6.8%'로 7년 중 가장 고평가된 상태라고 기술한 바 있다. 2020년 이후 2021년 1월부터 2021년 6월까지 저평가 인덱스가 더욱 감소하며 매매가격과 전세가격의 격차는 심해졌으나 이후 매매가격이 보합세로 진입하며 2021년 7월부터 6개월간 전세 대비 저평

가 인덱스가 증가하였다. 다만, 2021년 12월까지도 −10.0%로 '상당
히 고평가' 구간에 해당하여 투자에 대한 위험 신호를 계속 보내고
있으므로 2022년 역시 대구의 부동산 투자는 주의할 필요가 있다.

6) 대전: 상당히 고평가 −17.6%(평균 −2.2% 대비 −15.4% 고평가)

대전 전세 대비 저평가 인덱스(기간: 2015. 1. 5.~2021. 12. 6.)

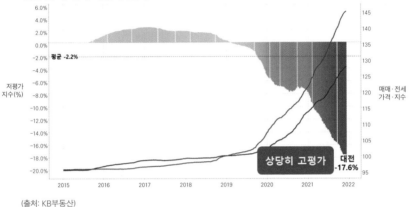

(출처: KB부동산)

대전은 2017년 초까지 전세 대비 저평가 인덱스가 가장 저평가 구
간이었던 시기로『빅데이터 부동산 투자』에서도 대전의 상승을 전망한
바 있다. 2018년 10월부터 매매가격이 급등하며 전세 대비 저평가 인
덱스도 급속도로 감소하기 시작하였으나 2020년 8월에서 10월 사이
임대차 3법의 영향으로 저평가 인덱스가 증가하였다. 그러나 2021년부
터 본격적인 매매가격 상승으로 전세가격과 격차가 벌어지며 2021년
'−7.0%'에서 2021년 12월 '−17.6%'까지 저평가 인덱스가 급격히 감소하
였다. 2021년 12월 기준으로 전세 대비 저평가 인덱스로 판단 시 대전
역시 '상당히 고평가'된 지역으로 부동산 투자에 주의가 필요한 지역으
로 분류된다.

7) 부산: 상당히 고평가 -18.4%(평균 -4.4% 대비 -14.0% 고평가)

부산 전세 대비 저평가 인덱스(기간: 2015. 1. 5.~2021. 12. 6.)

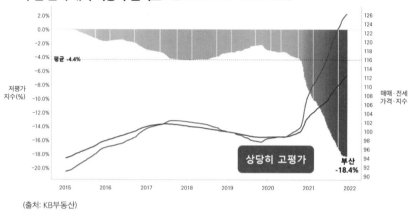

(출처: KB부동산)

부산은 대전과 반대로 2017년 8월에 고평가 상태로 『빅데이터 부동산 투자』에서도 부산의 매매가격 하락을 전망한 바 있다. 2017년 8월 이후부터 2019년 11월까지 매매가격이 하락하였으나 전세 대비 저평가 인덱스는 증가하여 평균 이하의 구간인 2015~2016년 사이와 유사한 수준까지 양호해졌다. 2019년 11월에 '동래구, 수영구, 해운대구' 등의 조정대상지역이 규제가 해제되며 매매가격이 약상승하다가 2020년 10월부터 매매가격이 급등하며 전세 대비 저평가 인덱스도 급속도로 감소하기 시작하였다. 『빅데이터 부동산 투자 2021 대전망』에서 부산은 '-3.6%' 수준으로 '약간 고평가'로 판단하였으나 불과 1년 만에 매매·전세가격의 격차가 과거 그 어느 때보다 가장 벌어져 7년 중 가장 고평가되어 있다. 부산은 '상당히 고평가'된 상황으로 부동산 매수를 고려 시 상당히 보수적으로 접근할 필요가 있다.

8) 울산: 고평가 -3.8%(평균 -1.5% 대비 -2.3% 고평가)

울산 전세 대비 저평가 인덱스(기간: 2015. 1. 5.~2021. 12. 6.)

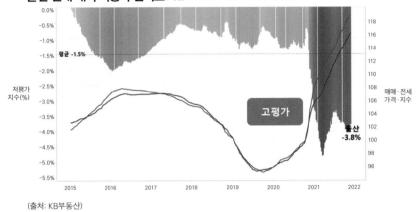

(출처: KB부동산)

울산은 지속적인 고평가 지역으로 2016년 1월 가장 고평가되었던 시기 이후 매매가격이 하락하기 시작했으며 전세 대비 저평가 인덱스가 '-0.6%'로 양호했던 2019년 10월부터 매매가격이 상승하기 시작하였다. 전세가격 상승 흐름도 양호해져 '약간 고평가'였던 2020년 10월에는 다른 데이터의 흐름도 좋았기에 본격적인 매매·전세가격 상승이 시작되었는데 이때부터 매매·전세가격의 격차가 벌어지며 2021년 12월 기준 '-3.8%'로 전세 대비 저평가 인덱스가 평균 -1.5% 이상 고평가에 있다. 아직은 매매가격 상승을 예상할 수 있어 단순히 전세 대비 저평가 인덱스로만 판단하는 것은 섣부르지만 부동산 투자 시 장기적인 접근이 필요하므로 울산 역시 주의가 필요하다.

9) 세종: 상당히 고평가 -25.8%(평균 -7.2% 대비 -18.6% 고평가)

세종은 2017년 2월부터 고평가 구간으로 진입하여 4년간 고평가를 유지했는데 2019년 12월 '세종의사당 추진 이슈' 이후부터 매매가

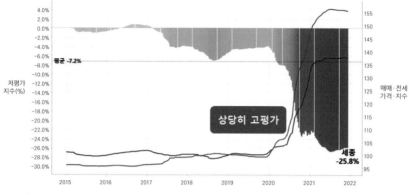

세종 전세 대비 저평가 인덱스(기간: 2015. 1. 5.~2021. 12. 6.)

상당히 고평가

세종
-25.8%

평균 -7.2%

저평가
지수(%)

매매·전세
가격·지수

(출처: KB부동산)

격이 급격히 상승하였다. 이로 인해 저평가 인덱스가 급속도로 하락했고 2021년 6월 전세 대비 저평가 인덱스가 '-26.7%'로 역대 가장 고평가되었으나 이후 매매가격이 약보합세로 진입하며 저평가 인덱스는 '-25.8%'로 약상승하였다. 세종의 사례에서 볼 수 있듯 개발 호재로 인한 이슈가 매매가격 폭등을 일으킬 수 있다. 그러나 이후 이슈가 소강 국면으로 진입할 시 부동산 시장이 침체될 수 있으므로 주의가 필요하다. 2021년 12월 기준 아직 매매가격과 전세가격의 격차가 심한 수준으로 '상당히 고평가'된 세종은 전세 대비 저평가 인덱스로 판단 시 부동산 투자에 주의가 필요하다.

10) 제주: 상당히 고평가 -13.5%(평균 -4.3% 대비 -9.2% 고평가)

『빅데이터 부동산 투자 2021 대전망』에서 제주는 관심권에 두는 것이 좋을 것으로 판단되며 매수 적기의 시장이 온다고 전망했다. 그러한 전망대로 2021년 한 해 제주는 부동산 투자자들 사이에서도 주된 관심사였다. 2016년 11월 전세 대비 저평가 인덱스가 '-6.7%'

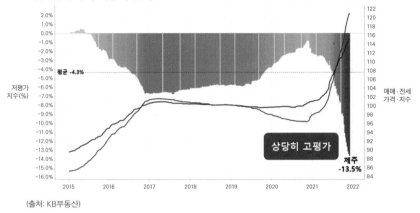

제주 전세 대비 저평가 인덱스(기간: 2015. 1. 5.~2021. 12. 6.)

(출처: KB부동산)

로 가장 고평가되었던 이후 매매가격이 하락하기 시작하여 2020년 11월 말 '-0.8%'까지 저평가 인덱스가 증가하였으며 단순히 고평가로 판단하기보다 저평가 인덱스 증가로 '보통 수준'에 와 있다고 언급한 바 있다. 2020년 11월 말 이후 매매가격이 본격적으로 상승하기 시작했는데 2021년 초 이후 부동산 거래 시장이 활발하게 불타오르며 매매·전세가격 간의 격차가 급격히 커졌다. 2021년 12월 전세 대비 저평가 인덱스는 '-13.5%'로 7년 중 가장 고평가된 상황으로 투자주의가 요구된다. 다만, 제주는 입주 물량이 부족하고 미분양 물량도 감소하고 있어 다른 데이터들을 같이 확인하여 종합적으로 판단하는 것이 필요하다. 비단 제주만 아니라 다른 시도 역시 전세 대비 저평가 인덱스 이후에 다룰 다른 8가지 빅데이터들도 같이 확인하며 시장을 종합적으로 접근할 필요가 있기에 참고하길 바란다.

11) 강원: 고평가 -9.0%(평균 -1.1% 대비 -7.9% 고평가)

『빅데이터 부동산 투자 2021 대전망』에서 강원은 전세 대비 저평

강원 전세 대비 저평가 인덱스(기간: 2015. 1. 5.~2021. 12. 6.)

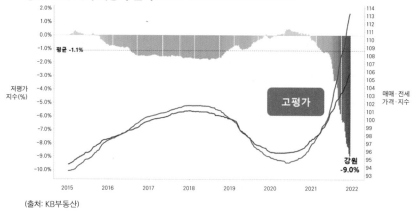

(출처: KB부동산)

가 인덱스가 '1.1%'로 전세가격 대비 매매가격이 저평가되어 매수를 적극적으로 권장했던 지역으로 분류되었다.

강원 전체 아파트 매입자 거주지별 거래량(기간: 2014년 2월~2021년 10월)

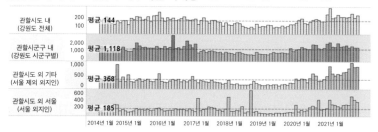

(출처: 리치고·한국감정원)

2020년 12월부터 외지인뿐만 아니라 강원도 내 거주자의 아파트 거래량이 증가하며 저평가 인덱스 역시 고평가 구간으로 진입하기 시작하였다. 1년간 매매가격의 상승 폭이 전세가격보다 더 커지며 자연스레 전세 대비 저평가 인덱스도 감소하여 7년 중 가장 고평가 상태에 있다. 다만, 전세 대비 저평가 인덱스는 고평가로 판단되나 강원 역시 전국에서 매매 및 전세 수급이 가장 높은 지역이기에 다른 8가지 빅데이터들을 통해 종합적으로 판단하는 것이 필요하다.

12) 경남: 저평가 +1.9%(평균 1.5% 대비 0.4% 저평가)

경남 전세 대비 저평가 인덱스(기간: 2015. 1. 5.~2021. 12. 6.)

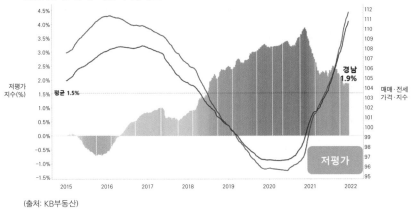

(출처: KB부동산)

『빅데이터 부동산 투자 2021 대전망』에서 경남은 '상당히 저평가' 된 지역으로 강력 매수를 추천했던 지역이기도 하다. 2020년 11월 7년 중 가장 저평가(+3.9%)였으나 이후 저평가 인덱스가 감소하여 2021년 12월 기준 '+1.9%'에 있다. 다만, 전세 대비 저평가 인덱스는 아직도 저평가인 상황으로 매매·전세가격의 격차가 아직 심하지 않은 지역이기에 꾸준한 부동산 투자 수요 역시 기대할 수 있을 것으로 판단된다.

13) 경북: 저평가 +0.2%(평균 2.1% 대비 -1.9% 저평가)

경북 역시 『빅데이터 부동산 투자 2021 대전망』에서 '상당히 저평 가'된 지역으로 분류됐으나 2020년 6월 상승기를 맞이한 후 전세가

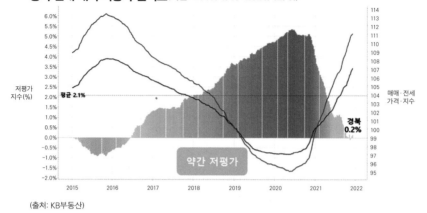

경북 전세 대비 저평가 인덱스(기간: 2015. 1. 5.~2021. 12. 6.)

(출처: KB부동산)

격 상승보다 더욱 급격한 매매가격 상승으로 격차가 벌어지며 저평가 인덱스가 상당히 감소하였다. 다만, 2015~2016년과 같이 고평가 구간에 진입하진 않았기에 전세 대비 저평가 인덱스는 '약간 저평가'되어 있다고 볼 수 있으며 다른 시도와 비교하더라도 상대적으로 매매·전세가격 간의 격차가 벌어졌다고 보긴 어려우므로 2022년에도 부동산 투자에 관심을 둘 지역으로 판단된다.

14) 전남: 고평가 -3.0%(평균 -1.1% 대비 -1.9% 고평가)

전남은 2017년 6월 이후부터 고평가 구간으로 진입하는데 전세 대비 저평가 인덱스가 2019년 1월에 '-1.9%'로 평균 이상 고평가에 진입한 후부터 매매가격이 일시적 조정을 받았다. 2019년 12월 '-1.6%'를 회복한 이후 가격 상승과 하락을 반복하다가 2020년 6월 (-1.8%)부터 매매가격이 본격적으로 상승하기 시작했다. 『빅데이터 부동산 투자 2021 대전망』에서도 '약간 고평가'된 지역으로 분류되었으나 그리 위험한 수준은 아니라고 하였다. 그런데 2021년에 매매가격

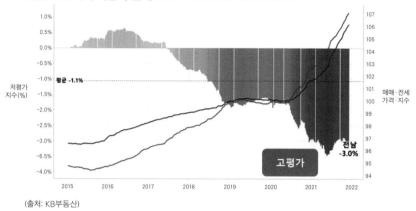

전남 전세 대비 저평가 인덱스(기간: 2015. 1. 5.~2021. 12. 6.)

(출처: KB부동산)

이 급격히 상승하며 2021년 12월 기준 전세 대비 저평가 인덱스가 '-3.0%'로 이제는 '고평가'로 볼 수 있다. 다른 8가지 빅데이터들을 통해 더 심층적으로 다루겠지만, 전남은 미분양이 급증하고 전반적으로 빅데이터가 좋지 않은 방향으로 가고 있어 부동산 투자에 주의가 요구되기에 더욱 신중하게 고민할 필요가 있다.

15) 전북: 고평가 -2.7%(평균 1.4% 대비 -4.1% 고평가)

전북은 『빅데이터 부동산 투자 2021 대전망』에서 '상당히 저평가' 된 지역으로 분류되었지만 2021년 동안 매매가격이 급격히 상승하여 1년 만에 '고평가'로 진입한 지역이다. 그만큼 전세가격 상승이 매매가격 상승을 따라가지 못하여 격차가 벌어졌는데 원인을 살펴보면 2021년 입주 물량이 감소하며 매매 수요가 더욱 높아졌다고 볼 수 있다. 2022년은 2021년 대비 입주 물량은 다소 증가하나 2018년과 비교하면 매우 양호한 수준이다. 2022년에도 매매 시장에는 훈풍이 예상된다. 다만, 이미 전세 대비 저평가 인덱스는 고평가로 진입하였

전북 전세 대비 저평가 인덱스(기간: 2015. 1. 5.~2021. 12. 6.)

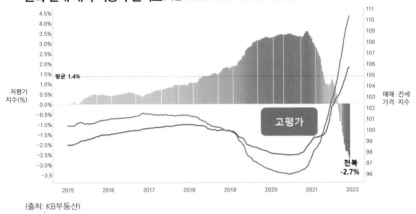

기에 전세 대비 저평가 인덱스로 판단 시 부동산 투자에 주의가 필요
하고 다른 빅데이터들을 통해 더욱 심층적으로 파악할 필요가 있다.

16) 충남: 약간 고평가 -0.9%(평균 1.7% 대비 -2.6% 고평가)

충남 전세 대비 저평가 인덱스(기간: 2015. 1. 5.~2021. 12. 6.)

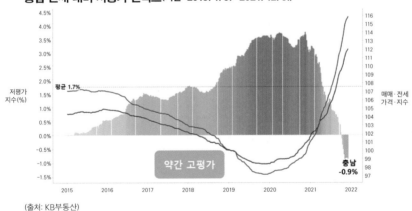

충남 역시 전북과 마찬가지로 2021년 동안 매매가격이 급격히 상승
하여 2020년 10~11월 '상당히 저평가'된 지역에서 1년 만에 '고평가'로

진입한 지역이다. 충남은 2014년 말부터 2016년 초까지 매매가격이 약 보합세를 유지하다가 2019년 말까지 하락하였는데 전세 대비 저평가 인덱스가 '저평가'로 나타남에도 약 3년간 입주 물량이 '과잉 공급'으로 부동산 투자 심리가 좋지 않았다(2016년부터 2018년까지 입주 물량이 많았다면 분양은 2년 6개월 전부터 진행했을 것임으로 실질적으로 2014년 중순부터 과잉 공급을 예상할 수 있었을 것이다). 이처럼 지방의 부동산 시장은 입주 물량에 따라서도 영향을 받게 되므로 주의가 필요하다.

한편, 충남은 2022년부터 입주 물량이 증가하기 시작하는데 2023년 입주 예정 물량이 2016년보다 많아 충남 내 지역별로 부동산 시장 흐름이 다르게 움직일 수 있다. 아직 전세 대비 저평가 인덱스는 다른 시도 대비 양호한 수준으로 부동산 시장에 긍정적 신호를 보내고 있으나 2022년부터는 충남 내 일부 지역에 대한 부동산 매수는 주의할 필요가 있다.

17) 충북: 저평가 3.0%(평균 4.2% 대비 -1.2% 저평가)

충북 전세 대비 저평가 인덱스(기간: 2015. 1. 5.~2021. 12. 6.)

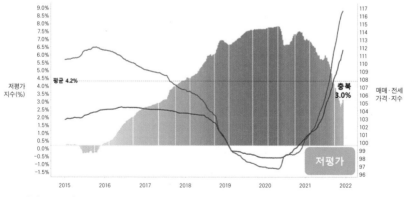

(출처: KB부동산)

충북은 2015~2016년 전세 대비 저평가 인덱스를 확인해보면 같은 충청권이라도 충남과 다르게 나타난다. 충남은 입주 물량이 2018년 이후 급격히 감소하는 데 반해 충북은 2015년부터 입주 물량이 서서히 증가하다가 2018년에 가장 많은 입주 물량을 기록한 이후 점진적으로 감소한다. 전세 대비 저평가 인덱스가 가장 높았던 2020년 5월 이후부터 매매가격이 계단식 상승을 하다가 2021년 1월부터 급격히 상승하기 시작했으나 전세가격 역시 상승률이 높아 전세 대비 저평가 인덱스가 전국 17개 시도 중 가장 높은 지역이다.

이상 17개 시도의 '전세 대비 저평가 인덱스의 7년간 추이'를 확인해보았다. 비록 전세 대비 저평가 인덱스만으로 각 시도를 비교하여 어느 지역이 부동산 투자가 매력적이고 투자에 적합한 지역인지 결론을 도출하긴 어렵다. 그러나 시도별 상대적 비교를 통해 전세가격 대비 매매가격이 덜 상승한 지역을 가려내어 2022년 부동산 투자 수요가 어디로 흘러갈 수 있을지 옥석을 가려볼 수 있었다. 고평가 구간을 형성하는 아파트를 매수할 경우 매매와 전세 간의 가격 차이가 심하여 부동산 시장이 침체기에 들어서면 매매가격이 다른 지역보다 더 큰 충격을 받을 수 있다. 따라서 전세 대비 저평가 인덱스가 감소하면 감소할수록 주의할 것을 명심하길 바란다.

소득 대비 저평가 인덱스로
투자 수준을 확인하라

'전세 대비 저평가 인덱스'를 통해 3가지의 저평가 인덱스 중 하나를 확인해보았다. 이제부터 중요한 저평가 인덱스 중 다른 하나인 '소득 대비 저평가 인덱스'를 확인해보도록 하겠다. '소득 대비 저평가 인덱스'란 사람들의 소득을 아파트 매매가격과 비교하여 저평가, 고평가 여부를 판단하는 것으로 소득이 오르면 자연스레 아파트 가격이 상승하는 구조를 기반으로 하여 비교하는 것이다. 소득은 오르는데 아파트 가격이 오르지 않았다면 부동산 시장의 흐름이 회복되기 시작하거나 뜨거워지기 시작할 때 지역 내 실수요자들이 아파트를 구매할 수 있는 소득 능력이 양호하므로 상승세가 길어질 수 있다. 반대로 소득은 그대로이거나 소득 인상이 아파트 가격 상승을 못 따라가고 있다면 아파트 구매가 더욱 어려워질 것이므로 점진적으로 수요가 줄어들 수 있다.

참고로 이 책에서 말하는 소득은 단순히 세금을 포함한 소득이 아

시도별 처분가능소득 대비 아파트 매매가격(지수) 비율

순위	지역	비율	순위	지역	비율
1위	세종	34.3	10위	울산	26.0
2위	경기	32.1	11위	광주	25.5
3위	대전	31.8	12위	충북	25.5
4위	인천	31.3	13위	충남	25.4
5위	서울	29.7	14위	강원	24.7
6위	전국	28.8	15위	경남	24.4
7위	부산	27.6	16위	경북	24.4
8위	대구	26.9	17위	전북	24.1
9위	제주	26.3	18위	전남	23.5

(출처: 리치고·KB부동산·통계청)

시도별 처분가능소득 대비 아파트 매매가격(시세) 비율

순위	지역	비율	순위	지역	비율
1위	서울	26.8	10위	울산	7.1
2위	세종	14.4	11위	광주	6.6
3위	경기	13.3	12위	경남	5.7
4위	제주	10.6	13위	충북	5.2
5위	인천	10.2	14위	충남	5.1
6위	부산	9.6	15위	강원	4.8
7위	전국	9.1	16위	전북	4.4
8위	대전	8.9	17위	전남	4.3
9위	대구	8.2	18위	경북	4.3

(출처: 리치고·KB부동산·통계청)

니라 실제 통장에 들어오는 실질소득인 '처분가능소득'으로 아파트 매매가격과 비교한다(대부분 소득 대비 아파트 가격을 비교한 데이터들은 처분가능소득이 아니라 '세금을 포함한 소득'으로 계산되고 있어 상대적으로 소득 대비 아파트 가격이 양호하게 나타날 수 있다).

위 표는 시도별 제곱미터당 평균 매매가격과 처분가능소득을 비교하여 고안한 '소득 대비 아파트 매매가격 비율PIR' 데이터다. 여기서 PIR이란 Price Income to Ratio의 약자로 가구 소득 대비 주택(아파트 포함) 매매가격 비율을 의미한다. 예를 들어 서울의 PIR이 26.8이란 의미는 서울 아파트 총 세대수 대비 제곱미터당 평균 매매시세를 처분가능소득과 비교해보니 26.8년 동안 돈을 한 푼도 쓰지 않고 통장에 모으면 서울의 중위 가격 아파트를 매수할 수 있다는 것을 말한다. 세종, 경기, 대전, 인천, 서울, 부산, 대구, 울산 등은 KB부동산 지수 및 시세가 순위만 다를 뿐 높은 수준으로 집계되며 전북, 전남, 경북 등은 소득 대비 아파트 매매가격이 가장 낮은 수준에 있음을 볼 수 있다. 이제 시도별로 '소득 대비 저평가 인덱스'의 추이를 같이 확인해보며 본격적으로 시도별 부동산 투자가 양호한 수준인지 위험한 수준인지 판단해보도록 하겠다.

1) 서울

> **KB지수 기준: PIR 29.7 상당히 고평가** (PIR 평균 23.3 대비 6.4 고평가)
>
> **KB시세 기준: PIR 26.8 상당히 고평가** (PIR 평균 16.1 대비 10.7 고평가)

서울 처분가능소득 대비 아파트 매매가격(지수) 인덱스 추이(2008년 1월~2021년 11월)

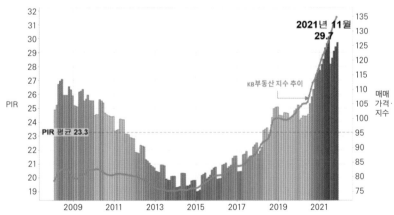

2008년 전고점보다 더 높은 상황으로 과거 대비 최대 고평가 (출처: 리치고·KB부동산)

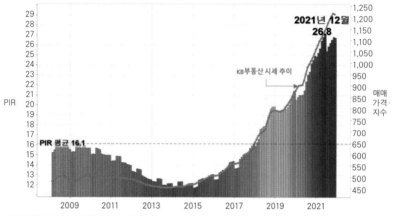

이미 과거 대비 사상 최대 고평가 (출처: 리치고·KB부동산)

주황색 선이 KB부동산 매매가격 지수 및 시세이고 막대그래프는 처분가능소득 대비 아파트 매매가격 비율, 즉 PIR을 의미한다. 막대 그래프가 올라갈수록 빨간색이 진해지며 고평가로 가고 있다는 것을 의미한다. 반대로 내려갈수록 녹색이 진해지고 저평가를 의미한다.

2008년에서 2010년까지 서울의 처분가능소득 대비 서울 아파트 매 매가격이 가장 높아 고평가 상태였고 2014~2015년 사이가 서울 아파 트 매매가격이 가장 저렴하여 저평가 상태에 있었던 것을 의미한다. 2015년 1월 이후부터 매매가격 상승으로 PIR 역시 증가하는 것을 볼 수 있다. 매매가격 지수로 PIR을 확인 시 2020년 10월부터 PIR 이 가장 높았던 2008년 5월의 27.1까지 도달하였으며 2021년 6월 에 PIR이 역대 가장 높은 30.1까지 치솟았다. 매매가격 시세로 확인 시 PIR은 2018년 2월부터 전고점보다 더 증가하는 모습을 볼 수 있 는데 지수와 마찬가지로 2021년 6월 PIR이 27.2까지 증가하며 전례 없는 고평가로 진입했던 것을 확인할 수 있고 2021년 6월 이후 일시적으로 감소하였다가 2021년 11~12월까지 다시 증가하는 모습을 볼 수 있다.

참고로 2021년 6월에는 전국 PIR이 감소하는 것을 확인할 수 있다. 코로나19와 관련된 재난지원금과도 관련이 있다. 단순히 과거와 비교하여 고평가되어 있으니 서울 부동산 투자가 위험하다고 판단하긴 섣부르다고 생각할 수 있으나 과거보다 소득이 증가하였더라도 현재는 서울 아파트를 구매하는 것이 과거 대비 가장 어려운 국면에 있다. 실수요자 역시 서울 부동산을 매수하기에는 부담이 매우 크며 이미 역사상 가장 고평가된 시기에 돌입하였으니 매우 보수적으로 접근하여야 한다.

2) 경기

> **KB지수 기준: PIR 32.1 고평가**(PIR 평균 25.6 대비 6.5 고평가)
>
> **KB시세 기준: PIR 13.3 상당히 고평가**(PIR 평균 8.4 대비 4.9 고평가)

경기 처분가능소득 대비 아파트 매매가격(지수) **인덱스 추이**(2008년 1월~2021년 11월)

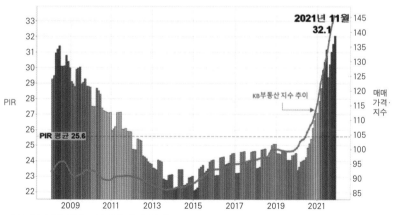

2021년 11월 최대 고평가 구간에 돌입 (출처: 리치고·KB부동산)

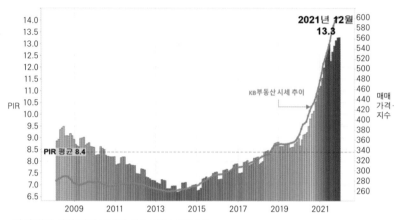

경기 처분가능소득 대비 아파트 매매가격(시세) **인덱스 추이**(2008년 1월~2021년 12월)

과거 대비 사상 최대 고평가 (출처: 리치고·KB부동산)

경기도는 2021년부터 소득 대비 저평가 인덱스가 고평가에 돌입하였다. PIR이 가파르게 올라가고 있다. 2021년 10월 매매가격 지수 대비 PIR이 31.5로 2008년 6월 PIR 31.4과 유사한 수준까지 도달하였다. 2021년 11월은 과거 수준을 넘어 최대 고평가 상태에 있다. 이뿐만 아니라 매매가격 시세 대비 PIR은 이미 2020년 6월부터 과거 가장 높았던 PIR이 9.5를 넘어서고 있다. PIR이 역사상 가장 높은 13.3까지 치솟은 상태다. 경기도를 전체적으로 고평가라고 판단하기에는 지역별로 편차가 있어 세부적으로 다를 수 있다. 그러나 서울 근교에 있는 경기 지역의 처분가능소득 대비 아파트 가격은 사상 최고치를 기록하고 있다. 소득 대비 아파트 가격이 상당히 높은 수준이기에 주의가 필요하다.

3) 인천

KB지수 기준: PIR 31.3 고평가(PIR 평균 26.1 대비 5.2 고평가)

KB시세 기준: PIR 10.2 상당히 고평가(PIR 평균 6.8 대비 3.4 고평가)

인천 처분가능소득 대비 아파트 매매가격(지수) 인덱스 추이(2008년 1월~2021년 11월)

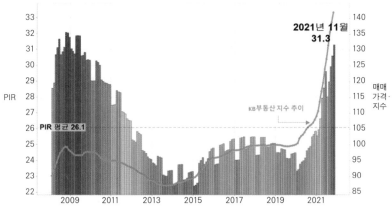

2008~2009년 최대 고점과 유사한 수준까지 도달 (출처: 리치고·KB부동산)

인천 처분가능소득 대비 아파트 매매가격(시세) 인덱스 추이(2008년 1월~2021년 12월)

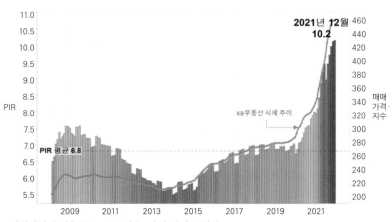

매매가격의 멈출 줄 모르는 상승. 사상 최대 고평가 (출처: 리치고·KB부동산)

인천의 처분가능소득 대비 아파트 가격은 2008년 6월에서 2009년 6월까지 1년간 최고점에 이르렀다. 반면 서울, 경기와 마찬가지로 2014~2015년이 가장 저평가되었던 상황으로 수도권 전 지역은 이 시기가 부동산 투자에 있어 가장 적기였던 것을 쉽게 확인할 수 있다. 처분가능소득을 매매가격 지수와 비교 시 2021년 말에 2008~2009년과 유사한 수준까지 와 있다. 조금 더 매매가격이 상승할 여지는 있겠으나 데이터는 이미 빨간불이 들어와 있다. 2022년부터 입주 물량이 많아 더욱이 부동산 투자에 리스크가 있는 지역이라 판단된다. 특히 처분가능소득을 매매가격 시세와 비교하면 역사상 최대 고평가이기에 이미 과거 대비 가장 매수하기 부담스러운 아파트 가격을 형성하고 있다고 볼 수 있다. 매매가격이 조금 더 상승하는 상황을 두고 부동산 투자에 적극적으로 가담하는 것은 위험하니 주의하길 바란다.

4) 광주

KB지수 기준: PIR 25.5 고평가(PIR 평균 22.4 대비 3.1 고평가)
KB시세 기준: PIR 6.6 상당히 고평가(PIR 평균 4.4 대비 2.2 고평가)

광주의 PIR은 이미 2012년부터 평균 PIR이 22.4를 넘어섰다. 약 9년 동안 PIR의 증가와 감소가 반복되던 지역이다(아파트 매매가격이 약상승 또는 보합세와 상승을 반복하며 계단식 상승을 하고 있다. PIR 역시 9년간 매매가격의 두드러지는 하락세가 없었으므로 지속적 고평가 구간에 있음을 볼 수 있다) 다만, 2020년 10월부터는 2011년도와 유사하게 매매가격이 높은 상승 폭을 이루고 있어 PIR 역시 '사상 최대 고평가'에 와 있다. 2021년 6~7월은 재난지원금과 관련되어 비정상적 처분가능소득 상승이었다는 점을 염두에 두고 확인해보면 PIR이 매우 높은

광주 처분가능소득 대비 아파트 매매가격(지수) 인덱스 추이(2008년 1월~2021년 11월)

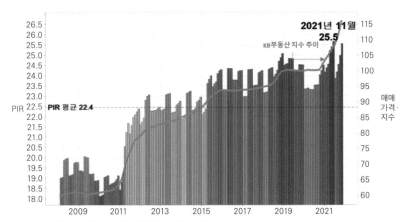

2011년 이후 PIR 증가. 위험 신호를 보내는 중 (출처: 리치고·KB부동산)

광주 처분가능소득 대비 아파트 매매가격(시세) 인덱스 추이(2008년 1월~2021년 12월)

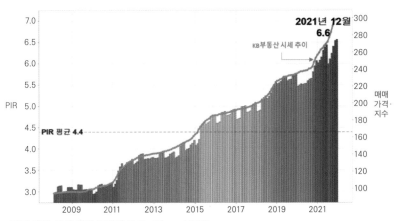

과거 대비 사상 최대 고평가 (출처: 리치고·KB부동산)

수준이었다고 볼 수 있다. 광주 역시 처분가능소득을 매매가격 시세
로 비교해보면 2018~2019년부터 고평가 상태에 와 있는 것을 볼 수
있다. 2021년 PIR 역시 더욱 증가하여 소득 대비 저평가 인덱스로 볼
때 광주 부동산의 매수 적기는 지나갔다고 판단된다.

5) 대구

> **KB지수 기준: PIR 26.9 고평가**(PIR 평균 22.6 대비 4.3 고평가)
>
> **KB시세 기준: PIR 8.2 상당히 고평가**(PIR 평균 5.8 대비 2.4 고평가)

대구 처분가능소득 대비 아파트 매매가격(지수) **인덱스 추이**(2008년 1월~2021년 11월)

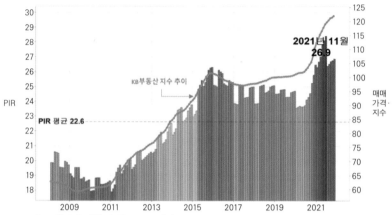

2015년 12월과 유사한 수준으로 고평가 (출처: 리치고·KB부동산)

대구 처분가능소득 대비 아파트 매매가격(시세) **인덱스 추이**(2008년 1월~2021년 12월)

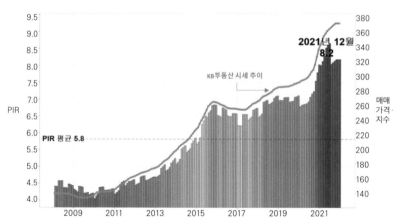

과거 대비 사상 최대 고평가 (출처: 리치고·KB부동산)

대구는 2017년 3월~2020년 1월 사이 PIR이 점진적 감소와 약증가를 반복해왔다. 그러다가 2020년 6월부터 매매가격이 급상승하기 시작하며 2021년 6월 PIR이 28.4까지 증가하는 등 고평가가 가속화되었다. 대구 역시 7월에 일시적으로 PIR이 감소하긴 하였으나 다시 증가하고 있어 실질적으로 2015년 12월과 같이 매우 고평가되어 있다. 매매가격 시세와 비교 시에도 이미 2020년 7월부터 2015년 12월의 PIR을 웃도는 수준에 진입하였다. PIR이 가파르게 17개월 동안 증가하여 과거 대비 역사상 최대 고평가에 와 있는 시점이다. 처분가능소득 대비 대구의 아파트를 매수하기에는 부담스러운 상황이다.

6) 대전

> **KB지수 기준: PIR 31.8 상당히 고평가**(PIR 평균 25.1 대비 6.7 고평가)
> **KB시세 기준: PIR 8.2 상당히 고평가**(PIR 평균 5.6 대비 2.6 고평가)

대전은 처분가능소득을 매매가격 지수와 비교 시 2011~2012년이 고평가였고 이후 줄곧 PIR이 감소하여 2015년부터 양호한 수준에서 2019년까지 등락을 반복했다. 매매가격은 2018년 9월부터 약상승이 시작되었으며 2019년 8월부터 매매가격이 급상승하기 시작하였다. 대전은 2012년부터 약 7년이란 기간 동안 매매가격에 큰 변화가 없었다가 2년 동안 급등했으며 PIR 역시 급격히 증가하였다. 인근 지역인 세종이 특별자치시로 출범하며 지속적으로 주택이 공급되면서 매매가격 상승이 미비하였다. 그런데 이 외부 영향을 딛고 2020년 세종과 함께 크게 상승한 것을 확인할 수 있으며 PIR은 이미 2020년 10월에 전고점을 웃돈 후 계속 증가하고 있는데 매매가격 시세로 처분가능소득을 비교하여 확인 시에도 역사상 최고 고평가에 진입하였

대전 처분가능소득 대비 아파트 매매가격(지수) 인덱스 추이(2008년 1월~2021년 11월)

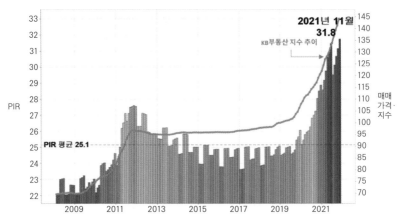

2021년부터 전고점을 돌파하여 사상 최대 고평가에 진입 (출처: 리치고·KB부동산)

대전 처분가능소득 대비 아파트 매매가격(시세) 인덱스 추이(2008년 1월~2021년 12월)

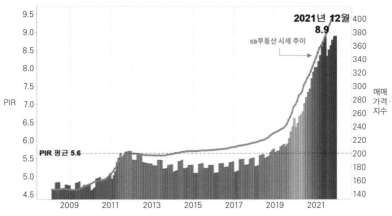

과거 대비 사상 최대 고평가 (출처: 리치고·KB부동산)

음을 확인할 수 있다. 어느 지역을 불문하고 급등이 있으면 그 후 침체기가 찾아오듯 처분가능소득 대비 대전 아파트 매매가격이 이미 위험한 수준으로 진입하였기에 부동산 투자는 조심할 필요가 있다.

7) 부산

KB지수 기준: PIR 27.6 고평가(PIR 평균 23.7 대비 3.9 고평가)

KB시세 기준: PIR 9.6 상당히 고평가(PIR 평균 6.2 대비 3.4 고평가)

부산 처분가능소득 대비 아파트 매매가격(지수) 인덱스 추이(2008년 1월~2021년 11월)

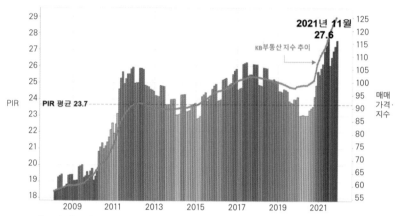

2021년부터 전고점을 돌파한 후 지속적으로 증가 중 (출처: 리치고·KB부동산)

부산 처분가능소득 대비 아파트 매매가격(시세) 인덱스 추이(2008년 1월~2021년 12월)

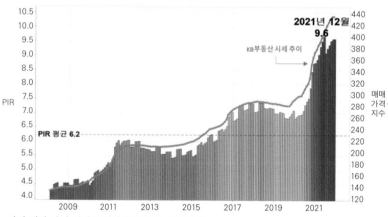

과거 대비 사상 최대 고평가 (출처: 리치고·KB부동산)

제2의 도시 부산은 매매가격 지수로 보면 2008년에 아파트 매매 가격이 가장 저평가되었고 수도권 전 지역의 아파트 매매가격이 하락 하던 시기에도 꾸준히 상승하였다. 2011년에는 매매가격이 급등했던 상황임을 확인할 수 있다. 2008년 이후 2015년 2월이 PIR이 양호했 던 시기로 처분가능소득 대비 아파트 가격이 저평가되어 매수 적기였 다. 2020년 1월~6월 사이 역시 매수 적기였다고 볼 수 있다. 2020년 11월부터 부산의 아파트 매매가격이 급등하기 시작하며 PIR이 가장 높았던 2017년 6월 PIR 26.2를 2021년 3월 이후부터 돌파하기 시 작하였다.

2021년 11월 기준 역사상 가장 높은 PIR을 형성하고 있다. 매매가 격 시세를 처분가능소득과 비교하여 볼 때 이미 2020년 9월부터 전 고점을 돌파한 후 약 1년 이상 PIR이 지속해서 증가하여 과거 대비 가장 높은 상황에 있기에 부동산 투자에 유의할 필요가 있다. 물론 다른 빅데이터들도 같이 검토할 필요가 있으나 부산은 특히 낙후된 지역들의 신규 재개발, 재건축 등으로 도시를 재정비하고 있다. 미래 가치에 대한 기대 심리가 큰 만큼 이미 가격에 반영되고 있어 더욱 보 수적인 접근이 필요한 시점이다.

8) 울산

KB지수 기준: PIR 26.0 고평가(PIR 평균 25.0 대비 1.0 고평가)

KB시세 기준: PIR 7.1 상당히 고평가(PIR 평균 5.6 대비 1.5 고평가)

울산의 매매가격 지수와 처분가능소득을 비교 시 PIR이 가장 높 았던 2016년 4월의 27.9 대비 2021년 11월은 26.0이다. 매우 위험한 수준까지 도달하였다고 볼 수는 없으나 2020년 12월부터 평균 PIR

울산 처분가능소득 대비 아파트 매매가격(지수) 인덱스 추이(2008년 1월~2021년 11월)

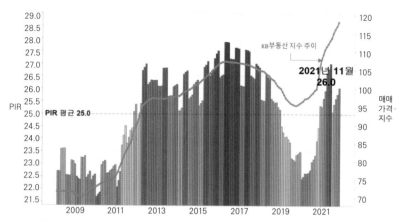

PIR 비율은 증가 중이나 2016년 4월 전고점에는 미도달 (출처: 리치고·KB부동산)

울산 처분가능소득 대비 아파트 매매가격(시세) 인덱스 추이(2008년 1월~2021년 12월)

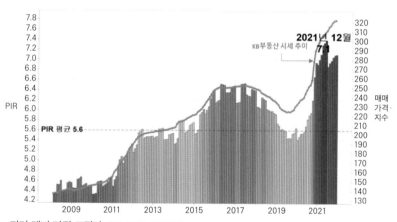

과거 대비 가장 고평가 (출처: 리치고·KB부동산)

25.0을 넘어간 상황으로 역시 부동산 투자는 주의가 필요하다. 울산
은 조선업 침체로 인해 2016년부터 2020년 1월까지 PIR이 매우 낮
아졌다. 2019년 10월 이후부터 울산의 부동산 시장이 안정화되며 매
매가격이 상승을 시작했으며 2020년 세계 선박 수주 1위를 탈환하

며 조선업에도 훈풍이 불어오는 만큼 2020년 10월부터 매매가격이 급격히 상승하고 있는 지역이다. 매매가격 시세와 처분가능소득을 비교해도 2021년 12월 PIR 7.1은 과거 대비 가장 높다. 울산 부동산 투자는 보수적으로 접근할 필요가 있다.

9) 세종

> **KB지수 기준: PIR 34.3 상당히 고평가**(PIR 평균 26.2 대비 8.1 고평가)
> **KB시세 기준: PIR 14.4 상당히 고평가**(PIR 평균 6.5 대비 7.9 고평가)

세종의 처분가능소득 대비 매매가격 지수의 PIR은 2020년 6월까지만 해도 저평가 구간으로 2019년 12월부터 매매가격이 상승한 후 처분가능소득 대비 매매가격 상승 흐름은 비교적 안정적이다. 그러나 2020년 5월부터 불타오르기 시작한 투자 수요로 불과 4~5개월 만에 PIR이 고평가 구간에 진입하였으며 2021년 6월까지 1년간 매매가격 상승 폭이 굉장히 컸다(매매가격 지수 2020년 5월 106.1 → 2021년 6월 156.0으로 49.9가 상승했다. 세종의사당 이전 이슈가 있었던 2019년 12월 99.3에서 2020년 5월 106.1까지 6.8이 상승한 것에 비해 약 7.3배가 급격히 상승했다). 2021년 7월부터 약보합세를 이루며 매매가격 지수가 감소 중으로 PIR 역시 약감소 중이나 여전히 PIR 비율은 고평가 구간으로 처분가능소득 대비 매매가격이 상당히 높다. 매매가격 시세와 비교해봐도 2020년 2월부터 PIR이 증가하기 시작하여 2021년 6월까지 14개월간 1.6배가 급속도로 증가하였기에 아직 상당히 고평가 구간에 있다.

이처럼 대중이 부동산 투자에 긍정적인 상황에서 개발 호재에 대한 이슈가 있는 경우 미래 가치에 대한 가격 상승 기대감으로 부동산 시장에 불이 붙는다. 하지만 개발 호재 때문에 지속적인 가격 상승이 이

세종 처분가능소득 대비 아파트 매매가격(지수) 인덱스 추이(2008년 1월~2021년 11월)

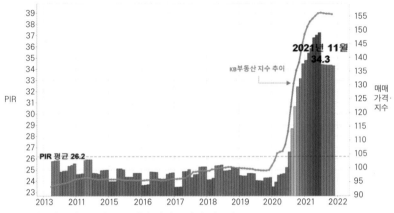

2021년 7월부터 PIR 감소. 그러나 아직도 사상 최고점 (출처: 리치고·KB부동산)

세종 처분가능소득 대비 아파트 매매가격(시세) 인덱스 추이(2008년 1월~2021년 12월)

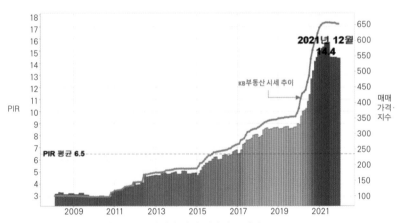

2021년 7월 이후 PIR 감소 시작. 하지만 아직 상당히 고평가 (출처: 리치고·KB부동산)

뤄지긴 어려우며 급격한 매매가격 상승 이후 투자 수요가 감소하기 때문에 시장에 매물을 내놓더라도 매도하기가 어려워 매도 시기를 놓칠 수 있다. 따라서 부동산 투자는 보수적으로 빅데이터 지표들을 참고하여 종합적으로 판단 후 저평가된 지역에 진입하고 매도 적기 시기에는 과감하게 매도하는 것이 자산 가치를 증대하는 데 가장 효과적인 방법이다. 개발 호재는 가격 상승에 날개를 달아주는 요소 정도로 참고하길 바란다. 부동산 시장의 큰 흐름에서 의사결정하는 것이 더욱 중요함을 세종 부동산 시장을 통해 다시금 상기할 필요가 있을 것이다.

10) 제주

> **KB지수 기준: PIR 26.3 상당히 고평가**(PIR 평균 22.5 대비 3.8 고평가)
> **KB시세 기준: PIR 10.6 상당히 고평가**(PIR 평균 6.4 대비 4.2 고평가)

제주도는 2010년 초반이 가장 저평가 상태로 이후 매매가격이 급격히 상승하였고 2012년 4월에서 2013년 6월 사이 고평가 구간에 진입하였을 때 매매가격이 주춤했던 것을 볼 수 있다. 2015년 1월에 PIR 평균 22.5 이하로 저평가되었던 시기부터 다시 가격이 급등하면서 2017년 4월에 최고점을 기록하였고 2017년 이후 2020년 6월까지 매매가격이 하락하며 평균 PIR이 22.5까지 감소하였다. 그 후 2020년 11월부터 매매가격이 상승하기 시작하였다. 2015~2017년과 마찬가지로 2021년 매매가격이 급격히 상승하고 있다. 이에 2021년 12월 PIR 역시 2017년 4월과 유사한 수준에 와 있다. 그런데 시장이 뜨거운 상황이므로 PIR은 더욱 증가할 것으로 판단된다. 처분가능소득을 매매가격 시세와 비교하더라도 이미 2020년 12월부터 전고점을 돌파 후 PIR이 가파르게 증가하며 이미 처분가능소득 대비 최대 고평가에 진입한 상황에 있다.

다만, 『빅데이터 부동산 투자 2021 대전망』에서 제주는 처분가능소득 대비 주택 가격 데이터는 좋지 않지만 관심에 두어야 할 시기가 왔다고 기술하였다. '외국인 투자이민제도와 같은 외적 요인들이 다른

제주 처분가능소득 대비 아파트 매매가격(지수) 인덱스 추이(2008년 1월~2021년 11월)

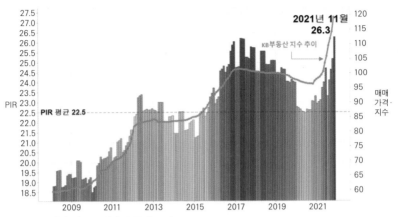

1년 만에 과거 최고 고평가 수준에 도달 (출처: 리치고·KB부동산)

제주 처분가능소득 대비 아파트 매매가격(시세) 인덱스 추이(2008년 1월~2021년 12월)

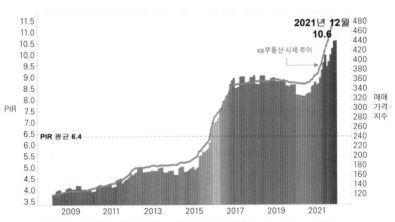

2021년 매매가격이 급격하게 상승하며 최대 고평가에 진입 (출처: 리치고·KB부동산)

지역과 다르게 더 민감하게 작용하는 곳이기 때문이다. 2020년과 마찬가지로 제주는 이 책에서 제공하는 다양한 빅데이터들을 통해 단순히 처분가능소득 대비 주택 가격을 비교하여 판단하기보다 더욱 자세히 검토할 필요가 있는 지역이란 점을 다시 한번 강조한다.

11) 강원

강원 처분가능소득 대비 아파트 매매가격(지수) 인덱스 추이(2008년 1월~2021년 11월)

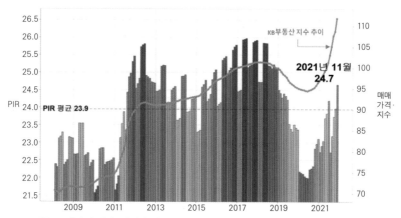

2021년은 고평가에 진입. 하지만 아직 양호한 수준 (출처: 리치고·KB부동산)

강원 처분가능소득 대비 아파트 매매가격(시세) 인덱스 추이(2008년 1월~2021년 12월)

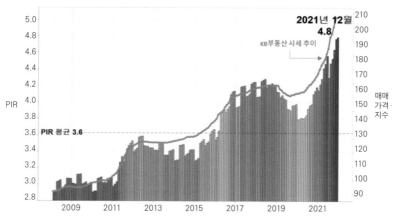

2021년 3월 이후 전고점을 넘어선 이후 최대 고평가에 진입 (출처: 리치고·KB부동산)

2020년 유망지역으로 언급했었던 강원도의 1년 후 처분가능소득 대비 저평가 인덱스를 살펴보겠다. 강원도는 입주 물량이 가장 많았던 2018년부터 매매가격이 하락하여 2020년 중순쯤에 저평가 구간이 형성되었음을 확인할 수 있다. 매매가격이 2020년 9~10월 이후 급격히 상승하며 지수와 시세 모두 2021년 11~12월 기준 고평가 구간에 있다. 다만, 강원도의 처분가능소득과 매매가격 시세를 비교 시 PIR이 과거 대비 가장 고평가 구간에 있는 데 반해 매매가격 지수는 아직 2017년 6월 PIR 26.0 대비 상대적으로 낮고 양호하다. 즉 처분가능소득과 비교 시 매매가격 지수 및 시세의 편차가 심하다. 따라서 단순히 처분가능소득 대비 저평가 인덱스만 보고 판단할 것이 아니라 다른 빅데이터들을 종합적으로 분석하여 결론을 도출할 필요가 있다(시세와 지수 간 편차가 심한 이유는 시세는 '신축 아파트의 평균 가격이 포함'되어 있어 신축 아파트가 많은 지역의 경우 '시장의 흐름을 수치화'한 지수와 격차가 심하게 나타난다).

12) 경남

> **KB지수 기준: PIR 24.4 저평가**(PIR 평균 25.9 대비 1.5 저평가)
>
> **KB시세 기준: PIR 5.7 고평가**(PIR 평균 4.9 대비 0.8 고평가)

과거 경남은 2017년부터 2019년 중순 사이 매매가격이 하락하였으나 2019년 10월부터 2020년 5월까지 상승과 약상승을 반복하며 회복하는 흐름을 보였다. 즉 2019년 하반기에서 2020년 상반기가 경남 부동산 매수의 가장 적기였다. 경남의 처분가능소득을 매매가격 지수 및 시세로 비교해보면 2020년에는 PIR의 격차가 크지 않았던 지역이다. 그러나 2020년 10월부터 매매가격이 급격히 상승하며 지

경남 처분가능소득 대비 아파트 매매가격(지수) 인덱스 추이(2008년 1월~2021년 11월)

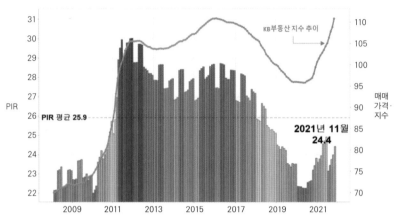

2020년 중순 이후 PIR 비율 증가 중. 하지만 아직도 저평가 (출처: 리치고·KB부동산)

경남 처분가능소득 대비 아파트 매매가격(시세) 인덱스 추이(2008년 1월~2021년 12월)

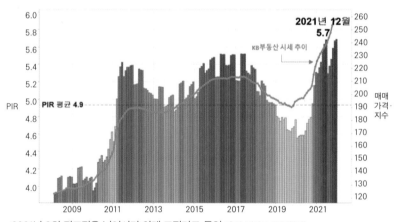

2021년 9월 전고점을 넘어서며 최대 고평가로 돌입 (출처: 리치고·KB부동산)

수와 시세 간의 격차가 벌어지기 시작하여 2021년부터 그 격차가 심해지고 있어 처분가능소득 대비 저평가 인덱스로 이해하기 어려울 수 있다. 경남은 입주 물량이 부족해지고 미분양 물량 추이가 감소하는 등 다른 빅데이터들의 흐름이 양호하고 조선업과 관련된 지역들이 많아 일자리 관련 환경의 개선을 기대할 수 있다. 따라서 비단 처분가능소득 대비 저평가 인덱스로만 판단하기보다 다른 빅데이터를 종합적으로 도출할 필요가 있는 지역이라 할 수 있다.

13) 경북

> KB지수 기준: PIR 24.4 저평가(PIR 평균 25.1 대비 0.7 저평가)
>
> KB시세 기준: PIR 4.3 고평가(PIR 평균 3.6 대비 0.7 고평가)

경북은 경남이 과거 2008~2010년이 가장 매수 적기였던 시기보다 한발 느린 2010~2011년이 가장 매수 적기였고 경남보다 한발 먼저 2016년부터 2019년까지 약 3년간 하락세였다. 다만, 현재 경남과 마찬가지로 경북 역시 2019년 11월에서 2020년 5월까지 매매가격이 약 상승한 후 2020년 5월부터 10월까지 점진적으로 상승하다가 2021년 11월까지 약 1년간 급등한 것을 볼 수 있어 부동산 시장이 경남과 유사하게 가고 있다. 경북 역시 처분가능소득을 매매가격 지수 및 시세로 비교 시 2020년까지 큰 차이가 없었던 지역으로 2020년 10월부터 급격한 매매가격 상승 탓에 처분가능소득 대비 매매가격 지수 및 시세 간의 격차가 벌어져 처분가능소득 대비 저평가 인덱스로 이해하기 어려울 수 있다. 경북이 경남과 다른 점은 처분가능소득과 매매가격 시세를 비교 시 과거 PIR이 가장 높았던 2016년 4월 4.3과 아직은 같은 수준으로 경남과 비교하면 상대적으로 양호한 상황이란 점이다.

다만, 처분가능소득을 매매가격 시세로 비교해보면 고평가되어 있다. 따라서 처분가능소득 대비 저평가 인덱스로 판단 시 경북 부동산 투자 역시 주의가 필요하며 경북도 역시 다른 빅데이터들을 통해 더욱 자세하게 분석할 필요가 있다.

경북 처분가능소득 대비 아파트 매매가격(지수) 인덱스 추이(2008년 1월~2021년 11월)

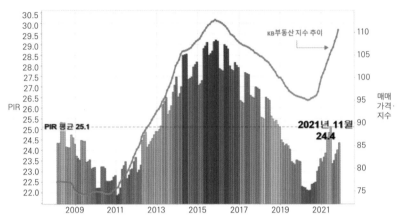

2020년 중순 이후 PIR 비율 증가 중. 하지만 아직도 저평가 (출처: 리치고·KB부동산)

경북 처분가능소득 대비 아파트 매매가격(시세) 인덱스 추이(2008년 1월~2021년 12월)

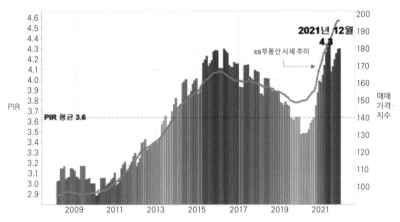

2016년 4월 전고점인 PIR 4.3까지 상승 (출처: 리치고·KB부동산)

14) 전남

KB지수 기준: PIR 23.5 상당히 저평가(PIR 평균 24.9 대비 1.4 저평가)

KB시세 기준: PIR 4.3 상당히 고평가(PIR 평균 3.4 대비 0.9 고평가)

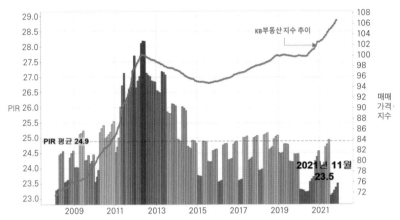

전남 처분가능소득 대비 아파트 매매가격(지수) 인덱스 추이(2008년 1월~2021년 11월)

2021년 7월 소득 대비 저평가 인덱스는 최저점에 도달 (출처: 리치고·KB부동산)

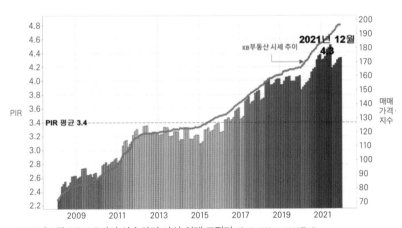

전남 처분가능소득 대비 아파트 매매가격(시세) 인덱스 추이(2008년 1월~2021년 12월)

2021년 6월 PIR 4.5까지 상승하며 사상 최대 고평가 (출처: 리치고·KB부동산)

전남 역시 처분가능소득과 매매가격 지수 및 시세 비교 시 격차가 매우 심한 것으로 나타났다. 지수로 보면 2012년 6월이 가장 최고점이었고 2014년 중순부터 저평가 구간에 있음을 알 수 있다. 재난지원금에 의해 2021년 7월에 특히 PIR이 감소한 것을 볼 수 있다. 비정상적인 소득임을 고려하더라도 처분가능소득 대비 저평가 인덱스가 양호한 것으로 판단된다. 다만, 시세로 확인 시 2016년 4월부터 PIR이 평균 3.4를 넘어서며 지속해서 증가하는 것을 볼 수 있다. 특히 2020년부터 매매가격의 급격한 상승으로 역사상 최대 고평가에 있다. 전남 역시 처분가능소득 대비 저평가 인덱스로 판단 시 주의가 필요한 상황으로 다른 빅데이터들을 자세하게 검토할 필요가 있다.

15) 전북

KB지수 기준: PIR 24.1 저평가(PIR 평균 25.3 대비 1.2 저평가)
KB시세 기준: PIR 4.4 상당히 고평가(PIR 평균 3.7 대비 0.7 고평가)

전북 역시 지수와 시세 추이는 유사하나 PIR 비율의 격차가 심하게 나타나기에 다른 빅데이터를 통해 더욱 자세하게 검토하여야 한다. 같은 전라도인 전남과 전북의 소득 대비 아파트 매매가격 비율의 추이는 유사한 흐름을 보이고 있다. 부동산 시장의 흐름을 세부적으로 비교하면 전북의 매매가격 지수는 전남과 유사하게 2008년에서 2012년 사이 매매가격이 급격히 상승하였다. 하지만 두 지역 다 2012년부터 매매가격이 하락하기 시작하였고 전남은 2015년 하반기부터 가격이 상승하였으나 전북은 2020년 하반기까지도 부동산 시장이 침체기였음을 확인할 수 있다. 또한 매매가격 시세에서 전북은 2019년 2월에서부터 11월까지 하락한 후 2019년 12월부터 상승하기 시작하나 전남은 가격의 큰 조정 없이 상승과 약상승을 지속한 후 2020년 1월부터 본격적인 상승세로 진입했다.

전북과 전남은 2008~2012년까지 시장은 유사한 흐름을 보였으나 그 이후 같은 전라도임에도 다른 양상을 보이고 있으므로 다른 빅데

전북 처분가능소득 대비 아파트 매매가격(지수) 인덱스 추이(2008년 1월~2021년 11월)

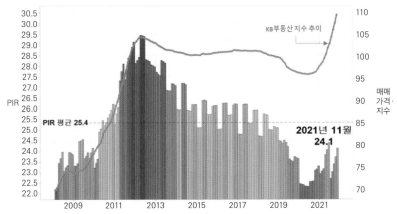

전북 역시 전남과 마찬가지로 지수에서는 저평가 (출처: 리치고·KB부동산)

전북 처분가능소득 대비 아파트 매매가격(시세) 인덱스 추이(2008년 1월~2021년 12월)

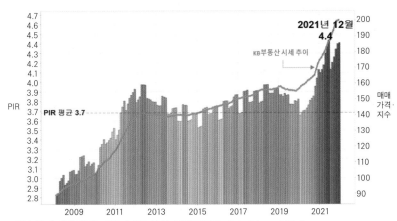

전북 역시 시세에서는 PIR 4.4로 사상 최대 고평가 (출처: 리치고·KB부동산)

이터를 통해 분석 시 종합적인 결과는 두 지역이 다를 수 있다는 것을 명심하길 바란다.

16) 충남

KB지수 기준: PIR 25.4 보통(PIR 평균 25.4과 동일)

KB시세 기준: PIR 5.1 상당히 고평가(PIR 평균 4.2 대비 0.9 고평가)

충남 처분가능소득 대비 아파트 매매가격(지수) 인덱스 추이(2008년 1월~2021년 11월)

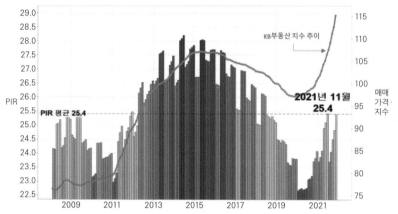

2020년 11월부터 매매가격 상승에 의해 PIR 평균까지 도달 (출처: 리치고·KB부동산)

충남 처분가능소득 대비 아파트 매매가격(시세) 인덱스 추이(2008년 1월~2021년 12월)

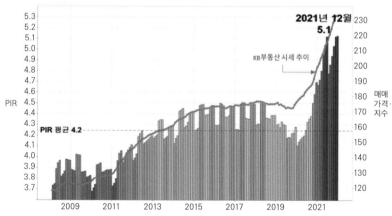

2021년 6월부터 사상 최대 고평가 구간 (출처: 리치고·KB부동산)

충남 역시 처분가능소득과 매매가격 지수 및 시세 등을 비교해보면 격차가 크다. 하지만 흐름은 유사한 것을 볼 수 있다. 처분가능소득 대비 저평가 인덱스는 2014~2018년 이후 PIR이 평균 이하 저평가 구간으로 진입하기 시작하였다. 2020년 1월 PIR이 가장 낮게 형성된 후 점진적 가격 상승 흐름으로 인해 증가하고 있으며 지수와 시세의 격차가 나타나고 있다. 하지만 지수 역시 평균 수준까지 PIR이 증가하였고 시세는 사상 최대의 고평가 구간에 있다. 이제는 충남 부동산 투자에 주의가 필요하다고 볼 수 있다. 특히 충남은 미분양 추이는 양호하나 어떤 지역은 입주 물량이 많고, 어떤 지역은 입주 물량이 양호하거나 부족하다. 따라서 2022년부터는 충남 아파트 매수를 고려할 때 2021년보다는 더 자세한 검토를 통해 보수적으로 접근하는 자세가 필요하다.

17) 충북

> **KB지수 기준: PIR 25.5 보통**(PIR 평균 25.3과 유사)
>
> **KB시세 기준: PIR 5.1 상당히 고평가**(PIR 평균 4.0 대비 1.1 고평가)

충북은 충남과 유사하게 지수와 시세 추이를 보여왔으며 처분가능소득 대비 저평가 인덱스 역시 상당히 비슷한 흐름을 보인다. 충북 역시 충남과 마찬가지로 처분가능소득과 매매가격 지수 및 시세 등을 비교해보면 격차는 있으나 유사한 흐름으로 가고 있음을 볼 수 있다. 지수 역시 평균 수준까지 PIR이 상승하였고 시세는 사상 최대 고평가 구간에 있어 처분가능소득 대비 저평가 인덱스로 확인 시 부동산 투자는 충남과 같이 보수적으로 접근해야 할 시기라고 볼 수 있다.

다만, 충북은 2020년 5월부터 매매가격이 급상승하기 시작한 지역

충북 처분가능소득 대비 아파트 매매가격(지수) 인덱스 추이 (2008년 1월~2021년 11월)

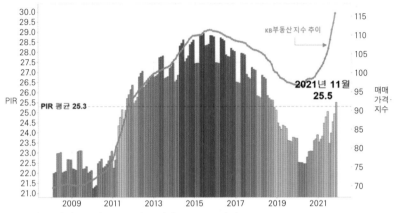

2021년 11월에 PIR 평균 25.3과 유사한 수준으로 진입 (출처: 리치고 · KB부동산)

충북 처분가능소득 대비 아파트 매매가격(시세) 인덱스 추이 (2008년 1월~2021년 12월)

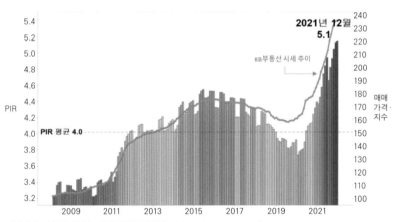

충남과 비슷한 양상. 사상 최대 고평가 (출처: 리치고 · KB부동산)

으로 2021년 12월까지 매매가격이 상승 흐름을 보이고 있음에도 전세 대비 저평가 인덱스는 아직 저평가 상태이고 입주 물량이나 미분양 추이가 양호한 상황이기에 종합적으로 판단하여야 한다.

여기까지 전국 17개 시도에 대하여 처분가능소득 대비 아파트 매매가격을 비교하는 방법으로 자세히 분석해보았다. PIR은 전 세계적으로 주택 가격 대비 소득이 얼마만큼 상승했는지 국가마다 비교하는 지표로도 활용한다. 지방은 신축 아파트의 증가에 따라 처분가능소득과 매매가격 지수 및 시세 등을 비교해보면 지수와 시세의 격차가 심하게 나타나기도 한다. 하지만 전국 부동산 시장을 비교하며 부동산 시장의 흐름을 읽는 데 매우 유용한 지표이기에 잘 참고하길 바란다.

물가 대비 저평가 인덱스로
상승률과 물가와의 격차를 확인하라

2021년 코로나19로 인한 인위적 통화량 증가로 인해 물가에 대한 가격 상승 이슈가 많았다. 경기는 침체되었는데 통화량은 오르는 스태그플레이션이 우려되고 있다. 또한 중국의 기업들이 줄지어 파산 절차에 들어가고 있어 사실상 전 세계적인 경기 악화는 더욱 심해지고 있다. 그런데도 부동산이 완공되는 데 필요한 각종 원자재 가격이 상승하며 부동산 가격이 상승하는 흐름은 당연하다고 주장하는 사람도 많다. 부동산은 실물 자산이고 물가 상승 대비 부동산 가격 상승은 본질가치이므로 일리가 있다.

이런 전제하에 만든 인덱스가 물가 대비 저평가 인덱스이다. 통계청은 각 소비자물가지수를 제공하는데 여기서 국민이 필수 불가결하게 소비하여야 하는 상품이나 서비스의 소비자물가지수 상승률을 아파트 매매가격 상승률과 비교하여 부동산이 물가 상승률보다 더 높으면 고평가라 보고 반대의 경우는 저평가라 보는 인덱스다. 전국 어느 지역을 대입하더라도 부동산 시장이 침체하면 부동산 매매가격 상승률이 물가 상승률보다 더 낮고, 부동산 시장이 뜨거우면 물가 상승률보다 높게 나타난다. 그리고 물가 상승률과 부동산 상승률의 격차가 심해지면 심해질수록 자석처럼 다시 달라붙으려는 현상이 발생한다. 통상적으로 물가 대비 부동산 매매가격이 고평가 구간으로 들어가고 2~3년 정도 후가 가장 최고점으로 부동산 시장이 침체 조짐을 보이는 경우들이 꽤 나타나며, 반대로 물가 대비 저평가 구간으로 들어가고 2~3년 후가 가장 최저점으로 매매가격이 상승하기 시작하는 경우들이 상당수 있었다.

고평가 구간이 시작되고 2~3년 후 나타나는 최고점을 '고23법칙'이라 하고 저평가 구간이 나타나고 2~3년 후 나타나는 최저점을 '저23법칙'이라 명칭을 정하여 이 법칙을 이용하면 상당히 높은 확률로 상승장에 편승하거나 매도 적기를 잡을 수 있다(다만, 이 법칙 역시 부동산에 영향을 줄 수 있는 입주 물량의 공급이나 미분양 물량이 너무 많은 경우 상승 시기가 더 늦어질 수 있어 맞지 않을 수 있다. 물가 대비 저평가 인덱스 역시 다른 빅데이터들과 종합하여 결론을 도출하여야 하지만 특정 지역의 저평가, 고평가 여부를 판단하는 데 좋은 지표다).

물가 대비 저평가 인덱스 역시 지수와 시세 데이터 둘 다 분석할 것이다. 참고로 저평가, 고평가가 어느 정도의 수준인지 추이를 판단할 때는 시세 데이터 흐름이 중요하고, 저23법칙과 고23법칙을 적용한 매매 기회를 잡는 데는 지수 데이터 흐름을 활용하는 것이 좋다. 지수와 시세 모두 독자에게 제공하는 것은 각자의 판단에 도움을 주고자 함이다. 예를 들어 시세가 높다는 것은 그 지역의 세대수를 고려한 평균 매매가격이 높다는 것을 의미하므로 고평가라고 해서 가

시도별 물가 대비 아파트 매매가격(지수) 비율

1위	전남	+28.0%		10위	충북	+1.8%
2위	경북	+25.9%		11위	전국	−6.5%
3위	충남	+16.3%		12위	서울	−8.1%
4위	전북	+14.7%		13위	제주	−25.2%
5위	경기	+11.8%		14위	대구	−26.1%
6위	강원	+9.8%		15위	광주	−27.5%
7위	인천	+8.6%		16위	대전	−39.9%
8위	경남	+7.9%		17위	부산	−49.4%
9위	울산	+1.8%				

(출처: 리치고·KB부동산·통계청)

시도별 물가 대비 아파트 매매가격(시세) 비율

1위	충남	−29.5%		10위	울산	−69.1%
2위	경북	−34.3%		11위	서울	−89.2%
3위	경남	−42.0%		12위	대구	−98.6%
4위	경기	−45.5%		13위	전남	−99.0%
5위	전북	−52.9%		14위	대전	−108.3%
6위	전국	−57.3%		15위	광주	−149.8%
7위	인천	−57.8%		16위	부산	−156.3%
8위	충북	−59.9%		17위	제주	−234.5%
9위	강원	−67.8%				

(출처: 리치고·KB부동산·통계청)

격이 더 오르지 않는다고 볼 수는 없다. 부동산 시장이 한번 상승하기 시작하면 쉽게 선회하기 어렵다. 부동산 시장 흐름이 좋다면 고평가일지라도 가격은 더 오를 수 있다는 전제하에 이 책에서 제공하는 다른 빅데이터들을 종합적으로 판단하여 부동산 투자에 참고하기 바란다.

1) 서울

> ### KB지수 기준: **−8.1% 상당히 고평가**(평균 22.2% 대비 30.3% 고평가)
>
> ### KB시세 기준: **−89.2% 상당히 고평가**(평균 6.5% 대비 95.7% 고평가)

서울 물가 대비 아파트 매매가격(지수) 인덱스 추이(2008년 2월~2021년 11월)

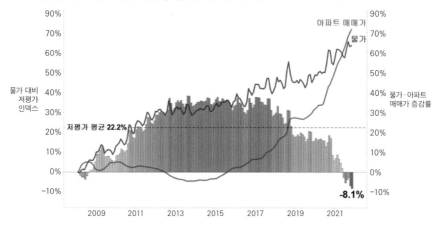

2008년 전고점보다 더 높은 상황. 최대 고평가 (출처: 리치고·KB부동산·통계청)

서울 물가 대비 아파트 매매가격(시세) 인덱스 추이(2008년 2월~2021년 11월)

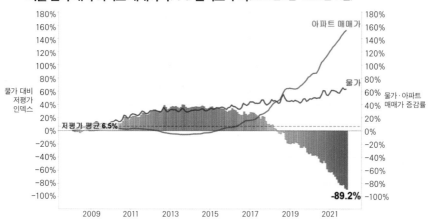

이미 과거 대비 사상 최대 고평가 (출처: 리치고·KB부동산·통계청)

빨간색 선이 KB부동산 매매가격 지수 및 시세이고 파란색 선이 소비자물가지수다. 그리고 막대그래프는 물가 상승률 대비 아파트 매매가격의 상승률에 대한 차이로 초록색 막대그래프가 올라갈수록 저평가 구간이고 빨간색 막대그래프가 내려갈수록 고평가 구간이다. 『빅데이터 부동산 투자 2021 대전망』에서는 2003년부터 물가와 아파트 가격 상승률을 비교하였으나 이 책에서는 2008년부터 비교하는데 금융위기가 발생한 기간에서 부동산 시장과 소득과 물가의 연관성을 토대로 비교하여 2021년의 전국 부동산 시장이 금융위기 때와 비교해봐도 고평가인지, 저평가인지 판단하는 척도를 기준으로 삼았다.

서울은 2008년 6월이 물가 상승률 대비 가장 고평가였고 2년 후 서울 부동산 시장이 침체기로 접어드는 상황을 확인할 수 있다. 고23법칙에 의하면 2021년에 고평가 구간에 이미 진입하였고 이르면 2022년 하반기 또는 2023~2024년 사이부터 서울 부동산 시장이 침체할 가능성이 농후할 것으로 판단된다. 조금 더 세부적으로 고평가, 저평가 구간을 판단하는 시세 데이터로 확인 시 2013년 8월이 물가 대비 저평가 인덱스가 '+39.4%'로 가장 저평가되었는데 해당 시점 이후부터 매매가격이 상승하기 시작하였으며 2018년 중순부터 고평가 구간에 진입하여 2021년 11월 기준 '-89.2%'로 상당히 고평가되어 있다. 이미 물가 대비 저평가 인덱스는 서울 부동산 시장이 침체할 위험이 크다고 경고하고 있으므로 부동산 투자는 보수적 시각에서 바라볼 필요가 있다.

2) 경기

경기 물가 대비 아파트 매매가격(지수) 인덱스 추이(2008년 2월~2021년 11월)

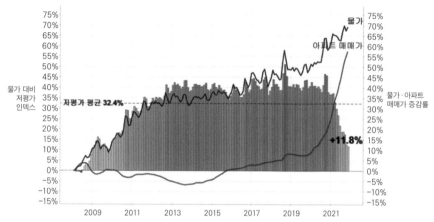

아직은 저평가. 단, 평균보다 낮고 2009년과 유사 (출처: 리치고·KB부동산·통계청)

경기 물가 대비 아파트 매매가격(시세) 인덱스 추이(2008년 2월~2021년 11월)

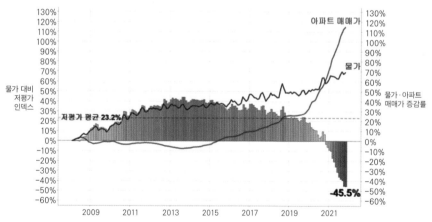

이미 과거 대비 사상 최대 고평가 (출처: 리치고·KB부동산·통계청)

경기도는 과거 물가 대비 저평가 인덱스가 2006년 4월부터 고평가 구간에 진입하여 2007년 1월부터 2008년 6월까지 가장 고평가되었고 2008년 이후 줄곧 부동산 시장이 침체기를 겪었다. 이 역시 고23법칙과 같이 고평가 구간에 들어온 시점부터 2~3년 후 부동산 시장이 침체하였다. 2018년 9월 가장 저평가되었던 시점을 지나 2020년부터 부동산 시장이 뜨거웠다. 2020년에 경기도 아파트 매매 가격이 빠르게 상승하기 시작하며 물가 상승률과도 간격이 매우 좁혀졌는데 아직은 저평가 구간에 있음을 볼 수 있다. 따라서 경기도 내 일부 지역은 내 집 마련하기 좋은 지역이 있다고 볼 수 있다(2021년 11월 기준 물가 대비 저평가 인덱스는 '+11.8%'로 평균 '32.4%' 이하에 있어 경기도 전체 부동산 시장이 저평가되어 있다고 판단하기 어렵다. 시세 데이터를 기준으로 확인 시 이미 과거 대비 가장 고평가되어 있어 경기도를 전체적으로 판단 시에는 이미 고평가에 들어서 있으나 아직 실거주 측면에서 매수할 좋은 지역들은 있다고 판단된다).

3) 인천

> **KB지수 기준: +8.6% 저평가**(평균 26.2% 대비 17.6% 고평가)
>
> **KB시세 기준: −57.8% 상당히 고평가**(평균 9.5% 대비 67.3% 고평가)

인천은 과거 경기도보다 조금 느린 2006년 10~11월부터 고평가 구간에 진입하여 물가 상승률과 인천 아파트 매매가격 상승률의 격차가 심해지기 시작하였다. 2년 후인 2008년 10~12월이 고평가가 가장 심각했던 상황으로 2009년부터 인천 아파트의 매매가격이 서서히 하락하기 시작하였다. 고23법칙을 활용한다면 2006~2008년이 매도 적기였다는 걸 쉽게 알 수 있을 것이다. 2013년 9월과 2018년

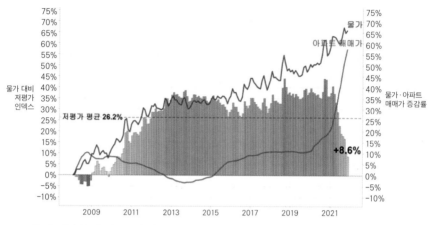

인천 물가 대비 아파트 매매가격(지수) 인덱스 추이(2008년 2월~2021년 11월)

아직은 저평가. 단, 평균보다 낮고 2009년과 유사 (출처: 리치고·KB부동산·통계청)

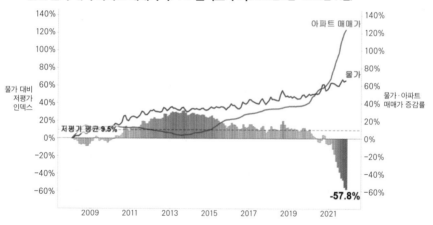

인천 물가 대비 아파트 매매가격(시세) 인덱스 추이(2008년 2월~2021년 11월)

이미 과거 대비 사상 최대 고평가 (출처: 리치고·KB부동산·통계청)

9월이 가장 저평가된 시기였고 저23법칙에 따라 2년 후부터 인천 아파트 매매가격이 상승하기 시작하였다. 2021년 12월 기준으로 아직 저평가되어 있으나 경기도와 마찬가지로 물가 대비 저평가 인덱스 평균 이하에 있으며 시세 데이터는 과거 대비 가장 고평가된 상황으로 인천 부동산 투자에 주의가 필요하다는 것을 느낄 수 있을 것이다. 인천은 2022년부터 입주 물량이 많은 지역이므로 물가 대비 저평가 인덱스뿐만 아니라 다른 빅데이터 또한 자세히 확인하며 보수적인 시각에서 결론을 내려보길 바란다.

4) 광주

> **KB지수 기준: -27.5% 고평가**(평균 -7.5% 대비 20.0% 고평가)
>
> **KB시세 기준: -149.8% 상당히 고평가**(평균 -44.8% 대비 105% 고평가)

광주는 과거 2008년부터 저평가 구간이 시작되었고 2012년부터 고평가 구간이 시작된 지역인데 2010년은 저23법칙을 적용 시 매수에 가장 적기로 판단할 수 있었으나 그 이후로 2021년까지 고23법칙은 적용하기 어려운 지역이다. 아파트 가격 상승률이 완만하게 약상승과 상승을 이루는 지역으로 큰 하락세 없이 가격 상승을 지속하기 때문이며 2010~2012년 아파트 매매가격의 큰 상승 폭이 이미 매매가격 상승률에 반영되었기 때문이다.

광주는 2010~2012년에 입주 물량과 미분양 물량이 감소하여 공급이 적고 수요가 많았던 시기로 그 이후에도 과도한 공급 물량이 발생하지 않았으며 미분양 물량은 2009년과 비교한다면 2012~2013년에 매우 많이 발생하지는 않아 부동산 시장의 침체기에도 수요는 감소하였으나 매매가격은 약상승을 유지하며 부동산 시장이 비교적 안정적인 흐름을 보였다. 물가 대비 저평가 인덱스로만 시장 사이클을 판단하기는 어려운 지역으로 필수적으로 다른 빅데이터를 통해 종합적으로 결론을 도출해야 한다. 하지만 앞서 수도권에 저23법칙과 고23법칙을 대입한 것과 같이 물가와 아파트 매매가격의 고평가 구간

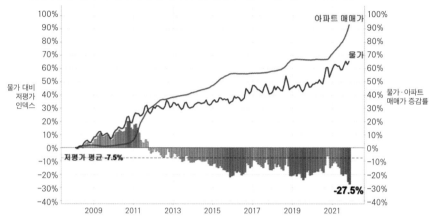

광주 물가 대비 아파트 매매가격(지수) 인덱스 추이(2008년 2월~2021년 11월)

2012년 이후 고평가. 단, 2020년 대비 고평가 심화 (출처: 리치고·KB부동산·통계청)

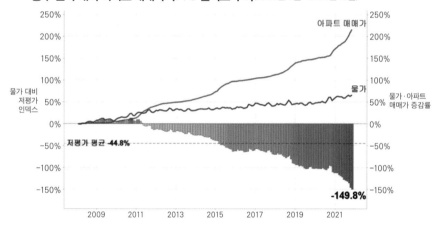

광주 물가 대비 아파트 매매가격(시세) 인덱스 추이(2008년 2월~2021년 11월)

이미 과거 대비 사상 최대 고평가 (출처: 리치고·KB부동산·통계청)

격차가 심해지던 시점에는 2년 후 매매가격 약상승 또는 약보합세였고 반대로 격차가 좁혀지던 시점에서는 2~3년 후 매매가격이 상승하는 시기가 찾아온 것은 마찬가지였다.

2021년 11월을 기준으로 판단 시 이미 과거 그 어느 때보다 아파트

가격과 물가 상승률의 격차가 벌어져 상당히 고평가되었으며 2020년 아파트 매매가격 상승률과 물가 상승률의 격차가 좁혀져 있어 2022년 역시 가격이 상승할 수 있을지라도 2023~2024년은 광주 부동산 시장의 침체기가 찾아올 위험성이 크다고 유추할 수 있다. 광주 부동산 투자는 위험하다고 판단된다.

5) 대구

> **KB지수 기준: -26.1% 고평가**(평균 -1.1% 대비 25.0% 고평가)
>
> **KB시세 기준: -98.6% 상당히 고평가**(평균 -23.9% 대비 74.7% 고평가)

대구 물가 대비 아파트 매매가격(지수) **인덱스 추이**(2008년 2월~2021년 11월)

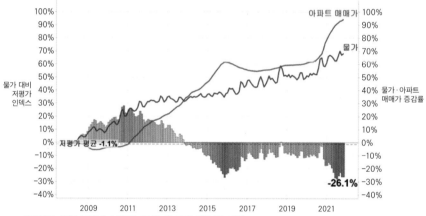

2015년 최대 고평가 상황과 유사. 주의가 필요한 시점 (출처: 리치고·KB부동산·통계청)

대구는 과거 2007년부터 저평가 구간이 시작되었는데 2010년부터 매매가격이 상승했으며 고평가 구간으로 진입하였던 2014년 이후 2016년부터 매매가격이 하락했다. 2017년부터 2020년 10월까지 대구의 부동산 시장은 좋지 않았다. 이 시기 대구 부동산의 가격 상승률과 물가 상승률의 격차가 많이 좁혀져 2020년부터 대구 부동산의

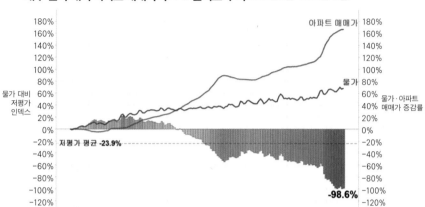

대구 물가 대비 아파트 매매가격(시세) 인덱스 추이(2008년 2월~2021년 11월)

이미 과거 대비 사상 최대 고평가 (출처: 리치고·KB부동산·통계청)

매매가격 상승 여력이 있었던 것은 분명하다. 하지만 대구 부동산 가격이 물가와 비교해보면 현저하게 하락했다고 볼 수 없으므로 물가 대비 저평가 인덱스로 판단할 때 가격 상승 탄력성이 매우 높을 것으로 예측하기 어렵다. 대구 역시 다른 빅데이터를 통한 종합 결론이 필요한 상황이다. 시세 데이터를 기준으로 볼 때 과거 그 어느 때보다 고평가가 심각하게 나타나고 있어 부동산 시장이 침체할 위험이 크므로 주의해야 한다.

6) 대전

KB지수 기준: -39.9% 고평가(평균 -1.5% 대비 38.3% 고평가)

KB시세 기준: -108.3% 상당히 고평가(평균 -11.4% 대비 96.9% 고평가)

대전의 물가 대비 저평가 인덱스를 확인해보면 2011년 하반기부터 대전 부동산 시장이 2019년 전까지 좋지 않았는데 저23법칙이나 고23법칙이 적용되지 않았다. 그건 세종에 새 아파트들이 들어서면서

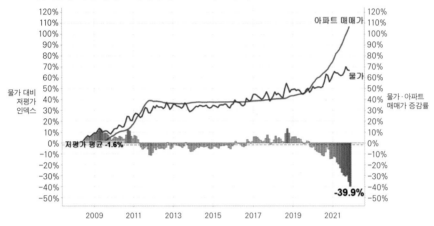

대전 물가 대비 아파트 매매가격(지수) 인덱스 추이(2008년 2월~2021년 11월)

사상 최대 고평가. 주의할 시점 (출처: 리치고·KB부동산·통계청)

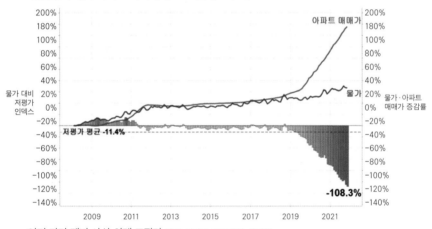

대전 물가 대비 아파트 매매가격(시세) 인덱스 추이(2008년 2월~2021년 11월)

이미 과거 대비 사상 최대 고평가 (출처: 리치고·KB부동산·통계청)

대전 부동산 시장이 좋지 않았던 것으로 유추할 수 있다. 다만, 2018
년 9월에 물가 대비 저평가 인덱스가 '+13.5%'로 과거 2009년 4월과
유사한 수준까지 증가하였다. 그 이후 2019년 하반기부터 매매가격
이 상승하기 시작하며 저23법칙이 적용되었던 것을 확인할 수 있다.

2021년 12월 기준으로 대전 부동산 시장은 물가 상승률보다 매매가격 상승률이 훨씬 높아졌고 고평가 구간에서도 전례 없는 고평가에 진입했다. 2019년 9월~2020년 9월을 고평가 구간으로 진입한 초입부로 보면 2022~2023년에는 대전 역시 부동산 시장이 침체기로 진입할 가능성이 농후하여 대전 부동산 매수는 위험성이 그 어느 때보다 크다고 할 수 있다. 대전 부동산 투자는 시세 데이터로 물가와 비교해봐도 사상 최대 고평가에 있기에 주의가 필요하다.

7) 부산

> **KB지수 기준: -49.4% 고평가**(평균 -18.1% 대비 31.3% 고평가)
> **KB시세 기준: -156.3% 상당히 고평가**(평균 -40.1% 대비 116.2% 고평가)

부산은 과거 2008년 8월이 저평가 구간으로 저23법칙에 따라 2012년까지 부산 부동산 시장이 활황인 흐름을 볼 수 있었는데 고23법칙에 따라 2010년 12월부터 고평가 구간에 진입하였다. 따라서 2008년 8월이 매입에, 2012년이 매도에 적기였다는 것을 알 수 있을 것이다. 2011년 이후로 줄곧 고평가 구간에 있으며 광주와 마찬가지로 고23법칙이 적용되기 어려우나 물가 대비 저평가 인덱스의 추이로 판단할 때 2018년 9~10월 물가와 부산 아파트 매매가격 격차가 가장 좁았던 시기로 2년 후 매매가격이 상승하였고, 2020년 9~10월 물가와 부산 아파트 매매가격 격차가 좁혀졌다. 물가 대비 저평가 인덱스로 판단하면 2022년 역시 매매가격이 상승할 가능성이 크다고 볼 수 있다.

다만, 2021년 11월을 기준으로 지수와 시세 데이터 모두 물가 대비 저평가 인덱스가 사상 최대의 고평가에 있으며 앞서 대구와 마찬가

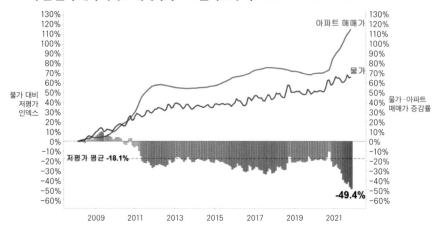

부산 물가 대비 아파트 매매가격(지수) 인덱스 추이(2008년 2월~2021년 11월)

2018년 저평가 인덱스가 평균 이상으로 증가 후 2020년 11월부터 매매가격 지수 강한 상승 시작. 2021년 사상 최대 고평가 (출처: 리치고·KB부동산·통계청)

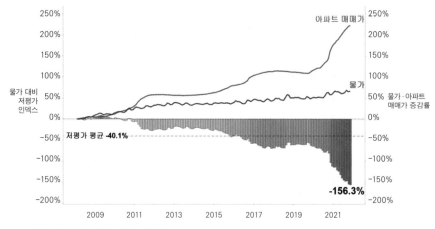

부산 물가 대비 아파트 매매가격(시세) 인덱스 추이(2008년 2월~2021년 11월)

이미 과거 대비 사상 최대 고평가 (출처: 리치고·KB부동산·통계청)

지로 고평가 구간에서 매매가격의 상승은 가격 상승 탄력성이 적을 수 있고 고23법칙이 2023년에는 적용될 수 있으므로 부동산 투자는 위험하다고 판단된다.

8) 울산

울산 물가 대비 아파트 매매가격(지수) 인덱스 추이(2008년 2월~2021년 11월)

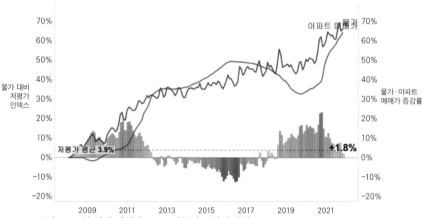

2020년 9~10월 최대 저평가. 2022년부터 고평가 진입 (출처: 리치고·KB부동산·통계청)

울산 물가 대비 아파트 매매가격(시세) 인덱스 추이(2008년 2월~2021년 11월)

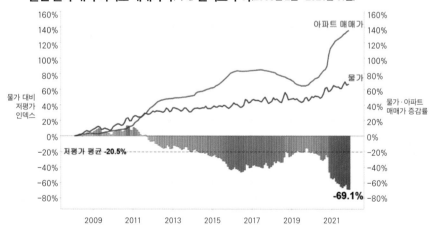

이미 과거 대비 사상 최대 고평가 (출처: 리치고·KB부동산·통계청)

울산은 2008년에서 2012년까지 저평가 구간이었는데 2009년 이후 매매가격 상승이 시작되었다. 특히 2011년에는 급격하게 매매가격이 상승하였기에 저23법칙이 잘 적용된 지역이다. 또한 2012년 5월에서 2013년 9월까지 저평가와 고평가 구간을 반복하는데 2014년부터 울산 아파트 매매가격이 상승하였고 매매가격 상승률과 물가 상승률의 격차가 심했던 2015년 11월에서 2년이 지난 2017년 중순부터 매매가격이 급격히 하락하였다. 2018년 2월부터 저평가 구간에 진입한 후 2~3년이 지난 2020년 10월 이후부터 매매가격이 급격하게 상승하고 있다. 특히 2020년 9~10월 사이 최대 저평가 지점이었기에 물가 대비 저평가 인덱스로 판단 시 2022년에도 가격 상승 가능성이 큰 지역이다.

다만, 시세 데이터로 확인 시 사상 최대의 고평가 구간에 있는 것을 확인할 수 있으며 2022년부터 지수 데이터 역시 고평가 구간에 진입할 가능성이 농후하여 투자는 보수적 접근이 필요한 시점이 되었다고 판단된다. 다른 빅데이터들을 같이 확인하여 종합적으로 결론을 도출할 필요가 있다.

9) 세종
데이터 없음

10) 제주

KB지수 기준: -25.2% 고평가(평균 -3.9% 대비 21.3% 고평가)
KB시세 기준: -234.5% 상당히 고평가(평균 -69.4% 대비 165.1% 고평가)

제주도는 과거 2008년 3~4월에 저평가 구간으로 돌입 후 저23법

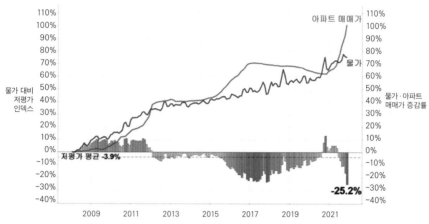

제주 물가 대비 아파트 매매가격(지수) **인덱스 추이**(2008년 2월~2021년 11월)

저평가 구간 평균 이상으로 진입 시 2년 후 가격 상승 (출처: 리치고·KB부동산·통계청)

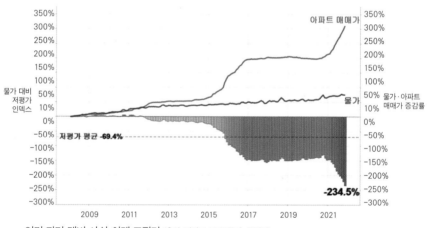

제주 물가 대비 아파트 매매가격(시세) **인덱스 추이**(2008년 2월~2021년 11월)

이미 과거 대비 사상 최대 고평가 (출처: 리치고·KB부동산·통계청)

칙이 적용되어 2년이 지난 2010년부터 매매가격이 본격적으로 상승하기 시작하였고 2012년까지 큰 폭으로 상승하였으며 고평가 구간에 진입하며 약보합세로 접어들었다. 2012년부터 2020년까지는 고평가 구간에 있었기에 고23법칙을 적용하긴 다소 어려우나 2017년

11월에 최대 고평가 구간이었던 '-23.6%'까지 감소한 후 2년이 지난 2019년 9월부터 매매가격이 하락하였다. 이 역시 고23법칙의 흐름과 같다고 볼 수 있다. 제주도는 2020년 9월부터 저평가 구간에 진입했다. 2021년 6월부터 매매가격이 급격히 상승하고 있다. 저23법칙을 적용해본다면 2022년에도 매매가격 상승 흐름을 예상할 수 있겠지만 지수 데이터는 2021년 11월 '-25.2%'로 고평가 구간이다.

따라서 2023~2024년에는 부동산 시장이 침체할 가능성이 있다. 시세 데이터로 확인해보면 고평가가 매우 높게 나타난다. 2022년 제주도의 부동산 투자는 물가 대비 저평가 인덱스로 볼 때 위험하다고 판단된다.

11) 강원

KB지수 기준: +9.8% 저평가(평균 7.8% 대비 2.0% 저평가)

KB시세 기준: -67.8% 상당히 고평가(평균 -14.6% 대비 53.2% 고평가)

강원도는 과거 물가 대비 저평가 인덱스가 2009년 2월부터 평균 이상 증가하였다. 2년이 지난 2011년부터 매매가격이 급등하였으며 반대로 물가 대비 저평가 인덱스가 평균 이하로 진입하고 1~2년이 지난 2012년 하반기에서 2013년에 시장이 좋지 않았다. 2013년 2월에 강원 부동산 시장이 침체하며 물가 대비 저평가 인덱스가 다시 평균 이상으로 진입했고 2년이 지난 2015년 3월부터 약상승하던 매매가격이 상승하는 패턴을 보였다. 고평가로 진입한 2015년 11월부터 3년이 지난 이후인 2018년 하반기부터 매매가격이 하락세를 겪으며 약 14년 중 유일하게 2년간 뚜렷하게 하락하였다. 2018년 9월에 물가 대비 저평가 인덱스가 평균 이상으로 증가하였는데 2년이 지난 후

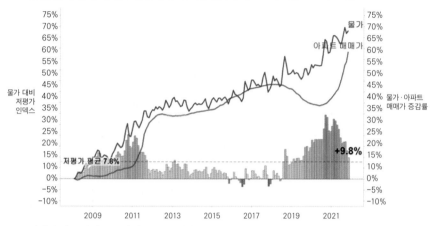

강원 물가 대비 아파트 매매가격(지수) 인덱스 추이(2008년 2월~2021년 11월)

저평가 평균 이상으로 진입 시 저23법칙 적용되고 저평가 평균 이하로 진입 시 고23법칙 적용되는 지역 (출처: 리치고·KB부동산·통계청)

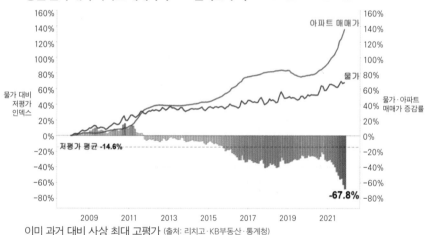

강원 물가 대비 아파트 매매가격(시세) 인덱스 추이(2008년 2월~2021년 11월)

이미 과거 대비 사상 최대 고평가 (출처: 리치고·KB부동산·통계청)

강원도의 매매가격 역시 2020년 6월부터 상승하는 것을 볼 수 있다. 특히 2020년 9월에 물가 대비 저평가 인덱스가 '+29.5%'로 가장 저평가되었던 시기였기에 2022년 하반기까지도 매매가격 상승을 예상할 수 있는 지역으로 판단된다.

다만, 2021년 11월 물가 대비 저평가 인덱스가 '+9.8%'로 평균에 근접한 상황이며 시세 데이터는 '상당한 고평가' 상태로 2022년 이후부터는 과거 2012~2013년도와 같이 강원 부동산 시장이 침체할 우려가 있을 것으로 판단된다. 물론 다른 빅데이터들도 같이 확인할 필요가 있다. 하지만 2022년도의 매매가격 상승에 편승하는 투자는 물가 대비 매매 인덱스를 기준으로 판단 시 자칫 위험할 수 있으므로 주의하길 바란다.

12) 경남

KB지수 기준: +7.9% 저평가(평균 -2.5% 대비 10.4% 저평가)

KB시세 기준: -42.0% 상당히 고평가(평균 -14.1% 대비 27.9% 고평가)

경남은 2008년 7월에 물가 대비 저평가 인덱스가 증가했는데 2009년 8월 이후 매매가격이 상승하기 시작하더니 2011년 11월까지 급상승하였다. 고평가 구간으로 진입하는 2011년 3월 이후 2012년 6월에는 부동산 시장이 침체한 모습을 볼 수 있어, 저23법칙이나 고23법칙보다 더 빠르게 부동산 시장이 활황하거나 침체하는 시기가 진행됐다. 다만, 고평가가 가장 심했던 2015년 11월 '-21.9%' 이후 2017년 1월부터 조금씩 매매가격이 하락하기 시작하더니 2017년 7월부터는 급격히 하락하였고 저평가 구간으로 진입한 2018년 8월 이후 2년이 지난 2020년 10월부터 매매가격이 상승하였으므로 저23법칙과 고23법칙에 따라 2~3년 후의 시장이 침체 또는 활황으로 움직이는 모습을 볼 수 있어 물가 대비 저평가 인덱스의 추이에 따라 매매 시기를 잘 활용할 필요가 있다.

2020년 9~10월은 물가 대비 저평가 인덱스가 가장 높았던 시기로

경남 물가 대비 아파트 매매가격(지수) 인덱스 추이(2008년 2월~2021년 11월)

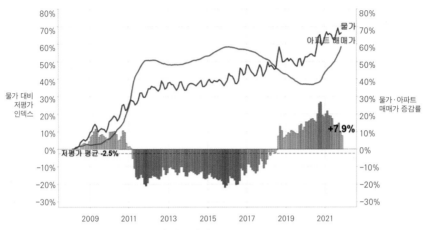

고평가로 진입 전까지 지속적 가격 상승 지역 (출처: 리치고·KB부동산·통계청)

경남 물가 대비 아파트 매매가격(시세) 인덱스 추이(2008년 2월~2021년 11월)

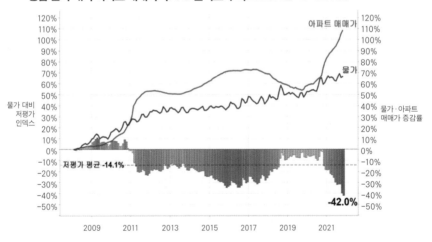

저평가 평균 이상으로 진입 시 2~3년 내 가격 상승. 저평가 평균 이하 시 2~3년 내 침체기 시작. 이미 최대 고평가로 투자 위험 (출처: 리치고·KB부동산·통계청)

저23법칙을 적용 시 2022년에도 경남 부동산 시장은 활황기로 매매 가격 상승이 예상된다. 하지만 시세 데이터로 판단 시 물가 대비 저평가 인덱스 평균 '-14.1%'를 기준으로 물가 대비 저평가 인덱스가 평균 이상으로 진입하면(녹색 막대그래프 방향으로 가면) 매매 가격이 상승하고, 평균 이하로 진입하면(빨간색 막대그래프가 더 진해지면) 매매가격이 하락하는 패턴을 보이고 있다. 이미 평균을 기준으로 과거 대비 가장 고평가 구간에 있어 2023~2024년 사이 침체할 수 있다. 경남 부동산 투자 시 주의가 필요하다.

13) 경북

> **KB지수 기준: +25.9% 저평가**(평균 15.2% 대비 10.7% 저평가)
>
> **KB시세 기준: -34.3% 고평가**(평균 -6.3% 대비 28.0% 고평가)

경북 역시 저23법칙을 적용 시 2008년 7월에 물가 대비 저평가 인덱스가 본격적으로 증가하는데 2009년 4월 저평가 인덱스가 평균 '+15.2%'를 넘어서는 '+17.3%'까지 증가하고 난 후 2년이 지난 2011년 2월부터 매매가격이 상승하기 시작하였다. 물가 대비 저평가 인덱스가 평균 이하로 낮아지는 2013년 4월부터 2년이 지난 2015년 11월부터는 경북 부동산 시장이 침체하였으며 평균 이상으로 진입하는 2018년 8월 '+23.0%'로부터 2년 지난 이후인 2020년 10월부터 매매가격이 재상승하는 것을 볼 수 있어 저평가 인덱스 평균이 저23법칙과 고23법칙의 기준이 되고 있음을 볼 수 있다. 저평가 평균을 기점으로 저23법칙과 고23법칙을 적용하면 2021년 11월 기준으로 경북 부동산의 매매가격이 상승하고 있음에도 아직 저평가 인덱스 평균 이상을 유지하고 있다.

2022년에도 경북 부동산 시장은 2021년과 같은 기조를 유지할 수 있을 것이다. 특히 2020년 9~10월 물가 대비 저평가 인덱스가 가장 높았기에 2022년 부동산 시장은 더 활기를 띨 수 있을 것으로 판

경북 물가 대비 아파트 매매가격(지수) 인덱스 추이(2008년 2월~2021년 11월)

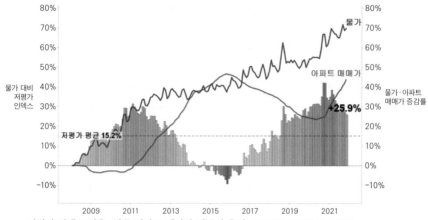

저평가 인덱스 양호. 평균 이하로 내려갈 때부터 유의 (출처: 리치고·KB부동산·통계청)

경북 물가 대비 아파트 매매가격(시세) 인덱스 추이(2008년 2월~2021년 11월)

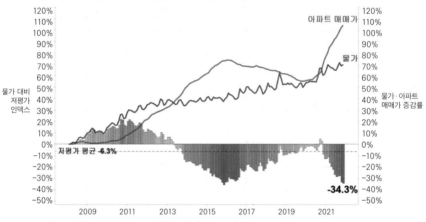

2015년 11월 전고점과 유사 수준의 고평가 (출처: 리치고·KB부동산·통계청)

단되지만 시세 데이터를 확인 시 고평가가 과거 전고점과 유사한 수
준까지 도달하였다. 조금 더 보수적인 시각에서 접근할 필요가 있다.
경남 부동산 투자는 경남 내 지역별로 조금 더 자세한 검토가 필요
하며 내 집 마련을 위한 계획이 있다면 아직 매수의 기회는 있으므로
다른 빅데이터들도 참고하여 좋은 판단을 내릴 수 있길 바란다.

14) 전남

> **KB지수 기준: +28.0% 저평가**(평균 11.9% 대비 16.1% 저평가)
>
> **KB시세 기준: -99.0% 상당히 고평가**(평균 -40.5% 대비 58.5% 고평가)

전남 물가 대비 아파트 매매가격(지수) 인덱스 추이(2008년 2월~2021년 11월)

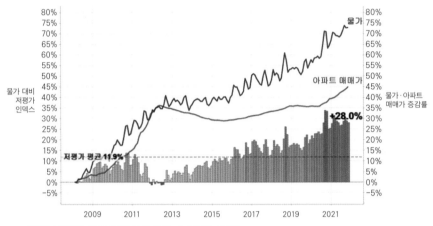

저평가 인덱스 매우 양호 (출처: 리치고·KB부동산·통계청)

전남 물가 대비 아파트 매매가격(시세) 인덱스 추이(2008년 2월~2021년 11월)

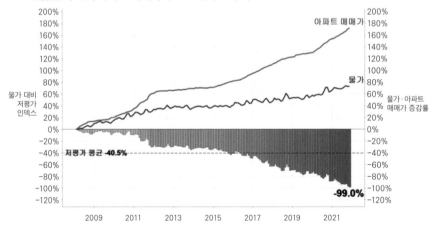

사상 최대 고평가 (출처: 리치고·KB부동산·통계청)

전남은 지수 데이터가 저평가 구간이 연속해서 나타나고 시세 데이터에서는 연속적으로 고평가 구간이 나타나고 있어 대표적으로 지수와 시세 데이터가 차이가 심한 지역이며 물가 대비 저평가 인덱스를 이해하는 데 있어 어려운 지역이다. 다만, 과거 2008년 7월 저평가 인덱스가 증가하던 시기에는 매매가격이 후행적으로 2009년 8월부터 상승하기 시작하더니 2010년부터 큰 폭으로 상승하기 시작하였고 고평가로 진입한 2011년 11월 이후 2012년 6월부터 조금씩 하락하기 시작하더니 2013년 1월부터 매매가격이 하락세로 접어드는 것을 확인할 수 있다. 2012년 8월부터 다시 저평가 구간으로 진입하는 데 2014~2015년이 매수 적기였고 2015년 8월부터 2018년 12월까지 매매가격이 완만한 상승세를 이어갔다.

마찬가지로 2016년 6~7월 저평가 인덱스가 평균 이하로 떨어진 시기를 기점으로 2018~2019년이 매도의 적기라고 판단한다면 2018년 12월부터 2020년 6월까지는 전남 부동산 시장이 침체기에 있었으므로 지수 데이터를 통해 물가 대비 저평가 인덱스를 잘 활용하면 매매 적기를 판단하는 데 유용할 것이다. 2020년 9~10월 물가 대비 저평가 인덱스가 가장 높은 구간에 있으므로 저23법칙을 적용 시 매매가격의 상승을 예상할 수 있다. 하지만 시세 데이터로 판단 시 최대 고평가 구간에 있으므로 다른 빅데이터들을 모두 확인하여 종합적인 결론을 도출 후 투자 판단을 하는 것이 바람직하다.

15) 전북

> **KB지수 기준: +14.7% 저평가**(평균 2.2% 대비 12.5% 저평가)
>
> **KB시세 기준: -52.9% 상당히 고평가**(평균 -18.3% 대비 34.6% 고평가)

전북 물가 대비 아파트 매매가격(지수) 인덱스 추이 (2008년 2월~2021년 11월)

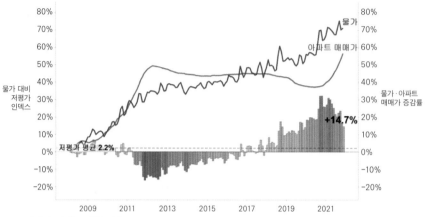

저평가 인덱스 매우 양호 (출처: 리치고·KB부동산·통계청)

전북 물가 대비 아파트 매매가격(시세) 인덱스 추이 (2008년 2월~2021년 11월)

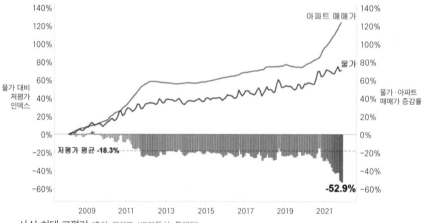

사상 최대 고평가 (출처: 리치고·KB부동산·통계청)

전북은 2008년 12월부터 저평가 구간에 진입하였는데 2년이 지난 2010년부터 매매가격이 본격적으로 급상승하기 시작하였기에 저23법칙이 적용되었던 것을 확인할 수 있다. 반대로 본격적으로 2011년 4월부터 고평가 구간으로 진입하였는데 2011년 11월에 물가 대비 저평가 인덱스가 '-16.4%'로 가장 고평가되었고 2012년 4월을 기점으로 매매가격이 하락하기 시작하더니 물가 대비 저평가 인덱스가 양호하게 저평가 구간으로 안착하기 전까지 장기간 부동산 시장이 침체하였다.

저평가와 고평가 구간을 반복하며 평균 수준을 나타내는 구간을 제외하면 2018년 8월부터 물가 대비 저평가 인덱스가 저평가 구간을 향해 증가하기 시작했는데 2년 후 2020년 11월부터 매매가격이 상승하기 시작했으며 2020년 9~10월이 물가 대비 저평가 인덱스가 가장 높은 시기였다. 따라서 2022~2023년까지도 물가 대비 저평가 인덱스로 판단 시 전망이 밝은 지역이라 할 수 있다. 다만, 물가 대비 저평가 인덱스가 중요한 지표일지라도 이 역시 시세 데이터로 판단 시 최대 고평가 구간에 있으므로 다른 빅데이터들을 모두 확인하여 종합적인 결론을 도출 후 전북 부동산 투자를 판단하길 바란다.

16) 충남

> **KB지수 기준: +16.3% 저평가**(평균 10.6% 대비 5.7% 저평가)
>
> **KB시세 기준: -29.5% 상당히 고평가**(평균 0.1% 대비 29.6% 고평가)

충남도 지수와 시세 데이터의 차이가 심하게 나타난다. 앞서 언급한 것과 같이 지수는 부동산 시장의 흐름이 반영된 데이터이고 시세는 신축 아파트의 가격도 평균에 포함된 데이터이므로 시세 데이터는 저평가와 고평가의 정도를 판단하는 데 참고하도록 한다. 충남 역시 저23법칙과 고23법칙을 적용 시 저평가 평균 '10.6%'를 넘어선 2009년 4월부터 2년 후인 2011년 2월부터 매매가격이 상승했다. 특히 물가 대비 저평가 인덱스가 가장 높았던 2011년 2월에서 약 3년 후인 2014년 12월까지 매매가격이 상승했다.

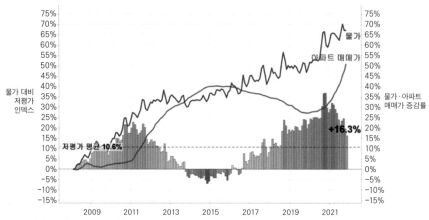

충남 물가 대비 아파트 매매가격(지수) 인덱스 추이(2008년 2월~2021년 11월)

저평가 인덱스 매우 양호 (출처: 리치고·KB부동산·통계청)

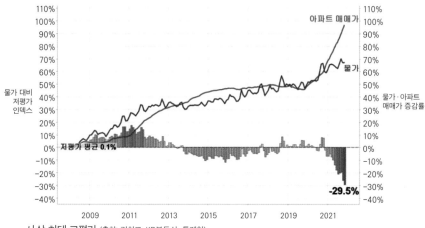

충남 물가 대비 아파트 매매가격(시세) 인덱스 추이(2008년 2월~2021년 11월)

사상 최대 고평가 (출처: 리치고·KB부동산·통계청)

반대로 2012년 10월부터 저평가 인덱스가 평균 이하로 감소하기 시작했는데 2~3년이 지난 2015년 5월 이후부터 매매가격이 하락하기 시작했고 가장 고평가되었던 2014년 11월부터 약 3년 후인 2017년 7월부터는 매매가격의 하락 폭이 커지기 시작하여 2019년까지 하락세를 지속했다. 더불어 고평가 구간을 벗어나기 전인 2016년 7월부터 약 3년 후 2019년 12월까지 하락세에 있었다. 물가 대비 저평가 인덱스가 중요한 지표라는 것을 알 수 있다. 2018년 7월부터는 물가 대비 저평가 인덱스가 평균 이상으로 진입했는데 2년이 지난 2020년 11월부터 매매가격이 상승하고 있으며 충남의 물가 대비 저평가 인덱스가 가장 높은 2020년 9~10월을 기준으로 본다면 2022~2023년 역시 부동산 시장에 긍정적 영향을 미칠 것으로 보인다.

다만, 충남 역시 2021년 11월 기준으로 이미 저평가 평균 수준까지 물가 대비 저평가 인덱스가 감소했고 시세 데이터로 판단 시 사상 최대 고평가에 있다. 부동산 투자에 주의가 필요하다.

17) 충북

> **KB지수 기준: +1.8% 저평가**(평균 -1.5% 대비 3.3% 저평가)
>
> **KB시세 기준: -59.9% 상당히 고평가**(평균 -13.3% 대비 46.6% 고평가)

충북은 2008년 초부터 저평가 구간으로 진입하며 2년 후인 2009년 하반기부터 매매가격이 약상승하기 시작했고 저평가 구간의 마지막이었던 2011년 9월을 기점으로 2015년 11월까지 매매가격이 상승하였다. 2011년 10월부터 2012년 3월까지 물가 대비 저평가 인덱스가 약증가와 약감소를 반복하다가 2012년 4월부터 낮아지기 시작했는데 2015년 11월부터 매매가격의 하락이 시작되었기에 고23법칙이 적용되었다고 볼 수 있다.

2011년 9월에 고평가로 진입한 후 저평가로 돌아오기까지는 7년이 걸렸는데 2018년 9월에 저평가 구간으로 진입한 후 2020년 11월부터 매매가격 상승 폭이 점진적으로 커졌기에 저23법칙과 고23법

충북 물가 대비 아파트 매매가격(지수) 인덱스 추이(2008년 2월~2021년 11월)

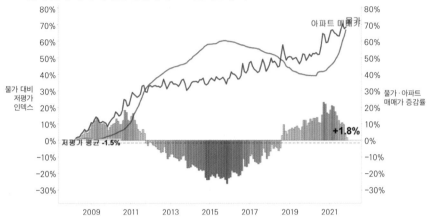

저평가 인덱스 양호. 단, 현재 고평가 진입 직전 (출처: 리치고·KB부동산·통계청)

충북 물가 대비 아파트 매매가격(시세) 인덱스 추이(2008년 2월~2021년 11월)

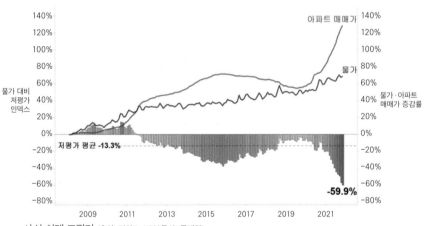

사상 최대 고평가 (출처: 리치고·KB부동산·통계청)

칙 적용이 유용했던 지역임을 알 수 있을 것이다. 2020년 9~10월 사이 물가 대비 저평가 인덱스가 가장 높은 구간이었기에 충북도 2022년에 부동산 시장이 더 좋아질 가능성이 크다. 다만, 충북 역시 물가 대비 저평가 인덱스가 이미 고평가 구간으로 진입하기 직전에 있고 시세 데이터로 판단 시 사상 최대 고평가에 있으므로 장기적 투자 관점에서는 보수적으로 접근할 필요가 있다.

이상으로 전국 17개 시도의 물가 대비 저평가 인덱스의 추이를 확인해보았다. 물가 상승률과 매매가격 상승률을 비교하여 저평가, 고평가 여부를 판단할 수 있었다. 특히 시세 데이터를 반영하면 대부분 고평가에 진입하였기에 신축 아파트의 매매가격 상승률을 물가 상승률이 따라가지 못하는 상황이다. 요즘 부동산을 주식과 같이 단기적 관점에서 투자하는 투자자들이 부쩍 늘어나고 있다. 그런데 부동산을 오로지 투자 목적하에 소문에 사고 파는 것은 위험한 판단이다. 특정 지역의 부동산을 매수한 시점이 부동산 시장 사이클 중에서 어느 지점에 와 있는지 정확히 진단해야 한다.

특히 부동산은 매수 시 세금 문제가 있으므로 최소 2년 후 매도할 시기까지 고려할 필요가 있다. 단순히 부동산 시장이 침체하면 소위 '존버(끝까지 버틴다)'하면 된다는 마음은 투자한 금액 대비 '시간'을 버리는 행위이므로 기회비용에서 손실이 매우 크다. 이미 과거 부동산 시장이 침체하던 시기에 투자했던 사람들이라면 특히 더 잘 알 것이라 믿는다. 부동산 투자를 장기적으로 꾸준히 이어 나간다면 단순히 시장의 분위기에 휩쓸려 부동산을 매수, 매도하는 것이 아니라 자세히 분석하고 적정 시기에 매도하여 자금을 회수하고 다시 재투자하며 자본을 증식할 수 있을 것이다. 실거주가 필요한 사람이라면 특히 더욱 돌다리를 계속 두들겨보며 건널 때 내가 원하는 집, 원하는 목적지까지 도달할 수 있을 것이다. 이 책을 읽는 독자들이 부동산 시장의 흐름을 이해하고 시야를 넓혀 장기적으로도 본인들의 자산을 잘 지키고 증식하는 데 최대한 도움이 되길 바란다.

주택구매력지수를 통해
부동산 시장의 버블을 확인하라

주택구매력지수HAI, Housing Affordability Index는 주택금융통계시스템에서 제공하는 데이터로 중위소득가구가 대출을 받아서 특정 지역의 중간 가격 정도의 주택을 구입한다고 할 때 현재 소득으로 대출원리금 상환에 필요한 금액을 부담할 수 있는 능력을 보여준다. 중위가구소득을 대출상환가능소득으로 나눈 뒤 100을 곱해 구한다.

주택구매력지수＝(중위가구소득/대출상환가능소득)×100

주택구매력지수는 최근 통화량이 증가하였음에도 대출 상환 능력이 양호한 수준인지 아닌지를 판단할 수 있는 지표다. 부동산 투자에 매우 중요하며 '주택구입부담지수K-HAI'와도 동일한 지표다. 여기서 중위가구소득은 통계청에서 제공하는 「가계동향조사」의 2인 이상 도시근로자 가계소득의 5, 6분위(중간) 소득과 노동부에서 제공하는

시도별 주택구매력지수 비율

순위	지역	지수	순위	지역	지수
1위	경북	209.1	10위	제주	89.8
2위	전남	199.3	11위	부산	84.3
3위	전북	191.1	12위	대구	81.7
4위	강원	179.6	13위	전국	81.6
5위	충북	170.9	14위	대전	79.6
6위	충남	160.4	15위	인천	74.5
7위	경남	153.1	16위	경기	58.7
8위	광주	121.2	17위	세종	42.2
9위	울산	106.4	18위	서울	33.0

(출처: 리치고·KB부동산·통계청)

「매월노동통계조사」의 5인 이상 사업체의 상용근로자 월 급여 총액의 전국 대비 지역별 환산 비율을 이용해 산출한 중간가구소득을 기준으로 한다. 대출상환가능소득은 원리금상환액에서 총부채상환비율을 나눈 값이다. '특정 지역의 중간 가격 정도의 주택' 기준은 2012년 12월까지는 국민은행의 KB아파트 시세, 2013년 1월부터는 한국감정원의 아파트 시세를 기준으로 산정되며 주택담보대출 금리는 한국은행의 신규 취급 예금은행 주택담보대출 금리의 중간 수준이다.

주택구매력지수가 높다는 것은 대출받아 주택을 사는 데 무리가 없다는 의미다. 내부 실수요자들이 주택을 매수하는 데 대출 부담이 크지 않을수록 부동산 시장이 뜨거워질 때 앞으로 수요가 더 많아질 것을 예상할 수 있다. 반대로 주택구매력지수가 낮다는 것은 내부 실수요자들의 주택 구매력이 좋지 않다는 의미이므로 부동산 투자 시 수요가 더욱 감소할 위험이 크다. 주택구매력지수 비율 100보다 높을수록 양호한 수준이나 100이 넘을지라도 과거와 대비하거나 평균 수준 내에서 판단을 해야 하며, 다른 시도와 대비하여서도 주택구매력지수가 양호한 수준인지 아닌지 비교해보면 각 지역의 내부 실수요자들이 다른 지역 대비 상대적으로 주택을 구매하는 데 있어 대출 상환에 대한 부담이 큰지 양호한지 확인하는 데 유용하다.

이제부터 시도별 주택구매력지수에 대해 자세히 알아보도록 하겠다. 내 집 마련을 계획 중인 독자라면 과거부터 현재까지 주택구매력지수가 어떻게 변화해왔는지 그 추이를 확인해봐야 한다. 현재 주택을 매수했을 때 대출을 상환하는 데 있어 양호한 수준인지, 아니면 부담스러운 수준인지 잘 확인하여 의사결정을 하는 데 활용해보자.

1) 서울: 상당히 고평가 HAI 33.0(HAI 평균 50.7 대비 17.7 고평가)

서울 주택구매력지수 추이(기간: 2004년 1분기~2021년 3분기)

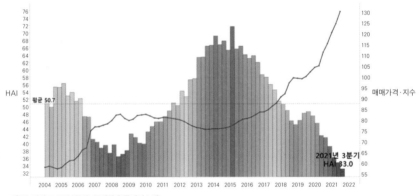

(출처: 리치고·KB부동산·주택금융통계시스템)

빨간색 선　　 : KB부동산 매매가격 지수

막대그래프　 : 주택구매력지수 (녹색은 저평가 구간, 빨간색은 고평가 구간)

서울의 주택구매력지수는 2007~2009년 사이가 가장 고평가되어 있었다. 해당 시기에 주택 담보대출을 받아 주택을 매수하기에 가장

어려웠던 시기라는 것을 의미하며 반대로 2013~2016년은 주택구매력지수가 가장 높아 주택을 매수하기에 가장 좋았던 시기라는 것을 의미한다. 빨간색 선인 KB부동산 매매가격 지수를 보더라도 주택구매력지수가 좋지 않았던 시기에 매매가격이 하락하고 주택구매력지수가 좋은 시기에 부동산 시장의 침체를 딛고 매매가격이 상승하는 모습을 볼 수 있다.

2021년 3분기의 주택구매력지수는 33.0으로 과거 가장 낮았던 2008년 2분기 36.4보다 더 낮아진 상황이다. 즉 2004년부터 2021년까지 18년의 기간 내에서 서울 아파트를 대출받아 구매하는 데 가장 어려운 시기다. 이 주택구매력지수는 금리가 지속해서 낮아졌고 통화량이 증가했음에도 더욱 낮아진 것을 확인할 수 있다. 서울의 2021년은 주택구매력지수로 볼 때 상당히 고평가되었다는 것을 의미한다. 서울 부동산 투자는 조심해야 한다.

2) 경기: 상당히 고평가 HAI 58.7(HAI 평균 80.8 대비 22.1 고평가)

경기 주택구매력지수 추이(기간: 2004년 1분기~2021년 3분기)

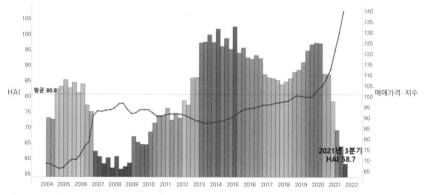

(출처: 리치고·KB부동산·주택금융통계시스템)

경기의 주택구매력지수 역시 서울과 마찬가지로 2007~2009년 사이 가장 고평가되었다. 그만큼 주택 가격이 매우 높았다는 뜻이다. 부동산 시장은 수요와 공급으로 이루어지는 시장인 만큼 주택을 구매하기가 어려워져 수요가 줄어들면 자연스레 시장이 침체하고, 반대로 주택을 매수하는 데 부담이 적어 수요가 증가하면 자연스레 시장이 활황으로 가게 된다. 즉 가격이 높은 시기가 있으면 낮은 시기도 있다는 것이다. 경기도는 주택구매력지수가 2012년 3분기부터 평균 이상으로 증가하며 2020년 3분기까지 저평가 구간을 유지하였는데 비교적 대출을 받아 주택을 매수하는 데 부담이 적은 시기가 길었다. 특히 2014~2015년이 주택구매력지수가 가장 높았던 시기다. 이때가 대출받아 경기도에 주택을 매수하기에 가장 적절한 시기였다는 것을 바로 알아볼 수 있을 것이다.

주택구매력지수는 2020년 4분기부터 평균 80.8 이하로 낮아지는데 2021년 3분기를 기준으로 이미 과거 주택을 매수하기 가장 부담스러웠던 2007년 2분기와 유사한 수준까지 도달하였다. 『빅데이터 부동산 투자 2021 대전망』에서 경기도는 주택구매력지수로 판단 시 버블이 있다고 보기 힘들다고 하였다. 그런데 불과 1년 만에 굉장한 버블이 형성되었으며 이제는 상당히 고평가된 상황으로 경기도의 부동산을 매수하는 것은 주의하여야 한다.

3) 인천: 고평가 HAI 74.5(HAI 평균 95.3 대비 20.8 고평가)

인천의 주택구매력지수가 가장 낮았던 2008년 2~4분기에는 인천 부동산 시장이 침체하기 시작한 시기이기도 하다. 인천의 주택구매력지수가 가장 양호한 시기는 2013년 1분기에서 2015년 1분기였다. 이

인천 주택구매력지수 추이(기간: 2004년 1분기~2021년 3분기)

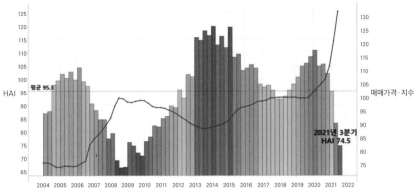

(출처: 리치고·KB부동산·주택금융통계시스템)

때부터 인천 부동산 시장 역시 안정화되기 시작했다. 주택구매력지수 역시 부동산 시장의 흐름을 읽는 데 매우 중요한 지표라는 것을 알 수 있을 것이다. 2021년 3분기 주택구매력지수는 74.5로 2009년 2분기와 비슷한데 아직 과거 주택구매력지수가 가장 낮았던 2008년과 유사한 수준으로 낮아진 것은 아니다. 하지만 이미 주택구매력지수가 고평가되어 있고 서울과 경기도의 주택구매력지수 역시 매우 낮다는 점을 고려할 때 주택구매력지수가 더 낮아지면 인천 부동산 시장의 침체가 과거와 같이 즉각적으로 반영될 수 있다. 주의가 필요한 시점에 온 것은 분명하다.

4) 광주: 상당히 고평가 HAI 121.2(HAI 평균 149.6 대비 28.4 고평가)

광주의 주택구매력지수가 가장 양호했던 시기는 2009년 1분기부터 2010년 3분기로 대출받아 주택을 매수하는 데 가장 부담이 적었던 시기다. 광주는 약 18년의 기간 중 2010년 4분기부터 2012년 2분기까지가 매매가격이 가장 높이 상승했기에 주택구매력지수가 양호할

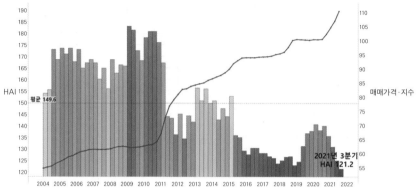

광주 주택구매력지수 추이(기간: 2004년 1분기~2021년 3분기)

(출처: 리치고·KB부동산·주택금융통계시스템)

수록 매매가격 상승의 탄력성 역시 좋다는 것을 확인할 수 있다. 2021
년 3분기 기준 주택구매력지수는 121.2로 100을 기준으로 볼 때는
높은 수준이나 평균 149.6 대비 28.4가 더 낮은 수준으로 2018년
4분기 광주의 매매가격이 보합세로 접어들던 시기의 주택구매력지수
122.7과 유사하다. 광주 역시 과거 주택구매력지수가 낮아지면 보합세
로 접어드는 상황이 여러 번 있었기에 과거 그 어느 때보다 주택구매
력지수가 낮은 수준이므로 주의할 필요가 있다.

5) 대구: 상당히 고평가 HAI 81.7(HAI 평균 98.6 대비 16.9 고평가)

2021년 하반기에 침체한 대구 부동산 시장을 두고 하락세로 접어
들지 다시 상승할지에 대해 각 전문가의 의견이 대립하였다. 대구 부
동산 시장에 대해 이슈가 많은 만큼 주택구매력지수 추이를 통해 현
재 대구 부동산을 대출받아 매수하는 데 부담스러운 수준인지, 아
직 주택 구매력이 양호하여 가격이 더 상승할 여력이 있는지 확인해
보자. 우선 주택구매력지수가 가장 양호했던 시기는 2010년 3분기

대구 주택구매력지수 추이(기간: 2004년 1분기~2021년 3분기)

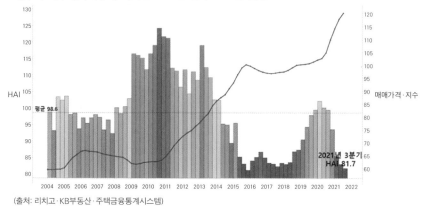

(출처: 리치고·KB부동산·주택금융통계시스템)

124.2였고 2014년 1분기까지도 평균 이상의 저평가 구간을 유지했다. 매매가격은 2010년 4분기부터 주택구매력지수가 가장 낮아지는 2015년 4분기까지 상승했다(부동산 시장이 장기간 활황이면 투자 심리가 매우 강해지기에 대출받아 주택을 구매하기에 매우 부담스러운 상황까지 매매가격이 상승하기도 한다).

2019년 4분기에서 2020년 3분기 사이 주택구매력지수가 평균 이상으로 높아졌다. 이 시기를 기점으로 이후 약 1년간 매매가격이 급상승하였으며 2021년 3분기 주택구매력지수는 81.7로 과거 대구 부동산 시장이 침체했던 2015년 4분기 81.2와 유사한 수준까지 낮아져 현재 대구 부동산을 매수하는 데는 실수요자들이 가장 부담스러운 시기라 볼 수 있다. 물론 주택구매력지수 외에 다른 빅데이터들을 통해 종합적으로 판단할 필요가 있다. 하지만 주택구매력지수는 과거 대구 부동산 시장이 침체했던 시기와 매우 유사한 상황으로 부동산 시장이 더욱 안 좋아질 가능성이 크다.

6) 대전: 상당히 고평가 HAI 79.6(HAI 평균 110.0 대비 30.4 고평가)

대전 주택구매력지수 추이(기간: 2004년 1분기~2021년 3분기)

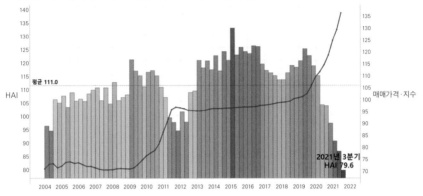

(출처: 리치고·KB부동산·주택금융통계시스템)

　　대전의 주택구매력지수가 가장 양호했던 시기는 2009년 1분기와 2015년 1분기다. 이때 대출받아 대전 부동산을 매수하기에 가장 양호했던 시기로 판단할 수 있다. 대전의 주택구매력지수가 낮았던 시기는 2011년 2분기에서 2012년 2분기로 확인되는데 해당 시기에 매매가격 상승이 멈춘 이후 기나긴 침체기로 진입했다. 비단, 2013년 1분기부터 2020년 1분기까지는 주택구매력지수가 저평가 구간에 있었음에도 장기간 매매가격이 보합세였던 사유는 인근 지역인 세종 신도시의 입주 물량 여파였던 것으로 유추할 수 있다.

　　기나긴 침체기를 딛고 2019년 3분기부터 매매가격이 급격히 상승했는데 2020년 3분기 이후부터 주택구매력지수 역시 급격히 감소하고 있으며 2021년 3분기 기준 주택구매력지수가 79.6까지 감소하며 전례 없이 가장 낮은 수치를 보이고 있다. 실수요자가 대전 부동산을 매수하기가 역사상 매우 부담스러운 시기다.

7) 부산: 고평가 HAI 84.3(HAI 평균 102.2 대비 17.9 고평가)

부산 주택구매력지수 추이(기간: 2004년 1분기~2021년 3분기)

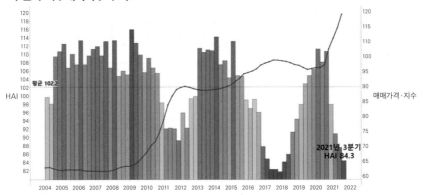

(출처: 리치고·KB부동산·주택금융통계시스템)

    부산의 주택구매력지수는 2004년 3분기부터 2010년 3분기까지 평균 이상 수준의 저평가 구간을 유지하였다. 2009년부터 장기간 부동산 침체기를 딛고 뜨거워지기 시작해 2012년까지 매매가격 상승 폭이 매우 높았다. 그리고 2010년 4분기에서 2012년 2분기 사이 주택구매력지수가 고평가로 좋지 않았다. 2012년 2분기 이후부터 2013년 3분기까지 매매가격이 하락했던 모습을 볼 수 있어 주택구매력지수와 부동산 시장의 관계가 매우 밀접하다는 것을 느낄 수 있을 것이다. 주택구매력지수가 가장 좋지 않았던 2017년 2~4분기 사이부터 부산 부동산 시장이 침체하였다. 주택구매력지수가 양호해진 2019년 2분기에서 2020년 3분기 사이에는 어김없이 매매가격이 하락세를 멈추고 다시 상승하였다.

    2021년 3분기 기준 주택구매력지수는 84.3으로 2017년 1분기 84.7과 유사한 수준인데 부산 부동산 시장이 침체하기 직전인 2017년 1분기와 유사하게 실수요자가 부산 부동산을 대출받아 구매하기가 부담스러운 상황이다. 부산 부동산은 실수요자 관점에서 2022년은 매수 적기가 아니기에 주택구매력지수의 추이를 잘 참고하길 바란다.

8) 울산: 상당히 고평가 HAI 106.4(HAI 평균 136.5 대비 30.1 고평가)

울산 주택구매력지수 추이(기간: 2004년 1분기~2021년 3분기)

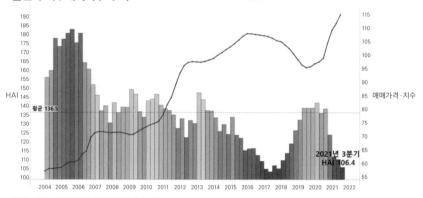

(출처: 리치고·KB부동산·주택금융통계시스템)

울산의 주택구매력지수는 2004년 1분기에서 2007년 1분기까지 가장 저평가 구간에 있었다. 특히 주택구매력지수가 가장 양호했던 2005년 3분기를 기준으로 매매가격이 급격하게 상승하는 모습을 볼 수 있다. 이후 울산은 주택구매력지수가 매우 양호해지기보단 평균 136.5를 기준으로 평균 이상 높아지면 주택구매력지수가 양호한 수준으로 매매가격 역시 반등하는 모습을 보이고 평균 이하 수준에 머물러 있으면 매매가격 역시 하락하는 패턴을 보인다. 특히 주택구매력지수가 가장 좋지 않았던 2017년 3분기 107.4 이후 매매가격이 급격히 하락하기에 울산 역시도 주택구매력지수가 부동산 시장과 밀접히 관련 있음을 확인할 수 있다.

주택구매력지수가 평균 이상으로 상승한 2019년 2분기에서 2020

년 3분기 사이를 기준으로 매매가격이 상승하기 시작했다. 2021년 3분기 주택구매력지수는 106.4로 울산 부동산이 침체기를 겪던 2017년 3분기 107.3과 비슷하여 주택구매력지수로 판단 시 주의가 필요한 상황이라 보인다.

9) 세종: 상당히 고평가 HAI 42.2(HAI 평균 44.0 대비 1.8 고평가)

세종 주택구매력지수 추이(기간: 2020년 4분기~2021년 3분기)

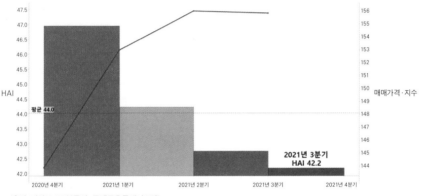

(출처: 리치고·KB부동산·주택금융통계시스템)

세종의 주택구매력지수는 작년까지 데이터가 없었으나 2020년 4분기부터 형성되며 이제는 약 1년간 주택구매력지수의 추이를 확인할 수 있다. 앞서 주택구매력지수는 100을 기준으로 높으면 높을수록 대출받아 주택을 구매하는 데 양호하다고 하였다. 세종은 이미 2020년 4분기부터 주택구매력지수가 46.9로 상당히 낮은 수치라는 것을 알 수 있다. 2021년 2분기부터 세종의 부동산 매매가격이 다소 약보합세에 있음에도 주택구매력지수가 감소하는 것을 볼 수 있다. 부동산을 매수하기 매우 부담스러운 상황에 있다. 세종 부동산 투자는 주의가 필요하다고 판단된다.

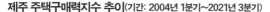

10) 제주: 고평가 HAI 89.8(HAI 평균 117.8 대비 28 고평가)

제주 주택구매력지수 추이(기간: 2004년 1분기~2021년 3분기)

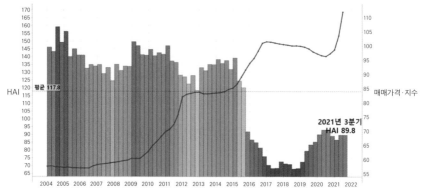

(출처: 리치고·KB부동산·주택금융통계시스템)

제주도는 2004년부터 2015년 2분기까지 줄곧 주택구매력지수가 양호하였다. 주택구매력지수가 양호하다고 하여 꼭 주택 매매가격이 크게 상승하고 주택구매력지수가 매우 낮아 꼭 주택 매매가격이 큰 폭으로 하락하지 않는 모습을 볼 수 있다. 제주도는 앞서 소득 대비 저평가 인덱스에서 언급한 것과 같이 외국인 투자이민제도와 같은 외적 요인들이 다른 지역과 다르게 더 민감하게 작용하는 곳이다. 관광산업의 활황에 따라 제주도민의 소득이 높아졌기에 주택구매력지수만으로 제주도의 시장 상황을 모두 판단하기보다 다른 빅데이터들과 종합적으로 판단하는 것이 필수적으로 필요한 지역이다.

다만, 주택구매력지수가 매우 낮았던 2017년 2분기부터 2018년 4분기까지 제주 부동산 시장이 침체한 모습을 볼 수 있으며 평균 이하의 고평가이긴 하나 다시금 주택구매력지수가 상승한 2020년 2분기 이후 매매가격 하락을 멈추고 상승하는 모습을 볼 수 있다. 따라서 2021년 3분기의 주택구매력지수 89.8이 평균보다 낮더라도 아직 과

거 2017~2018년과 같이 주택구매력지수가 매우 낮은 수준은 아니라
고 가늠할 수 있을 것이다.

11) 강원: 보통 HAI 179.6(HAI 평균 181.3 대비 1.7 고평가)

강원 주택구매력지수 추이(기간: 2004년 1분기~2021년 3분기)

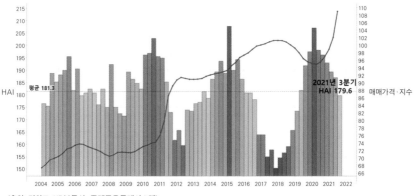

(출처: 리치고·KB부동산·주택금융통계시스템)

강원도의 주택구매력지수는 뚜렷하게 강원도 부동산 시장과 연관
성을 보이는데 주택구매력지수가 고평가에 돌입하면 매매가격이 하
락하고 주택구매력지수가 저평가 구간에 있으면 반대로 매매가격이
상승하는 패턴을 볼 수 있다. 주택구매력지수가 가장 좋지 않았던
2018년 1분기를 기점으로 매매가격이 하락하였고 주택구매력지수가
가장 좋았던 2015년 1분기 207.6과 유사한 수준인 2020년 1분기부
터 매매가격이 상승하고 있다. 2021년 3분기 기준 주택구매력지수가
평균 이하로 감소하였으나 2016년 2분기와 유사한 수준으로 아직은
양호하여 주택구매력지수로 볼 때 강원도의 2022년 부동산 시장은
아직 매매가격 상승 여지가 남아 있다고 판단된다.

다만, 강원도 역시 다른 빅데이터들을 살펴보며 종합적으로 판단할

필요가 있지만 2022년 이후부터는 주택구매력지수가 더욱 감소하여 부동산 시장이 침체할 가능성이 커질 수 있다. 따라서 강원도 부동산을 매수하는 데 더욱 신중하고 자세하게 살펴볼 필요가 있다. 이미 강원도 부동산을 보유한 사람들이라면 매도 시기를 빅데이터들을 통해 꾸준히 확인해보며 적절한 시기에 매도할 필요가 있다. 특히 강원도는 외지인 투자 비율이 높은 곳이기에 부동산 시장이 침체 시 매매가격의 하락 폭이 더욱 커질 위험이 있다. 이 책을 읽는 독자들이 강원도 부동산에 관심이 있는 경우 2022년의 단기적 접근이 아니라 향후 매도 시기까지 잘 판단하여 부동산 매수를 고려하길 바란다.

12) 경남: 저평가 HAI 153.1(HAI 평균 141.8 대비 11.3 저평가)

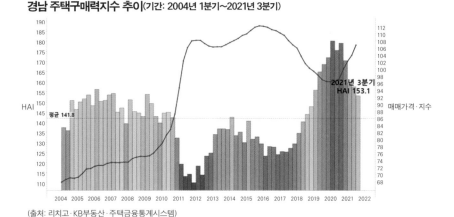

경남 주택구매력지수 추이(기간: 2004년 1분기~2021년 3분기)

(출처: 리치고·KB부동산·주택금융통계시스템)

경남의 주택구매력지수의 과거 가장 양호했던 시기는 2004년 3분기부터 2007년 1분기 사이였으며 다소 등락 폭은 있으나 2010년 2분기까지 평균 141.8 이상으로 주택구매력지수가 양호했고 당시 매매가격도 우상향을 지속했다. 주택구매력지수가 가장 좋지 않았던 2011년

4분기 110.1부터 경남 부동산 시장이 침체하였으며 이후 주택구매력지수가 점진적으로 높아지며 2013년 3분기에서 2015년 4분기 사이 매매가격도 상승하였으나 매매가격의 상승으로 주택구매력지수는 다시 낮아져 2016년 1분기 123.2부터 부동산 시장도 다시 침체기를 맞았다. 2020년 1분기에 18년 중 주택구매력지수가 가장 높았는데 이때가 경남에 거주하는 사람들의 소득이 증가하고 부동산 가격은 상대적으로 양호하여 경남 부동산을 매수하기 가장 적합한 시기였다고 할 수 있다.

2020년 3분기부터 매매가격이 상승하며 주택구매력지수 역시 다시 감소하고 있지만 2021년 3분기까지 평균 이상 수준을 유지하며 양호한 상황이다. 즉 실수요자 역시 아직 대출받아 경남 부동산을 매수하기에는 부동산 가격이 양호한 수준이다. 내 집 마련의 계획이 있다면 자세히 확인할 필요가 있다.

13) 경북: 저평가 HAI 209.1(HAI 평균 194.9 대비 14.2 저평가)

경북 주택구매력지수 추이(기간: 2004년 1분기~2021년 3분기)

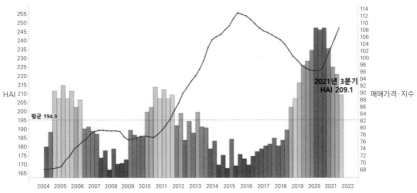

(출처: 리치고·KB부동산·주택금융통계시스템)

경북의 주택구매력지수는 2004년 3분기에서 2006년 1분기가 양호했으며 반대로 2007년 4분기가 가장 낮은 시기였다. 해당 시기에 매매가격 역시 상승과 하락을 하는 모습을 볼 수 있다. 또한 2010년 3분기에서 2011년 3분기에 주택구매력지수가 저평가 구간으로 매우 양호했고 반대로 2014년 4분기가 2007년 4분기와 유사한 수준으로 매우 고평가되었다. 매매가격도 주택구매력지수와 같은 추이로 상승과 하락을 하는 모습을 보여 경북 역시 부동산 시장이 주택구매력지수와 매우 밀접하게 관련 있는 지역이다.

2020년 1~3분기까지 18년 중 주택구매력지수가 가장 높다. 이때가 경북 부동산을 매수하는 가장 적기였으며 경북 내 실수요자들이 경북 부동산을 매수하는 데 부담이 가장 적었던 시기다. 2021년 3분기 기준으로 주택구매력지수는 209.1로 아직 저평가 구간에 있고 평균 이상 수준으로 양호하나고 판단되며 과거와 비교했을 때 아직 경북 부동산을 매수하는 데 부담스러운 수준은 아니다. 주택구매력지수로 판단할 때 경북 역시 내 집 마련의 계획이 있다면 자세히 확인할 필요가 있다.

14) 전남: 고평가 HAI 199.3(HAI 평균 228.4 대비 29.1 고평가)

전남의 주택구매력지수는 2004년 3분기에서 2008년 1분기 동안 양호했으며 주택구매력지수가 가장 높았던 2006년 1분기를 기준으로 매매가격의 상승 폭이 증대되었다. 반대로 2011년 4분기가 가장 고평가된 시기였다. 이 시기를 기점으로 매매가격이 하락하였고 주택구매력지수가 양호해진 2015년 1분기부터 매매가격 역시 바닥을 다지고 상승하였다. 2020년 1~3분기 사이 주택구매력지수는 다소 고

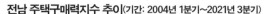

전남 주택구매력지수 추이(기간: 2004년 1분기~2021년 3분기)

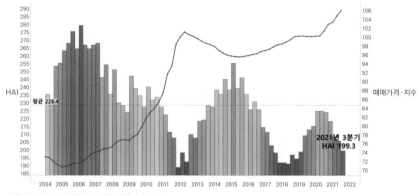

(출처: 리치고·KB부동산·주택금융통계시스템)

평가 구간에 있지만 2018년 3분기 이후부터 꾸준히 주택구매력지수가 증가한 것을 볼 수 있으며 2020년 2분기 이후부터 매매가격이 반등한 모습을 볼 수 있다.

주택구매력지수는 2020년 3분기 223.9 이후부터 2021년 3분기 199.3까지 감소하였으며 전남 부동산 시장이 침체하기 직전인 2017년 3분기 198.0과 유사한 수준에 도달하였다. 따라서 전남 부동산 시장은 조금 더 매매가격의 상승 여지는 있겠지만 주택구매력지수로 판단 시 부동산 투자는 위험한 수준까지 도달한 상황으로 주의가 필요하다고 판단된다.

15) 전북: 저평가 HAI 191.1(HAI 평균 179.6 대비 11.5 저평가)

전북은 2004~2006년이 실수요자가 전북 부동산을 매수하기에 부담이 적었던 시기며 매매가격 역시 우상향했다. 2011년 4분기에서 2012년 2분기가 주택구매력지수가 가장 낮았다. 이 시기부터 부동산 시장이 침체하는 모습을 볼 수 있으며 2012년 2분기 이후 2015년 1분

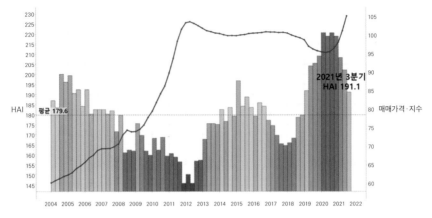

전북 주택구매력지수 추이(기간: 2004년 1분기~2021년 3분기)

2021년 3분기
HAI 191.1

HAI

평균 179.6

매매가격·지수

(출처: 리치고·KB부동산·주택금융통계시스템)

기까지 주택구매력지수가 다시 평균 이상 양호한 수준으로 증가하였다. 하지만 매매가격은 약상승 후 2017년 4분기부터 다시 하락하였기에 주택구매력지수가 2017년 4분기 고평가로 다소 좋진 않았으나 2012년에 비하면 매우 낮았던 것은 아니기에 전북 부동산 시장이 급격히 침체한 이유를 다른 빅데이터들에서 찾아볼 필요가 있다. 전북은 2018년에 입주 물량이 과거 대비 가장 많이 공급되었다. 수요 대비 공급이 많았던 것이 원인으로 확인되므로 주택구매력지수뿐만 아니라 다른 빅데이터들의 흐름 역시 같이 살펴볼 필요가 있다.

2020년 1~4분기까지 1년간 주택구매력지수가 18년 중 가장 높은 수준을 유지했는데 바로 이 시기가 전북 부동산을 구매하는 데 가장 부담이 없었던 매수 적기였다. 『빅데이터 부동산 투자 2021 대전망』에서도 전북은 주택구매력지수가 역사상 최고로 좋아지고 있으며 다른 빅데이터들의 흐름도 양호하니 눈여겨보아야 할 지역 중 하나라고 언급하였다. 매매가격이 급격히 상승하고 있어 부동산 시장이 뜨거운

충남 주택구매력지수 추이(기간: 2004년 1분기~2021년 3분기)

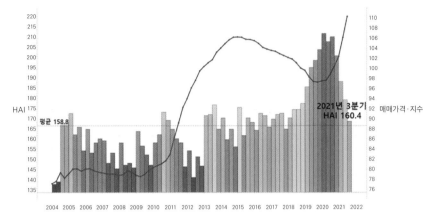

(출처: 리치고·KB부동산·주택금융통계시스템)

상황임을 확인할 수 있다. 2021년 3분기 기준으로 주택구매력지수는 191.1로 평균 179.6 이상이어서 양호한 상황이므로 주택구매력지수로 판단 시 실수요자라면 관심을 두어도 좋을 것으로 보인다.

16) 충남: 보통 HAI 160.4(HAI 평균 158.8 대비 1.6 저평가)

충남은 주택구매력지수가 좋았던 적이 많지 않았으며 주택구매력지수로만 판단하기 어렵다. 2012~2013년은 입주 물량이 부족하여 주택 가격이 급등하였으며 2016~2018년은 공급 과잉으로 인해 매매가격이 하락하였다. 따라서 단순히 충남을 주택구매력지수만 놓고 판단하기보다 다른 빅데이터들을 통해 종합적으로 결론을 도출할 필요가 있다. 다만, 2015~2019년까지 매매가격의 하락세와 충남에 거주하는 인구의 소득 증가가 맞물려 2020년 1~3분기 사이 주택구매력지수가 18년 중 가장 높아졌으며 부동산을 매수하기에 가장 부담 없는 시기가 도래하였다. 2020년 2분기부터 2021년 3분기까지 매매가격이 급격히 상승하고 있다. 이에 주택구매력지수 역시 평균 수준으로 급격히 감소하였으나 과거 주택구매력지수가 가장 좋지 않았던 2004년 1분기 136.7 또는 2012년 2분기 139.2와 비교한다면 아직 양호한 수준이라 판단할 수 있다.

충남 역시 주택구매력지수로 판단 시 2022년에도 매매가격 상승 여지가 높은 지역이라 할 수 있다. 다만, 과거 입주 물량이 부족했던 시기와 달리 2022년부터 입주 물량이 증가하는 지역과 부족한 지역이 나뉘어 있다. 따라서 주택구매력지수가 평균 수준에 온 현 시점에서는 2022년 충남 부동산 시장을 조금 더 세부적으로 검토하고 투자를 판단할 필요가 있으니 참고하길 바란다.

17) 충북: 보통 HAI 170.9(HAI 평균 164.0 대비 6.9 저평가)

충북 주택구매력지수 추이(기간: 2004년 1분기~2021년 3분기)

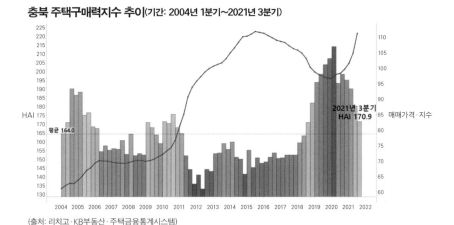

(출처: 리치고·KB부동산·주택금융통계시스템)

충북 역시 주택구매력지수만 놓고 판단하기 어려운 점이 있으므로 다른 빅데이터들을 통해 더 세부적으로 검토할 필요가 있는 지역이다. 2004~2005년에 주택구매력지수가 높게 나타났고 매매가격 역시 우상향했으나 고평가로 진입하는 2006년 2분기를 기점으로는 매매가격이 조정받기 시작했다. 주택구매력지수가 평균 이상으로 저평가구간에 돌입한 2009년 1분기에서 2010년 4분기 후부터 매매가격도 급격히 상승했으나 이후 주택구매력지수가 가장 좋지 않았던 2012년 2분기 144.2에서도 매매가격은 상승을 거듭했다. 즉 이 시기는 주택구매력지수뿐만 아니라 충북 부동산 시장에 영향을 주는 다른 요인이 있었다고 볼 수 있다. 이 역시 충북 부동산을 구매하기 부담스러운 상황 속에서도 2011~2012년 입주 물량이 매우 부족한 상황이었기에 매매가격이 상승을 거듭할 수 있었던 것으로 판단된다.

충북 역시 비단 주택구매력지수만 놓고 시장의 흐름이 어떻게 흘러갈지 예측하긴 어렵다. 다만, 충북 역시 매매가격의 하락세와 충북 거주 인구의 소득 증가가 맞물려 2020년 1분기가 역사상 주택구매력지수가 가장 높았다. 이때부터 부동산 시장의 침체를 딛고 매매가격도 상승하기 시작했다. 약 2년간 매매가격이 지속해서 상승했기에 주택구매력지수 역시 급격히 감소하였다. 하지만 아직 평균 164.0 이상 수준이므로 고평가라고 판단하긴 어려우며 2022년 역시 주택구매력지수로 판단할 때 실수요자들이 부동산을 매수하는 데 있어 과거 2012년과 같이 부담스러운 수준은 아니라고 판단된다.

이상 전국 시도별 주택구매력지수로 부동산 시장 흐름을 확인해보았다. 보편적으로 주택구매력지수가 좋지 않을 시 매매가격이 하락하고 주택구매력지수가 가장 좋은 시기에는 매매가격이 상승하는 패턴을 보였다. 각 지역의 거주자들이 대출받아 주택을 구매하는 데 부담되지 않는 상황에서는 부동산 시장도 좋아지고 반대의 상황에서는 수요가 감소하여 부동산 시장이 나빠지는 것을 확인할 수 있었을 것이다. 단순히 주택구매력지수만으로 판단할 수는 없다. 하지만 보편적으로 주택구매력지수가 감소하고 있고 그중에서도 주택구매력지수가 과거 대비 그 어느 때보다 낮아진 지역들은 2022년부터 부동산 시장 사이클에서 침체로 진입하는 갈림길이라고 볼 수 있다. 통화량이 증가하고 금리가 낮아진 상황에 기반을 두어 주택구매력이 좋아졌다고 볼 수 없다. 2021년 하반기부터 금리가 되려 증가하고 있고 대출 규제가 더욱 강화되고 있기에 자금력이 바탕이 되어야 한다. 2022년 부동산 투자는 그 어느 때보다 더 신중히 판단할 필요가 있을 것이다.

전세가율을 확인하여 어느 지역으로
돈이 흘러갈지 예상하라

전세가율이란 전세가격 비율의 줄임말로 전세가격을 매매가격으로 나눈 것이다. 부동산을 투자하는 사람들이 이 지표를 필수적으로 확인하는 이유는 소위 '갭투자'라 하여 부동산을 매수한 후 전세입자를 구하여 내 자본금을 최소화하기 위함이다. 쉽게 말해 전세가율이 높으면 높을수록 대출을 받아 집을 매수하는 것보다 자본금이 덜 들어가기 때문에 이 전세가율을 확인하여 부동산을 투자하는 것이다. 반대로 실수요자가 전세를 구하는 상황에서는 전세가율이 낮으면 낮을수록 비교적 전셋값이 낮은 집을 구할 수 있으므로 전세를 구하는 상황에서도 전세가율을 잘 확인할 필요가 있다.

이번 장에서는 시도별 '전세가율의 추이'를 확인할 것이다. 전세가율의 추이는 부동산 시장의 향방을 알 수 있는 중요한 데이터 중 하나라는 것을 명심하자. 투자자의 입장이라면 전세가율이 낮아지면 낮아질수록 현금을 더욱 많이 투입하여야 하므로 투자 수요가 줄어들게 되

전국 연도별 외지인 아파트 매매 비율 추이(2006~2021년)

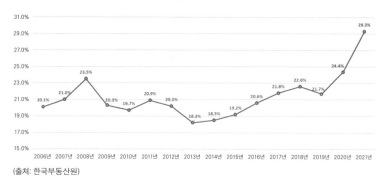

(출처: 한국부동산원)

고 전세가율이 높아지면 높아질수록 자본이 적게 들어가기에 잠재 투자 수요가 높아진다는 것을 생각해볼 수 있다. 실거주자의 입장이라면 전세가율이 높아지면 높아질수록 전세가격과 매매가격의 차이가 좁혀지기에 입주 물량이 많지 않고 전세 물량의 공급은 적다면 어쩔 수 없이 주택을 매수해야 하는 상황이 발생하여 자연스레 주택을 매수하게 되고, 매매 물량의 공급이 적어지면 적어질수록 공급은 없는데 수요가 많아져 가격이 상승할 것을 생각해볼 수 있을 것이다.

한편, 전세가율은 금리와 밀접한 관계가 있다. 금리가 낮아질수록 임대인으로서는 임차인에게 전세금을 받아 은행에 예금해도 이자가 줄어들어 수익이 낮아지기에 전세금을 더 올리려고 할 것이고 전세가율 상승으로 이어지게 된다. 갭투자자로서는 대출받아 투자한 자본금의 이자를 내는 금액 대비 부동산 매매가격 상승률에 대한 기대수익이 더 높아질 수밖에 없다. 거기에다 2020년 코로나란 변수에 의한 인위적 통화량 증가가 맞물려 과거 그 어느 때보다 부동산 투자가 성행했다.

『빅데이터 부동산 투자 2021 대전망』에서 2020년 전세가율이 가장

시도별 외지인 매매거래 비율(2021년 1~10월)

1위	충남	42.9%	10위	전남	25.8%
2위	강원	39.7%	11위	울산	24.6%
3위	충북	39.4%	12위	제주	23.9%
4위	세종	38.4%	13위	광주	23.4%
5위	인천	35.5%	14위	대전	22.4%
6위	경북	30.8%	15위	서울	20.3%
7위	경남	30.5%	16위	부산	18.3%
8위	전북	30.1%	17위	대구	17.3%
9위	경기	29.3%			

(출처: 한국부동산원)

높은 지역으로 '강원, 경북, 충남, 전북, 충북'을 차례로 언급하였다. 한국부동산원에서 제공하는 2021년 1~10월 사이 외지인 매매거래 비율에서 충남이 전국 시도 중 가장 많았고 강원도가 2위, 충북이 3위였다. 2020년부터 갭투자가 매우 성행했다고 볼 수 있다.

이런 갭투자의 성행은 코로나19라는 변수가 통화량 증가를 불러일으켰고 그러다 보니 부동산 시장을 예측하기 어려운 상황이었다. 건전한 투자 수요가 받쳐주는 것이 아니라 실제 자본금이 부족한 상황에서 대출을 통해 비교적 소자본으로 하는 갭투자가 급속도로 많아지는 경우 더욱 신중하게 접근할 필요가 있다. 2020년은 초저금리 시기였으나 2021년 하반기부터 두 차례 기준금리가 인상되었고 더 인상될 것으로 예상한다. 앞으로 2018~2019년 수준까지 기준금리가 인상되고 전세 수요가 받쳐주지 못하는 상황이 발생한다면 2022년부터는 비규제지역도 대출 규제가 적용될 수 있는 시점이다. 그러다 보니 매매 물량이 쌓여 투자 수익률은 더 저하될 수 있고 임차인이 전세금을 돌려 달라고 요구할 시 임대인은 대출 규제 때문에 자금 여력이 없어 전세금을 돌려주기 어려운 상황에 직면할 것이다.

만약 임대차 3법이 적용된 후 2년이 지난 시점에서 주변 아파트들의 전세금이 상승하니 자연스레 내 주택의 전세금 역시 상승할 것을 기대한다거나 전세입자가 '계약갱신청구권'을 사용할 것이니 투자 후 4년까지는 괜찮다고 생각한다면 다음과 같은 시각에서도 고려해보는 것을 권장한다. 입주 물량과 미분양 물량이 적어 신규 공급이 부족한 경우 전세 수요는 증가하기 때문에 전세금 역시 상승할 수 있다.

그러나 전세 수요가 증가한다는 의미는 반대로 전세 공급이 많아지면 수요가 감소한다는 것이다. 수요가 감소하면 전세금을 올리기보단 낮춰야 하는 '역전세'란 변수가 발생할 가능성도 있다. 이제는 임대차 3법에 의해 전셋값이 급격히 상승한 상황과 유사하게 다른 이벤트가 있지 않은 이상 다시 한번 전셋값이 급속도로 상승하는 전제를 예상하기 어려운 것이 사실이다. 전세금을 돌려주지 못하는 상황에서 전세금을 더욱 낮춰 새로운 세입자를 구해 전세금을 돌려줘야 하는 상황이 발생하거나 요즘은 '전세보증보험'을 통해 전세입자들이 미리 안전장치를 마련해두기에 경매로 넘어가면 마음고생이 더 심할 가능성이 크다.

특히 같은 아파트 단지 내에서도 전세 물량이 많아지고 전세금의 편차가 심한 상황에서 전세입자가 굳이 더 낮은 전세금을 보고서도 계약 갱신을 꼭 선택해야 할 이유도 없을 것이다. 따라서 갭투자 수요가 과거와 달리 급격히 증가한 지역은 최소한 2023년부터 전세 공급이 다시 증가할 가능성과 갭투자자의 매도 물량과 맞물려 부동산 시장이 침체할 가능성을 염두에 두어야 한다. 이러한 시각은 최악의 경우를 가정한다고 볼 수 있으나 역사상 외지인의 매매 비율이 가장 많이 증가한 것 역시 사실이며 금리 인상과 대출 규제 역시 예정된 상황으로 부동산 투자에서 최악의 상황을 고려할 필요가 있다. '하이 리스크 하이 리턴'을 부동산 투자에 꼭 반영할 필요는 없다. 빅데이터를 활용하여 돌다리를 여러 번 두들기고 부동산에 투자한다면 '로우 리스크 하이 리턴'을 충분히 할 수 있다.

누군가에게는 본인의 전 재산이 들어가는 것인 만큼 그 누구의 말을 듣고 투자하지 말고, 더욱 신중하게 고민해야 하며 충분히 고민하고 결정이 섰다면 그 결정을 행동으로 옮기는 자신감만 갖추길 바란다. 결정은 종이 한 장의 차이다. 그 한 장의 차이를 넘느냐 못 넘느냐에 따라 인생에서 중요한 갈림길에 서 있게 되는 것이다. 이 책을 읽은 후 책의 내용에 신뢰가 생긴다면 꼭 실행을 할 수 있었으면 좋겠다.

전세가율을 통해 부동산 투자를 판단할 때는 지역별 편차는 있으나 보편적으로 전세가율이 바닥을 다지고 지속해서 증가하여 과거보다 매우 높다고 판단될 때를 전후로 1년 전 또는 1년 후에 매수하는 것이 좋다. 최고의 매수 기회는 전세가율이 지속해서 증가해왔고 매매가격이 하락 또는 보합세를 유지하다가 상승으로 전환될 때가 부동산 시장이 바닥을 다지고 회복세로 진입하는 시점이므로 절대 놓쳐서는 안 될 타이밍이다. 가장 높은 전세가율에서 감소하기 시작하고 1~2년 정도까지 매수는 여전히 유효하다고 볼 수 있으나, 전세가율이 4~5년간 감소하고 매매가격의 상승률이 점진적으로 저하되며 보합세로 접어드는 시기는 이미 부동산 투자가 많이 이뤄졌다는 것으로 매매가격의 거품이 많이 껴 있을 가능성이 매우 크므로 주의해야 한다.

반면에 전세가율이 증가하기 시작한 후 4~5년간 계속 증가하는 경우는 긍정적으로 매수를 검토하는 것을 권장한다. 그런데 전세가율

2021년 전국 시도별 전세가율 순위(2021년 11월 기준)

1위	충남	78.3%	10위	광주	67.7%
2위	경북	77.1%	11위	인천	66.1%
3위	충북	75.9%	12위	전국	65.9%
4위	전북	75.8%	13위	대전	65.4%
5위	강원	75.6%	14위	경기	65.0%
6위	전남	75.3%	15위	부산	60.8%
7위	경남	73.3%	16위	제주	56.8%
8위	울산	71.5%	17위	서울	54.5%
9위	대구	71.3%	18위	세종	48.2%

(출처: KB부동산)

이 높을지라도 부동산 시장이 다른 변수 때문에 침체하기도 하므로 전세가율이 높더라도 꼭 다른 빅데이터들을 같이 확인해보고 부동산 시장의 흐름을 전반적으로 판단해야 한다. 전세가율이 높은데 부동산 침체가 시작되면 '깡통전세'가 많아지고 경매로 집이 넘어갈 가능성이 크며 전세입자는 자칫 본인의 전세금을 임대인에게 다 받지 못하고 손해보는 경우가 발생할 수 있다. 이 책을 읽는 독자 중 전세를 구한다면 보증료가 발생할지언정 꼭 '전세보증보험' 가입을 통해 대비해놓길 바란다.

이제부터 전국 17개 시도에 대한 전세가율 추이에 대해 자세히 분석해보도록 하겠다. 이 책에 있는 전세가율 데이터는 KB부동산 통계지표를 바탕으로 한다. 전세가율 데이터는 출처에 따라 조금씩 다를 수 있지만 크게 차이는 없다. 무엇보다 '추이'를 통해 시장을 판단하는 데 더 집중하자. 전국에서 전세가율이 가장 높은 지역은 '충남, 경북'으로 다른 지역과 비교해도 최소 2% 이상에서 최대 40%까지 높다. 그다음이 '충북, 전북, 강원, 전남, 경남' 등으로 전세가율이 높은 지역 대부분이 외지인 매매거래 비율 상위 지역에 있음을 볼 수 있다.

해당 지역 부동산 투자에 관심이 있는 독자라면 조금 더 자세히 검토할 필요가 있을 것이다.

1) 서울: 좋지 않음/전세가율 54.5%(전세가율 평균 55.3% 대비 0.8% 낮음)

서울 전세가율 추이(기간: 1998년 12월~2021년 11월)

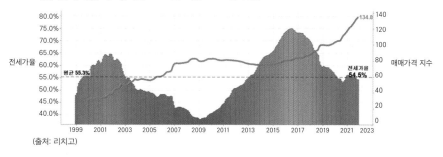

(출처: 리치고)

주황색 선	: KB부동산 매매가격 지수
막대그래프	: 전세가율

　서울의 전세가율은 과거 1999~2001년까지 증가하였고 전세가율이 가장 높았던 2001년 9월부터 전세가율은 감소하기 시작하지만 2008년 9월까지 약 7~8년간 매매가격은 상승했던 것을 볼 수 있다. 특히, 2001년 9월 전세가율은 64.6%였는데 2009년 3월 전세가율은 38.6%로 8년간 무려 26%가 감소했다(예를 들어 서울 아파트 매매가격이 1억 원이고 전세금이 6,460만 원이면 전세가율은 64.6%를 의미한다. 매매가격이 2억 원으로 상승할 때 전세금은 7,720만 원으로 상승했단 것을 의미하며 전세금이 아파트 매매가격 상승을 따라가질 못하여 격차가 1.6배 이상 벌어졌다는 것을 의미한다). 2009년은 전세가격은 상승하는데 매매가격은 하락하기 시작하여 전세가율이 증가하기 시작한 초기 시점이라 볼 수 있

으며 지속적인 전세가격의 상승과 매매가격의 하락이 맞물려 4~5년 후인 2013~2014년 정도부터 서울 아파트 매수를 검토했다면 상당히 좋은 결과가 있었을 것이고, 전세가율이 가장 높았던 2016년을 기점으로 2015년 또는 2017년에 매수했더라도 늦지 않았다.

서울 부동산의 전세가율은 2016년 6월 75.1%까지 증가한 이후 5년간 감소하고 있다. 그런데 이제 서울 부동산 투자는 꽤 위험한 상황에 직면했다. 2020년 8월에서 2021년 1월 사이 전세가율이 53.3%에서 56.3%까지 약증가했던 것은 임대차 3법의 영향인데 이는 부동산 정책에 따른 일시적 왜곡 현상으로 1년이 지난 2021년 11월 전세가율은 54.5%까지 다시 감소하고 있으며 2016년 6월 대비 20.6%가 감소하였기에 이미 서울 부동산의 투자 수요는 감소할 만큼 감소했다고 판단된다. 장기간 서울 부동산 투자가 이뤄진 현 상황에서 투자 수요가 계속 받쳐줄 수 있을까? 전세입사가 전세금과 매매가격의 격차가 현저히 벌어진 상황에서 대출까지 활용하여 내 집을 매수할 여력이 얼마나 될까?

2020년 임대차 3법의 영향으로 2년 후인 2022년에는 계약갱신청구권이 끝나기에 전세가격이 상승한다는 주장이 있으나 이미 임대차 3법에 의해 전세가격 상승이 어느 정도 반영되어 있어 다른 변수가 있지 않은 이상 2020년 하반기와 같이 급격히 상승하기 어렵다는 점을 고려할 필요가 있다. 전세가율 추이 역시 이미 서울 부동산 시장이 침체로 진입하려는 조짐이 보인다는 것을 생각해보길 바란다.

2) 경기: 좋지 않음/전세가율 65.0%(전세가율 평균 59.6% 대비 5.4% 높음)

경기도의 전세가율은 서울에 비하면 지금까지 양호한데 전세가율

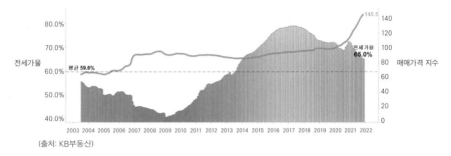

경기 전세가율 추이(기간: 1998년 12월~2021년 11월)

(출처: KB부동산)

감소가 양호한 이유는 서울보다 실수요가 잘 뒷받침되고 있다는 것을 의미한다. 다만, 전세가율 추이를 확인하면 2017년 5월에 78.9%로 가장 높았는데 이후 4년간 감소해온 것을 확인할 수 있다. 즉 4년간 매매가격 상승률이 전세가격 상승률보다 높았다는 의미로 투자수요 역시 이미 많이 진입했다. 따라서 전세가율은 과거 대비 양호한 수준에 있으나 경기도 역시 서울과 마찬가지로 2022년부터는 서울 근교에 있는 경기도 부동산 시장은 침체기로 진입할 가능성이 크다고 판단된다. 참고로 경기도 전체로 국한하지 않는 것은 지역이 넓기 때문이다. 경기도 지역별 데이터 편차와 일부 지역의 부동산 시장 사이클이 다르기에 이 점을 숙지하길 바란다.

3) 인천: 좋지 않음/전세가율 66.1%(전세가율 평균 61.2% 대비 4.9% 높음)

인천의 전세가율이 과거 가장 높았던 시기는 2002년 3월 71.4%로 이때 이후 2008년 9월 41.9%까지 29.5%가 감소했다. 약 6년간 전세가율이 감소한 후 인천의 부동산 시장이 침체기로 진입했음을 확인할 수 있다. 2009년 이후부터 2017년까지 전세가율이 장기간 증가했는데 2017년 6월 77.1%까지 증가한 이후 다시 4~5년간 감소

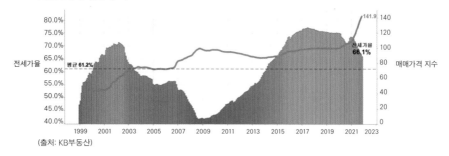

인천 전세가율 추이(기간: 1998년 12월~2021년 11월)

(출처: KB부동산)

하는 추이를 나타내며 투자 수요가 4~5년간 점진적으로 증가했음을 전세가율 추이를 통해 알 수 있을 것이다. 서울이나 경기에 비교하면 인천의 전세가율은 아직 양호하나 인천 역시도 이미 4~5년간 전세가율이 감소하는 추이를 보이는 만큼 부동산 투자는 주의가 필요한 시점인 상황이라고 볼 수 있다. 다른 빅데이터들도 판단할 필요는 있으나 인천의 부동산 매매가격이 2022년에도 상승할지라도 이미 매수 적기는 아니라고 판단된다. 특히 2022년부터 입주 물량이 급증하고 2023년은 인천 최대의 입주 물량이 쏟아지기 때문에 더욱 냉정하게 판단할 필요가 있다.

4) 광주: 좋지 않음/전세가율 67.7%(전세가율 평균 73.4% 대비 5.7% 낮음)

광주는 과거 전세가율이 1998년 12월 58.2%를 기점으로 2017년까지 큰 등락 폭 없이 증가한 지역이다. 대부분 지역의 전세가율은 긴 감소와 상승 추이를 이어왔다. 그런데 광주는 예외적으로 전세가율의 등락 폭이 심하지 않았으며 매매가격 역시 큰 하락 없이 일정하게 약보합세 또는 보합세와 상승을 반복해온 지역이다. 그런 광주 역시 2017년 11월 77.4%에서부터 2021년 11월 67.7%까지 급격히 전세

광주 전세가율 추이(기간: 1998년 12월~2021년 11월)

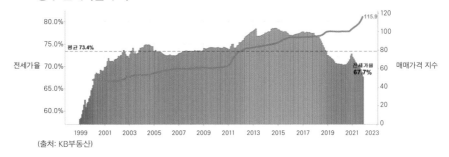

(출처: KB부동산)

가율이 감소하고 있다. 광주 역시 임대차 3법에 의해 일시적 전세가율 증가는 있었으나 정책에 대한 변수를 제외하고 본다면 4년간 지속해서 투자 수요가 있었던 것으로 볼 수 있다. 다른 빅데이터들을 종합하여 결과를 도출할 필요는 있지만 이미 4년간 꾸준한 투자 수요의 진입이 있었던 지역으로 전세가율 추이로 판단 시 2022년에 매매가격이 상승하더라도 부동산 투자자라면 주의가 필요한 시점에 다다랐다.

5) 대구: 좋지 않음(증가 중)/전세가율 71.3%(전세가율 평균 70.5% 대비 0.8% 높음)

대구 전세가율 추이(기간: 1998년 12월~2021년 11월)

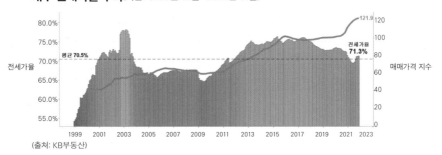

(출처: KB부동산)

대구의 전세가율이 과거 가장 높았던 시기는 2003년 4월 78.1%로 이때를 기준으로 2002년이나 2004년이 매수 적기였다고 할 수 있다. 2003년 4월 이후 전세가율이 감소하며 2009년 6월 64.6%까지 약 6년간 11.1%가 감소하였다. 2003년 4월을 기점으로 정확히 3년 후인 2006년 5월 이후부터 매매가격이 하락하였다.

대구는 2017년 6월부터 4~5년간 전세가율이 감소했기 때문에 부동산 시장이 침체할 위험이 크다고 판단된다.『빅데이터 부동산 투자 2021 대전망』에서 대구는 이미 2021년 중순부터 2022년 중순 사이 변곡점이 올 수도 있다고 했다. 이제 그 변곡점이 시작되었다고 볼 수 있다. 서울의 전세가율 추이에 관해 기술하며 "2009년은 전세가격은 상승하는데 매매가격은 하락하기 시작하여 전세가율이 증가하기 시작한 초기 시점이라 볼 수 있다."라고 한 것과 같이 전세가율이 상승하는 초기 시장은 부동산 시상이 침체기에 신입하는 초기 시점일 가능성이 크다.

6) 대전: 좋지 않음/전세가율 65.4%(전세가율 평균 66.9% 대비 1.5% 낮음)

대전 전세가율 추이(기간: 1998년 12월~2021년 11월)

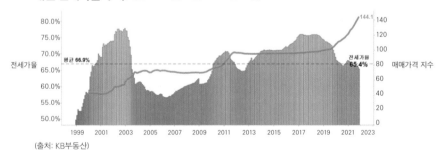

(출처: KB부동산)

대전의 전세가율이 과거 가장 높았던 시기는 2002년 12월 77.8%였을 때다. 이 시기를 기점으로 2006년 5월 56.6%까지 전세가율이 4년간 급격히 감소하였다. 대전의 매매가격 역시 2006년 3월을 기점으로 하여 하락하기 시작하였다. 2006년 5월 이후 2011년 4월 70.7%까지 전세가율이 다시 증가하며 2010년에는 본격적으로 매매가격이 상승하였다. 다만, 2012년을 기점으로 매매가격이 보합세를 유지했는데 세종 신도시의 영향이 크다고 볼 수 있다.

대전의 전세가율은 2018년 6월 75.9%부터 2021년 11월 65.4%까지 감소하고 있어서 2022년 중순부터 2023년 중순 사이 대전 부동산 시장 역시 침체기로 접어들 여지가 크다고 볼 수 있다. 부동산 투자에 주의가 필요하다.

7) 부산: 매우 좋지 않음/전세가율 60.8%(전세가율 평균 67.8% 대비 7.0% 낮음)

부산 전세가율 추이(기간: 1998년 12월~2021년 11월)

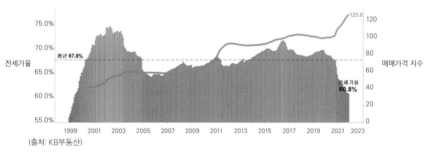

(출처: KB부동산)

부산의 전세가율은 2002년 5월 74.6%가 가장 높았다. 이 시기를 기점으로 1년 전인 2001년부터 매매가격이 상승했으므로 과거 이 시기가 부산 부동산 투자에서 매수 적기였으며 부산 전세가율 추이를 꾸준히 살펴봤던 사람들이라면 좋은 결과를 창출할 수 있었을 것이다. 또한 2005년 9월까지 전세가율은 64.2%로 감소한 후 2011년 2월 68.3%까지 6년간 전세가율이 증가했는데 2009년 8월부터 2012년 4월까지 매매가격이 상승했던 이 시기 역시 매수 적기였음을 알 수 있을 것이다.

부산 전세가율은 2016년 6월부터 5년간 감소하는 추이를 보이고 있다. 전세가율이 급격히 감소하기 시작한 2019년 11월에서도 2년이 지나가는 시점으로 2022~2023년부터 부산 역시 변곡점에 도달할 가능성이 크다. 『빅데이터 부동산 투자 2021 대전망』에서 부산 전세가율 추이에 관해 기술했듯이 부산의 부동산을 매수하는 것은 상당히 신중해야 하며 그 어느 때보다 주의가 필요한 시기가 다가왔다.

8) 울산: 양호/전세가율 71.5%(전세가율 평균 70.6% 대비 0.9% 높음)

울산 전세가율 추이(기간: 1998년 12월~2021년 11월)

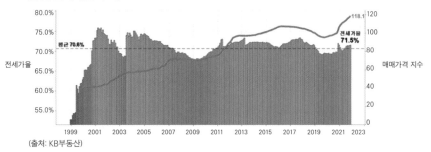

(출처: KB부동산)

울산은 1998년 12월에서 2001년 4월까지 전세가율이 급격히 증가했다. 1년 후인 2002년이 울산 부동산 매수 적기였다. 2001년 4월 이후 전세가율이 2년간 감소하다 2003년 6월 68.7%에서 7월 74.0%로 한 달 사이 5.3%가 급격히 증가하였는데 전세가율의 급격한 증가로 인해 매매가격 역시 큰 하락 없이 장기간 약보합세 또는 약상승 수준을 유지했다.

울산은 2017년 9월 전세가율 73.3%를 기준으로 2019년 8월까지 69.2%로 감소했다. 이때 전세가율의 감소뿐만 아니라 매매가격 하락도 동반하였으므로 비단, 매매가격뿐만 아니라 전세가격의 하락 폭도 컸다고 볼 수 있다. 부동산 시장이 침체했을 때 전세가율은 보편적으로 증가하나 울산은 일자리와 같이 부동산 시장에 영향을 미치는 요소들이 있어 다른 빅데이터들 역시 종합적으로 검토할 필요가 있다. 최근 울산의 전세가율 추이는 2021년 3월 69.8%부터 11월 71.5%까지 8개월간 1.7% 증가하고 있어 부동산 시장에는 긍정적 영향을 미칠 수 있을 것으로 보인다. 하지만 매매가격은 2020년 10월 이후부터 급격히 상승하고 있어 2022년부터 전세가율이 감소하기 시작할지, 아니면 더욱 증가하여 매수 신호를 보낼지 추이를 조금 더 지켜볼 필요가 있다.

9) 세종: 좋지 않음/전세가율 48.2%(전세가율 평균 54.4% 대비 6.2% 낮음)

세종 전세가율 추이(기간: 2013년 4월~2021년 11월)

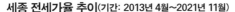
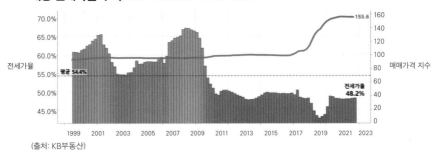

(출처: KB부동산)

세종은 전세가율 추이가 세종 부동산 시장에 크게 영향을 주지 않았다. 2012년부터 신도시로 형성되어가는 과정에서 공급 물량에 따른 전세가격 하락과 상승으로 전세가율 변동만 있었고 매매가격의 상승은 미미했다. 그랬던 세종이 2019년 12월부터 매매가격 약 상승이 이뤄지더니 2020년 5월부터 매매가격이 급상승하기 시작하며 전세가격이 따라가질 못하였다. 2020년 6월 전세가율 48.2%에서 불과 4개월 만인 10월에 42.7%까지 5.5%가 빠르게 감소하며 매매가격과 전세가격의 격차가 역대 가장 심하게 발생하였고 그 이후 2021년 2월 48.8%까지 증가하였으나 약 1년 전의 전세가율을 회복한 수준이다.

세종은 2021년 2월부터 전세가율은 48.0%에서 48.8% 사이를 유지하고 있으나 2016년 이후 줄곧 전세가율이 감소한 추이를 보여 부동산 시장 전망이 밝다고 보긴 어렵다. 다만, 이제 10년이 되어가는 신도시로 아직도 인프라 기반을 닦는 단계이며 일자리 창출과 같은 호재가 2019년 민감하게 반응했던 점을 고려할 때 전세가율 추이로만 판단하기 어려운 지역이란 점을 기억하길 바란다.

10) 제주: 매우 좋지 않음/전세가율 56.8%(전세가율 평균 65.6% 대비 8.8% 낮음)

제주도의 전세가율이 가장 높았던 시기는 2011년 10월 69.8%와 2015년 3월 70.6%였을 때다. 제주도는 전세가율이 증가하기 시작하는 시점에는 매매가격이 상승하였고 전세가율이 감소하던 시점에서 1~2년 후 매매가격이 보합 또는 하락세로 접어들었다. 제주도의 전세가율 추이를 자세히 확인해보면 부동산 시장 흐름을 먼저 예상하는 데 유용하다. 2017~2020년 사이 3년간 제주 부동산 시장이 침체

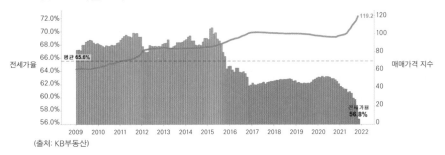

제주 전세가율 추이(기간: 2009년 1월~2021년 11월)

전세가율

매매가격 지수

(출처: KB부동산)

기를 겪던 시기 이전에 이미 제주도 전세가율이 2015년 3월 70.6%
에서 2016년 11월 61.8%까지 8.8%가 급격히 감소하며 부동산 시장
침체 위험 신호를 보냈던 것을 확인할 수 있다. 당시 제주도의 부동산
시장은 매매가격과 전세가격이 약 1년여 만에 과거보다 현격히 벌어
지고 투자 수요는 감소하며 입주 물량은 증가 추세에 있었기에 부동
산 시장이 침체하기 시작하였다고 볼 수 있다.

2017년부터는 전세가율이 조금씩 증가함에도 2020년까지 부동산
시장이 좋지 않았다. 2013년부터 증가하기 시작한 입주 물량이 2017년
까지 증가했고 더불어 미분양 물량의 증가했기 때문이다. 제주도의 부
동산 시장 침체는 전세가율 추이뿐만 아니라 입주 및 미분양 물량과
도 크게 무관하지 않았다. 2020년 11월부터 매매가격이 상승을 시작
했고 전세가율은 2020년 6월부터 2021년 11월까지 1년 5개월 동안
6.4%가 급격히 감소하면서 2021년 말 전세가율은 제주도 역사상 가
장 낮다. 이는 2015~2016년에 전세가율이 감소한 추이와 같이 급격
히 전세가율이 감소한 것으로 2022년 제주도 부동산 투자는 위험하
다고 판단된다. 다만, 이번에는 입주 물량이 현격히 부족하고 미분양
물량이 감소하는 추이를 보여 단순히 전세가율 추이로만 판단하기 어

렵다는 점을 고려할 필요가 있으므로 참고하길 바란다.

11) 강원: 보통/전세가율 75.6%(전세가율 평균 72.7% 대비 2.9% 높음)

강원 전세가율 추이(기간: 2009년 1월~2021년 11월)

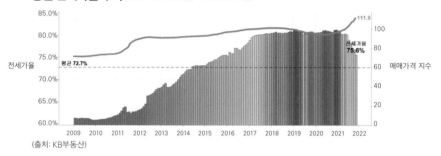

(출처: KB부동산)

    강원도의 전세가율은 2009년부터 큰 등락 폭 없이 지속해서 증가했다. 과거 2011년 5월 64.0%가 당시 전세가율이 가장 높은 시기였다. 1년 전인 2010년이 강원도 부동산의 매수 적기였던 것을 볼 수 있다. 전세가율의 큰 낙폭이 있었던 것은 아니므로 전세가율이 뒷받침되어 강원도의 매매가격 역시 줄곧 보합 또는 약상승했으나 전세가율이 가장 높았던 시기인 2019년 2월 81.3%에는 오히려 부동산 시장이 침체했다. 그 원인이 2018~2019년에 강원도 내 가장 많은 입주 물량이 공급되었기 때문이다.

    2019년 이후에도 2020년 12월까지 전세가율이 80~81% 사이를 유지하고 있었으므로 입주 물량이 감소하기 시작하며 부동산 시장도 좋아지기 시작했다. 전세가율이 약 1년간 감소하고 있으나 아직 높은 수준에 있어 부동산 시장이 전세가율 감소로 침체할 위험성은 크다고 볼 수 없다. 다만, 2019년 부동산 시장 흐름과 같이 단순히 전세가율 추이만으로 부동산 시장을 단정 지어 판단할 수 없다. 이 책을 읽는 독자들이라면 다른 빅데이터들도 꼭 같이 확인해보길 바란다.

12) 경남: 양호/전세가율 73.3%(전세가율 평균 69.4% 대비 3.9% 높음)

경남 전세가율 추이(기간: 2009년 1월~2021년 11월)

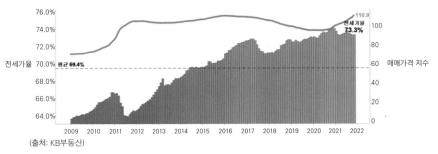

(출처: KB부동산)

경남의 전세가율은 과거 2009년 1월 63.7%부터 2010년 12월 66.7%까지 증가했다. 이 시기가 매수 적기였으며 2009년 하반기에 부동산을 매수했다면 좋았을 것이다. 2011년부터 2017년까지 전세가율이 증가하고 매매가격은 큰 하락 또는 상승 없이 약보합세와 약상승을 지속했는데 2017년 4월부터 전세가율이 감소하며 매매가격도 하락하는 것을 볼 수 있다. 이는 2017~2019년에 상당한 입주 물량이 있었기 때문이다. 이때 전세가격 역시 많은 입주 물량으로 매매가격보다 하락 폭이 컸던 시기로 보인다.

최근 경남 전세가율 추이는 2020년 11월 74.1% 이후 감소하는데 매매가격이 상승하고 있음에도 전세가율의 감소 폭이 작아 실수요자들의 전세 수요가 많다고 판단된다. 또한 입주 물량 공급이 다소 부족하고 미분양 물량도 감소 추이를 보여 2022년 경남 부동산 시장은 상승 기조를 유지할 수 있을 것이라 보이나 2020년부터 매매가격 상승을 지속하고 있어 조금 더 보수적으로 투자에 접근하기 바란다.

13) 경북: 보통/전세가율 77.1%(전세가율 평균 75.1% 대비 2.0% 높음)

경북 전세가율 추이(기간: 2009년 1월~2021년 11월)

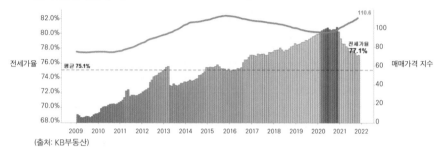

(출처: KB부동산)

경북은 과거 2011~2013년 사이 전세가율 증가 폭이 두드러졌다. 이 시기를 기점으로 1년 전 또는 1년 후가 경북 부동산의 최고 매수 적기였다는 것을 느낄 수 있을 것이다. 경북은 전세가율이 약간 감소했던 시기를 제외하면 거시적으로 2009년부터 2020년까지 지속해서 증가했다. 전세가율이 증가하던 상황 속에서도 2015~2019년 상당한 입주 물량 공급 때문에 2016~2019년 사이 부동산 시장이 침체하였으므로 단순히 전세가율 추이로만 판단하기 어렵다는 것을 다시금 볼 수 있다.

경북 전세가율은 2020년 11월 80.9%가 전세가율이 가장 높은 시기였으며 1년 전인 2019년이 경북 부동산 매수에 가장 적기였다. 2020년 11월 이후 1년간 전세가율이 감소하고 있고 매매가격은 상승하고 있어 최고의 매수 적기라고 판단하긴 어려우나 입주 물량도 부족하고 다른 빅데이터들의 흐름도 양호하여 실수요자라면 경북 부동산 시장은 관심을 두어도 좋을 것으로 판단된다.

14) 전남: 양호/전세가율 75.3%(전세가율 평균 72.6% 대비 2.7% 높음)

전남 전세가율 추이(기간: 2009년 1월~2021년 11월)

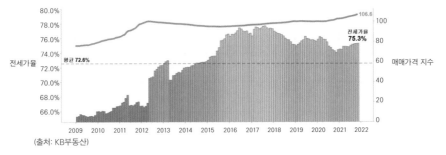

(출처: KB부동산)

　　전남은 과거 2009년 10월 65.4%에서부터 2011년 5월 68.3%까지 전세가율이 증가하였는데 2008~2009년 사이가 최고의 매수 적기였던 것을 확인할수 있다. 다만, 2012년 5월부터 2015년 8월까지 매매가격이 하락한 시기는 2013~2015년 사이 전남 입주 물량이 매우 많았던 시기로 입주 물량의 추이를 확인하지 않고 단순히 2011년에 전세가율이 증가하는 상황만 보고 2012년에 전남 부동산을 매수했더라면 위험했을 것이다. 전세가율 추이만 보고 판단하기보단 다른 빅데이터들을 같이 확인할 필요가 있다.

　　전남 전세가율은 2017년 8월 77.7%에서 점진적으로 감소하였는데 2015년 하반기부터 매매가격이 상승하였으므로 2016년에 전남 부동산 매수를 했더라도 좋았을 것이다. 최근 전남 전세가율은 2017년 8월부터 2020년 11월 74.0%까지 감소 후 1년간 다시 증가하고 있어 전세가율 추이는 전남 부동산 투자에 긍정적인 흐름을 보인다. 하지만 이미 2017년부터 약 3~4년간 전세가율이 감소했던 것을 고려한다면 이미 매매가격에 거품이 많이 껴 침체할 가능성도 있으므로

2022년은 주의할 필요가 있다.

15) 전북: 보통/전세가율 75.8%(전세가율 평균 74.9% 대비 0.9% 높음)

전북 전세가율 추이(기간: 2009년 1월~2021년 11월)

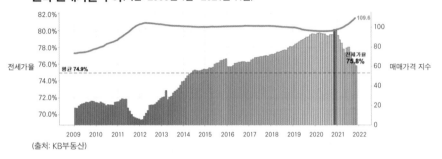

(출처: KB부동산)

전북은 전세가율이 2012년 1월 69.4%에서 2020년 12월 80.1%까지 8년간 증가한 지역이다. 2012년부터 전북 부동산 시장의 기나긴 침체가 찾아왔으나 2021년부터 입주 물량이 감소하며 다시 활황을 띠기 시작했다. 전세가율뿐만 아니라 입주 물량 추이, 미분양 추이, 3개의 저평가 인덱스 모두 같이 확인해봤더라면 2019년 말에서 2020년 초는 전북 부동산의 매수 적기였다는 것을 판단할 수 있었을 것이다. 2020년 12월부터 전세가율은 감소하고 있고 매매가격은 이미 대세 상승을 시작하여 최고의 매수 적기는 아니나 입주 물량과 미분양 물량이 감소하고 있어 아직 부동산 시장에 긍정적인 요인들이 나타나고 있다. 실수요자가 내 집 마련을 계획하고 있다면 계획을 실행에 옮기기 위해 거주할 지역을 자세히 살펴볼 필요가 있다.

16) 충남: 양호/전세가율 78.3%(전세가율 평균 71.8% 대비 6.5% 높음)

충남의 전세가율은 2009년부터 2021년 1월까지 장기간 증가해왔

충남 전세가율 추이(기간: 2009년 1월~2021년 11월)

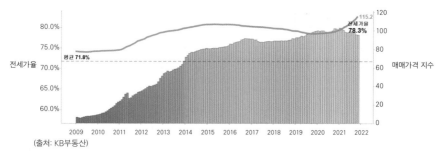

(출처: KB부동산)

다. 하지만 자세히 살펴보면 2011년 5월 전세가율 64.1%에서 한 달 사이 1.3% 일시적 감소가 있었다. 이때 매매가격이 상승하기 시작한 초입으로 2010년 중순에서 2012년 중순 사이가 매수 적기였다는 것을 볼 수 있다(당시 입주 물량과 미분양 물량이 감소하고 있었고 저평가 인덱스뿐만 아니라 다른 빅데이터들도 매매가격의 상승 흐름에 긍정적 요인들이 많았기 때문에 종합적으로 결론을 내리면 확실히 매수 적기라 판단할 수 있었을 것이다). 충남은 2011년 2월부터 2015년 5월까지 비교적 장기간 매매가격이 상승하였는데 2016~2018년 충남 역대 가장 많은 입주 물량이 공급되며 전세가율이 높음에도 매매가격과 전세가격은 2015년 5월부터 2019년 10월까지 약 4년간 하락했다.

충남의 전세가율은 2021년 1월 79.9%가 역대 가장 높았으며 그 이후부터 2021년 11월 78.3%까지 1.6%가 감소하고 있는데 감소 추이가 심하지 않으므로 실수요자라면 아직 매수할 기회가 있다고 볼 수 있다. 단, 충남은 2022년부터 입주 물량이 다시 증가하기 시작하여 2023년의 입주 물량은 과거 2016~2018년과 유사한 수준으로 공급되기 때문에 시·군·구별 입주 및 미분양 물량의 추이를 자세히 확인할 필요가 있다.

17) 충북: 보통/전세가율 75.9%(전세가율 평균 72.8% 대비 3.1% 높음)

충북 전세가율 추이(기간: 2009년 1월~2021년 11월)

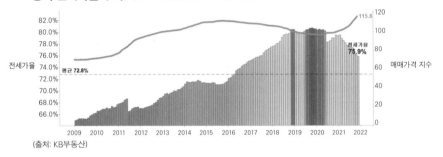

(출처: KB부동산)

충북은 과거 2011년 5월 전세가율이 68.7%였는데 한 달 사이 2.2%가 감소하였다. 이 시기를 기준으로 2010년 충북 부동산은 매수에 가장 적기였으며 2012년에 매수를 하였더라도 2015년까지 매매가격이 상승하였기에 대세 상승장에 올라탔을 것이다. 충북 역시 2013년부터 입주 물량의 증가 폭이 커지며 2016년을 기점으로 매매·전세가격이 하락하였으며 2018년에 충북 역사상 가장 많은 입주 물량이 공급된 뒤 2022년까지 단계적으로 입주 물량이 감소하고 있는데 전세가율은 2019년 10월 80.7%까지 증가하며 역대 가장 높은 수준을 유지하다가 2020년 6월부터 매매가격이 본격적으로 상승하면서 전세가율이 감소하고 있다.

2019년 10월을 기준으로 보면 2년간 전세가율이 대세 감소 중에 있으므로 충북 부동산 시장이 2022년에도 상승 흐름을 지속한다면 부동산 시장의 상승 흐름만 보고 투자를 결정하기보단 장기적인 관점에서 부동산 시장의 침체 위험을 염두에 두고 더욱 보수적으로 접근하자. 실수요자 역시 충북에서 내 집 마련의 계획이 있다면 일자리 환경의 개선이 주변에서 이뤄지고 있는지 확인해보고 준신축 아파트의 급매물이나 시세보다 낮은 매물을 찾아보며 최대한 위험을 줄일 수 있도록 발품을 많이 팔아보길 바란다.

 이상 전국 시도별 전세가율 추이에 대해 살펴보았다. 전세가율 추이를 과거부터 현재까지 살펴보며 입주 물량과 같은 다른 변수 때문에 전세가율 추이가 양호함에도 매매가격이 하락하기도 하고 반대로 입주 물량이 너무 없어 전세가율의 추이가 낮아짐에도 매매가격이 더 상승하는 패턴도 있다는 것을 확인할 수 있었다. 따라서 전세가율이 높다고 섣불리 투자를 판단하는 것은 위험할 수 있다. 다만, 4~5년 장기간 전세가율이 감소하고 있다면 부동산 시장 침체의 위험 신호를 보내고 있다는 것으로 주의할 필요가 있다는 것을 알 수 있었을 것이다. 전세가율이 증가하다 감소하는 시점에서 보편적으로 1년 전 또는 1년 후가 매수 적기라는 것을 명심할 필요가 있다. 특히 전세가율이 감소하는 시점에서 보합세를 유지하던 매매가격이 상승할 때 최고의 매수 기회라는 것을 이해했을 것이라 믿는다.

2022년 안정적으로 상승할 지역을 미리 알려주는 매매·전세 수급 데이터를 보라

이번 장은 매매와 전세의 수급 데이터를 다루고자 한다. 부동산 시장의 흐름을 파악하여 시도별로 사람들이 얼마나 매도와 매수세가 강한지 확인하는 지표로 매매·전세 수급 데이터를 활용하면 2022년의 부동산 시장이 좋아질지, 나빠질지 빠르게 확인할 수 있다. 매도세보다 매수세가 강한 상황이면 가격이 오를 것이고 반대의 경우라면 가격이 하락할 가능성이 매우 크다. 또한 전세 수급 데이터를 활용하여 전세 수요가 얼마나 많고 적은지를 확인하면 해당 지역의 전세가격이 상승할지 하락할지 쉽게 예상할 수 있다.

매매·전세 수급 데이터의 범위는 0~200이며 지수가 높을수록 매수세와 전세 수요가 강하다는 것을 의미한다. 특히 매매 수급 데이터는 100을 넘으면 그 지역의 매수세가 상당히 강하다는 것이다. 실제 매수 우위 지수가 100을 넘기는 경우는 많지 않다. 그래서 매매 수급 데이터가 100이 넘어갔을 때를 기준으로 매매 기회를 잡기보다 매매

수급의 추이를 확인하여 적절한 매매 타이밍을 판단할 필요가 있다. 예를 들어 2021년 서울 부동산 시장의 하반기에는 '신고가(해당 아파트의 가장 최고 가격)'가 많이 나왔는데 당시 매매 수급은 이미 감소하고 있었다. 신고가가 자주 출몰하던 시기에서 한 달이 지난 후부터 거래는 되지 않고 매매 물량은 증가했기에 매매 수급 동향만 잘 파악했더라도 뒤늦게 매수하는 일은 없었을 것이다(부동산 실거래 신고가 매매 계약이 체결된 후 거래 신고가 30일 이내라는 것을 고려한다면 신고가가 나올 때는 이미 늦었을 수도 있다. 미리 수급 데이터를 활용하여 매도와 매수 적기를 빠르게 판단한 것이 중요하다). 이런 매매 수급 데이터를 잘 활용하면 '단기 매매 타이밍'을 잡는 데 매우 유용하니 꼭 확인하길 바란다.

전세 수급 데이터는 일부 지역에서 100을 넘는 경우가 빈번한데 단순히 전세 수급이 무조건 좋다고 하여 "전세가격이 뒷받침되니 무조건 매매가격이 상승한다."라고 판단하기보다 "전세가격이 강세로 이어질 가능성이 크고 전세가격이 받쳐주니 매매가격이 강세로 이어질 가능성이 더 크다."라고 유연하게 접근하도록 한다. 전세가격과 수급이 높다고 해서 매매가격이 무조건 강세로 이어지는 것은 아니다. 부동산 시장이 침체기로 진입하여 매매가격이 하락하는 시기에는 전세 수요가 강해지므로 전세 수급이 높아질 수 있기 때문이다. 다만, 전세 수급이 낮아지면 전세 수요보다 공급이 더 많아진다는 의미로 전세가격이 하락으로 이어지고 이와 동반하여 매매가격의 상승이 저하되거나 보합 또는 하락으로 이어질 가능성이 크다.

전세 수급 데이터 역시 잘 활용할 필요가 있다. 보통 신도시와 같이 입주 물량이 급증하는 경우 입주 시기(입주장)에 전세 물량이 급격히 증가하기 때문에 전세 수급이 상당히 감소하고 전세가격이 낮으니 매매가격의 상승이 멈추거나 보합 또는 약상승 수준에 맴도는 경우가 많다. 비단 신도시뿐만 아니라 특정 지역의 입주 물량이 역사상 지속해서 많은 경우 전세 공급 역시 단기적이 아니라 지속해서 많으므로 전세 수급이 낮아질 수밖에 없고 임대인은 전세입자를 구하기 어려운 상황이 발생하니 투자 수요 역시 줄어들며 매매가격 하락이 동시에 나타난다. 특히 입주 물량이 많은 지역의 인근 지역들이 낙후되어 있거나 매매·전세가격 등이 인근 지역보다 낮아 주변에서 입주 물량이 많은 지역으로 넘어올 경우가 아니라면 부동산 시장이 침체할 것은 불 보듯 뻔한 일이 될 수 있다.

부동산 투자는 더 보수적으로 접근할 필요가 있다(참고로 인천은 입주 물량이 2022년부터 증가하는데 이미 전세가격이나 매매가격이 많이 상승하여 실수요자 관점에서 판단 시 경기도나 서울의 전세가격과 유사한 경우 굳이 인천을 선택할 필요가 없다. 인천에서도 거주환경이 가장 좋은 지역들은 서울이나 경기도 신축 아파트와 유사한 매매가격과 전세가격을 이미 형성하고 있어 지속해서 서울과 경기도 인구의 수요가 받쳐줄 것으로 판단하는 것은 자칫 위험한 생각일 수 있다). 전세 수급이 100 이하로 감소하고 있는데 입주 물량이 증가하는 지역은 전세가격 하락과 함께 매매가격 하락이 나타날 수 있다. 전세 수급 데이터를 활용하여 미리 매매 적기를 확인할 필요가 있다.

자, 이제 매매·전세 수급 데이터를 본격적으로 확인해보도록 하겠다. 우선, 전국의 매매·전세 수급을 한눈에 파악할 수 있는 차트를 확인한다. 가로축(X축)은 매매 수급이고 세로축(Y축)은 전세 수급이다. 가로축에서 오른쪽에 있는 지역일수록 매수세가 강한 지역이고 왼쪽에 있는 지역일수록 매도세가 강한 지역이다. 마찬가지로 세로축에서

매매·전세 수급 데이터(2021년 12월 13일~2021년 12월 20일)

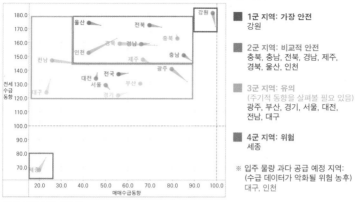

■ 1군 지역: 가장 안전
강원

■ 2군 지역: 비교적 안전
충북, 충남, 전북, 경남, 제주,
경북, 울산, 인천

■ 3군 지역: 유의
(주기적 동향을 살펴볼 필요 있음)
광주, 부산, 경기, 서울, 대전,
전남, 대구

■ 4군 지역: 위험
세종

※ 입주 물량 과다 공급 예정 지역:
(수급 데이터가 악화될 위험 농후)
대구, 인천

(출처: 리치고·KB부동산)

위에 있을수록 전세 수급이 높고 아래에 있을수록 전세 수급이 낮다. 100 이상일수록 전세 공급보다는 전세 수요가 많다는 것을 의미하는데 세종을 제외하면 대체로 100 이상에 있음을 볼 수 있다(다만, 『빅데이터 부동산 투자 2021 대전망』에서는 전세 수급이 대부분 170 이상에 있었는데 1년 후를 확인하면 강원, 울산, 전북을 제외하고 전세 수급은 전국적으로 감소한 상황으로 전세 수요가 대부분 낮아졌다는 것을 느낄 수 있다). 반대로 매매 수급은 전국 모든 지역이 100 이하로 매매 수요보다 매매 공급이 많은 상황이다. 위 차트는 2021년 12월 20일 기준이며 1주일간의 수급 흐름을 보여준다.

2021년 9월 말 대출 규제가 실행되며 매매 수요가 전반적으로 감소하고 매매 물량이 증가하며 매매 수급 현황 역시 보편적으로 공급이 더 많다는 것을 연관 지어 확인할 수 있다. 위 차트로 확인 시 상대적으로 매수세가 가장 높은 지역은 강원〉충남〉충북〉광주며 매도세가 가장 높은 지역은 세종〉대구〉전남이다. 전세 수요가 많은 지역을 확인해보면 역시 강원〉울산〉전북이다. 상대적으로 전세 공급이 많은 지역은 세종〉경기〉대구다. 이 매매·전세 수급 데이터를 전국 단위로 확인 시 세종은 다른 지역 대비하여 확연히 매매·전세 수급이 좋지 않아 현재 부동산 시장이 침체 국면에 있다는 것을 바로 확인할 수 있다.

대구는 비록 전세 수급이 100 이상에 있으나 세종과 같이 전세 수급이 1주일 전 대비 낮아졌고 매매 수급은 매우 좋지 않다. 대구 부동산 시장의 침체 가능성이 매우 농후하다고 볼 수 있다. 반면 매매·전세 수급 데이터가 가장 좋은 지역은 '강원도'로 비록 전국이 매매 수요가 감소하고 있으나 전세 수요가 증가하고 매수세도 약간 감소한 상황이다. 강원도는 2022년에도 매매가격 상승으로 이어질 가능성이 매우 크다고 볼 수 있다.

1) 서울: 매매수급-매도세 강세/전세수급 – 전세 수요 강세(단, 감소 중)

2021년 서울의 매수세(빨간색 선)는 1월 11일 114를 기점으로 4월 5일 75까지 줄곧 감소하였으나 8월 23일 112까지 다시 큰 폭으로 증가하여 매도세(파란색 선)보다 매수세가 더 높은 상황이었다. 2021년 8월 23일 이후부터 매수세는 감소하고 매도세는 증가하고 있는데 2018년 12월부터 2019년 5월까지 상황과 비슷하다. 2014년부터 매매 수급 데이터의 추이를 확인하면 매년 매매 수급이 강해지는 시기가 반복되는 것을 볼 수 있다. 2016년 전까지는 매매 수급 데이터가 100 이상으로 진입한 적이 없다(막대그래프가 빨간색으로 들어올 때부터 100 이상을 넘어간다). 즉 2016년부터 5년간 주기적으로 매수세가 상당히 강했다는 것이다. 이 매매 수급 데이터가 매매가격 상승과도 관련이 있다고 볼 수 있다. 앞으로 2022년에도 2018년 말에서 2019년

서울 매매수급 동향(기간: 2014년 1월~2021년 12월)

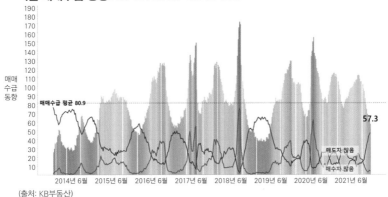

(출처: KB부동산)

서울 전세수급 동향(기간: 2014년 1월~2021년 12월)

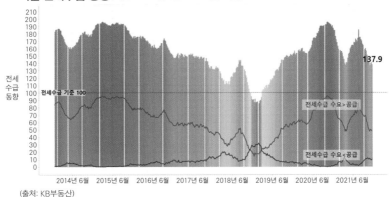

(출처: KB부동산)

중순과 유사한 상황으로 진입할지, 다시 한번 시기적으로 증가하는 매매 수급이 100 이상의 강세를 보일 수 있을지 확인할 필요가 있다. 하지만 5년이란 장기간 이어진 매매 수급 100 이상의 릴레이가 지속될 수 없다는 것은 2014~2015년을 보더라도 알 수 있으므로 주의해야 할 시점에 와 있다는 것을 유념하자.

전세 수급 데이터는 2021년 4월 5일 137을 기점으로 8월 2일 185까지 전세 수요가 강세였으나 8월 이후부터 12월 6일 137.9까지 전세

수요가 감소세에 있다. 전세 수급 데이터가 100 이상을 넘어가고 있어 공급보다 수요가 더 높다고 할 수 있다. 앞으로도 서울의 공급 물량이 부족한 것은 사실이기에 수요가 공급보다 지속해서 더 높을 수 있으나 2010~2013년 역시 전세 수급이 매우 높고 입주 물량도 상대적으로 적은 시기였는데 매매가격은 하락세에 있었으므로 전세 수급 외적으로 매매가격에 강한 영향을 미치는 요소들이 있다는 것을 파악할 필요가 있다.

물론 필자 역시도 전세자금대출은 DSR 규제를 받지 않고 공급 물량의 부족과 임대차 3법이 시행된 후 2년이 되는 시점 등의 사유로 전세 수요가 다시금 좋아질 수도 있다는 가정에 동의한다. 다만, 2022년 서울 부동산은 그 어느 때보다 가장 신중하게 접근해야 하는 시기에 들어섰다. 전세 수급이 다시금 좋아져 전세가격이 상승하고 매매가격이 무조건 동반 상승한다는 생각에서 벗어나 과거와 같이 전세가격은 상승하나 매매가격은 하락할 수도 있으므로 부동산 시장에 미치는 다른 빅데이터들을 종합하여 분석해보길 바란다.

2) 경기: 매매수급-매도세 강세/전세수급 – 전세 수요 강세(단, 감소 중)

『빅데이터 부동산 투자 2021 대전망』에서 경기도의 수급 동향에 관해 기술한 것과 같이 2021년은 서울보다 저렴한 경기도권 위주로 매수세가 몰렸다. 책을 읽고 경기도권 내 저평가 지역 부동산을 매수한 독자라면 좋은 결실을 이루었을 것이다. 2021년 서울 수급 동향과 비교하더라도 경기도권의 매수세가 상당히 강세였던 것을 확인할 수 있다. 그런데 2021년 8월 16일 131을 기점으로 경기도의 매매 수급이 큰 폭으로 감소 중이다. 전세 수급 역시 2021년 8월 16일 177을 기점

경기 매매수급 동향(기간: 2014년 1월~2021년 12월)

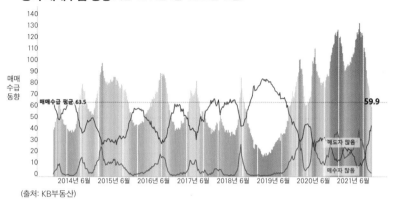

(출처: KB부동산)

경기 전세수급 동향(기간: 2014년 1월~2021년 12월)

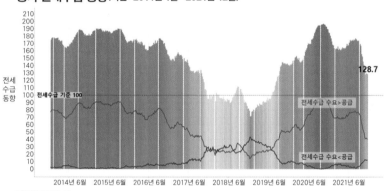

(출처: KB부동산)

으로 감소하고 있어 서울 부동산과 유사한 상황에 있다. 경기도권은 2020~2021년의 짧은 기간 동안 이미 서울 아파트 가격과 유사한 수준까지 상승하거나 가격이 더 높은 지역들이 많아졌다는 것을 고려한다면 2022년에 서울 부동산 시장에 변곡점이 시작되는 경우 경기도권 일부 지역은 서울과 유사한 상황이 벌어질 가능성이 상당히 크다.

물론 경기도권 역시도 입주 물량이 가장 많았던 2017~2019년만큼의 입주 물량이 공급되는 것은 아니므로 전세 수급 역시 다시금 증가하고 매매 수급 역시 시기적으로 다시 증가할 수는 있다. 그러나 비단 시기적으로 매매 수급이 꼭 좋다고 하여 매매가격이 큰 폭으로 상승하진 않았다는 것을 경기도의 매매 시세 추이를 통해 비교해보면 알 수 있을 것이다. 다시금 말하지만 매매·전세 수급을 확인하면 매매 타이밍을 확인하는 데 비교적 적합하고 가격이 상승할 가능성이 크다는 것 정도로 참고하길 바란다. 2021년 12월을 기준으로 경기도권 역시 서울과 마찬가지로 매매·전세 수급 데이터의 추이가 모두 감소하고 있고 경기도권 매매가격이 이미 2020~2021년에 많이 상승하였다. 경기도가 광범위하고 지역별 편차는 분명히 있지만 경기도 역시 부동산 투자는 작년보다 더욱 신중하게 판단하길 바란다.

3) 인천: 매매수급-매도세 강세/전세수급 – 전세 수요 강세(단, 감소 중)

인천의 매매 수급 데이터를 확인하면 2021년 8월 23일 133에서부터 눈에 띌 정도로 매도세가 급격히 증가하고 있는데 매매 물량 역시 2021년 12월까지 증가하는 것을 확인하면 서울 또는 경기도와 비교하여 매수 수요가 더욱 부족한 지역이라는 것을 생각할 수 있다.

전세 수급 데이터는 160.3으로 매우 높은 수치를 기록하고 있어 그만큼 전세 수요가 공급보다 많다는 것을 의미한다. 하지만 2021년 8월 2일 194에서부터 감소하고 있어 점점 전세 수요가 줄어들고 있다. 2022년의 입주 물량은 3만 2,426세대인데 전년도 입주 물량 1만 5,769세대 대비 1만 6,657세대가 더 증가하는 셈이며 과거 가장 입주 물량이 많았던 2007년도 2만 9,519세대보다도 많은 물량이고 2023년은 2022년보다 더 많은 입주 물량이 공급되기 때문에 전세 수급 데이터는 지속해서 감소할 수 있다. 인천의 입주 물량 집중포화

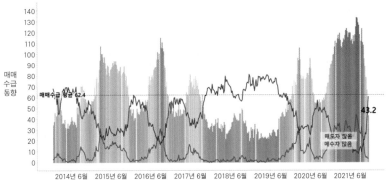

인천 매매수급 동향(기간: 2014년 1월~2021년 12월)

매매수급 동향

매매수급 평균 62.4

43.2

매도자 많음
매수자 많음

2014년 6월 2015년 6월 2016년 6월 2017년 6월 2018년 6월 2019년 6월 2020년 6월 2021년 6월

(출처: KB부동산)

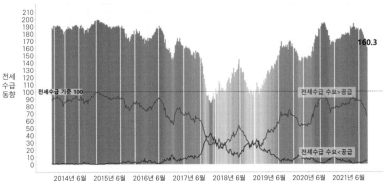

인천 전세수급 동향(기간: 2014년 1월~2021년 12월)

전세수급 동향

전세수급 기준 100

160.3

전세수급 수요>공급

전세수급 수요<공급

2014년 6월 2015년 6월 2016년 6월 2017년 6월 2018년 6월 2019년 6월 2020년 6월 2021년 6월

(출처: KB부동산)

로 매매 수급 역시 더욱 악화될 가능성이 크기에 2021년 말 청약 경
쟁률이 평균 43.5:1로 매우 높았을지라도 2022년부터는 부동산 투
자에 주의가 필요한 지역이라 판단된다(청약 경쟁률이 높았던 것은 2021
년 12월까지 분양 시 중도금 대출에서 전환되는 신규 잔금 대출에 대한 DSR
규제를 피할 수 있었기 때문이다. 2022년부터는 청약 경쟁률 역시 지속해서 높
게 형성될지 지켜봐야 할 것이다).

4) 광주: 매매수급-매도세 강세(단, 평균 이상)/전세수급 – 전세 수요 강

세(단, 감소 중)

광주 매매수급 동향(기간: 2014년 1월~2021년 12월)

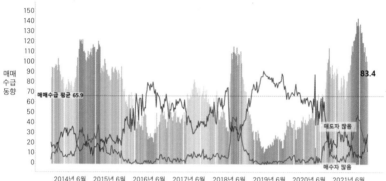

(출처: KB부동산)

광주 전세수급 동향(기간: 2014년 1월~2021년 12월)

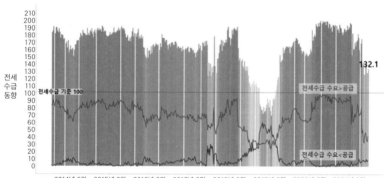

(출처: KB부동산)

　　광주의 매매 수급 평균은 65.9로 2020년 11월 9일 73을 넘어선 이후로 2021년 12월까지 평균 이상 매매 수급을 유지하고 있다. 『빅데이터 부동산 투자 2021 대전망』에서 매수세에 불이 붙기 시작했다고 기술했는데 2020년 11~12월과 2021년 7~11월은 매매 수급이 100을 넘어서며 광주 부동산 시장이 2018년 이후 2~3년 만에 광풍이 붙었다고 봐도 과언이 아니다. 매매 수급 데이터를 보면 2021년 9월 141을 기점으로 12월 83.4까지 감소하고 있는데 2021년 11월부터 매수세보다 매도세가 더 강해진 상황으로 대세 상승장 이후 부동산 시장이 침체기로 진입할 가능성도 있기에 주의해야 한다.

전세 수급 데이터는 2021년 10월 4일 173에서 10월 25일 125까지 한 달도 채 되지 않은 기간 동안 빠르게 감소한 후 2개월간 전세 수급을 유지하고 있다. 2021년 입주 물량 5,237세대 대비 2022년 1만 3,218세대가 공급 예정으로 7,981세대가 더 증가할 예정이나 공급 폭탄이라고 볼 수준은 아니기에 2022년 전세 수급 데이터는 다시금 증가할 수 있을 것으로 판단된다.

5) 대구: 매매수급-매도세 매우 강세/전세수급 – 전세 수요 강세(단, 감소 중)

대구는 매매 수급 데이터 평균이 54.2로 줄곧 낮은 수준을 유지했다. 그런데 2020년 10월 26일부터 12월 28일 사이 2개월간 100 이상을 유지하며 2015년 이후 5년 만에 뜨거웠다. 대구의 매매 수급 데이터는 2021년 1월부터 감소하고 있는데 마치 2015년 7월 13일 112를 기점으로 2016년 2월 22일 7까지 감소하던 시기와 매우 유사한 감소 추이를 보인다. 대구의 2022년 입주 물량은 1만 9,261세대로 전년도 1만 6,958세대 대비 2,303세대가 더 많이 공급되기에 과거 2015~2016년과 유사한 상황이라 볼 수 있다. 2023~2024년은 대구 역대 가장 많은 입주 물량이 공급될 예정이어서 매매 수급 데이터가 시기적으로 약증가할 수는 있으나 대세 감소를 지속할 가능성이 더욱 큰 상황이다.

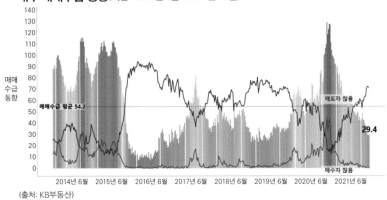

대구 매매수급 동향(기간: 2014년 1월~2021년 12월)

매매수급 평균 54.2

매도자 많음

29.4

매수자 많음

(출처: KB부동산)

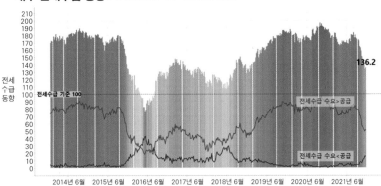

대구 전세수급 동향(기간: 2014년 1월~2021년 12월)

전세수급 기준 100

전세수급 수요>공급

136.2

전세수급 수요<공급

(출처: KB부동산)

그나마 전세 수급 데이터가 2019년 7월 이후부터 170에서 최대 197까지 유지하며 전세 수요는 2년간 공급 대비 상당히 많았는데 2021년 8월 16일 184를 기점으로 12월 6일 136까지 급격히 감소하고 있다. 입주 물량이 2021년 대비 더 증가 예정이므로 전세 수급 데이터의 추이 역시 부동산 시장이 침체하는 방향으로 가는 것으로 판단된다.

6) 대전: 매매수급-매도세 강세/전세수급 - 전세 수요 강세(단, 감소 중)

대전 매매수급 동향(기간: 2014년 1월~2021년 12월)

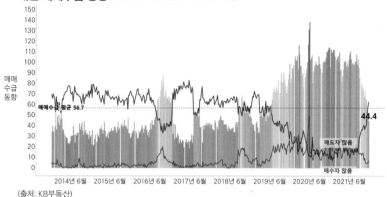

(출처: KB부동산)

대전 전세수급 동향(기간: 2014년 1월~2021년 12월)

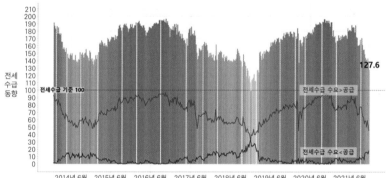

(출처: KB부동산)

대전 매매 수급 데이터는 2019년 7월 이후 2년 넘게 평균 56.7 이상을 유지하며 2009~2011년과 매우 유사한 수준을 유지했다. 그리고 2021년 11월 22일부터 평균 이하로 매매 수급 데이터가 낮아지며 매도세(파란색 선)가 상당히 강해지고 있다. 2021년 11~12월은 과거 대전 부동산 시장이 침체했던 시장 상황과 유사한 수준에 왔다고 볼 수 있다. 약 2년간 뜨거웠던 대전의 부동산 시장은 매매가격 상승

피로도에 의해 그 어느 때보다 주택구매력지수가 낮아 실거주자들이 주택을 매수하는 데 부담이 가중된 상황이다. 3개의 저평가 인덱스가 역사상 최고 고평가에 와 있다는 것과 전세가율 추이가 3년간 감소 중인 것을 미뤄볼 때 매매 수급 데이터가 다시 2019년 7월 이후와 같이 100 이상으로 증가하며 매수세가 뜨거워질 가능성은 다소 낮다고 판단된다.

대전의 전세 수급 데이터는 2021년 8월 2일 188로 공급보다 수요가 매우 많았으나 약 4개월 사이 127.6까지 감소하였다. 아직 공급보단 수요가 높다고 할 수 있고 공급 물량이 세종 신도시를 포함하여도 많이 공급되는 것은 아니기에 다시금 전세 수급 데이터가 증가할 가능성이 더 크다. 하지만 2021년 말부터 전세 수급 데이터가 대세 감소 추이를 보여 2018년 11월부터 2019년 2월까지와 유사하게 감소할 가능성도 있으므로 지속해서 수급 데이터 동향을 살펴볼 필요가 있다.

7) 부산: 매매수급-매도세 강세(단, 평균 이상)/전세수급 - 전세 수요 강세(단, 감소 중)

부산은 2021년 8월을 기점으로 가장 뜨거웠던 부동산 시장의 흐름이 이제는 지나가고 있는 것으로 확인된다. 2021년 8월 16일 매매 수급 데이터는 104까지 증가하며 2020년 11월 이후 매도세보다 매수세가 더 강해졌으나 2021년 8월 16일 이후부터 매수세는 감소하고 매도세는 증가하고 있다. 2022년에는 입주 물량 역시 증가하며 주택구매력지수가 과거 부산 부동산 시장이 침체했던 시기와 유사한 수준으로 매우 좋지 않고 전세가율 추이도 2년간 급격히 감소하였다.

부산 매매수급 동향(기간: 2014년 1월~2021년 12월)

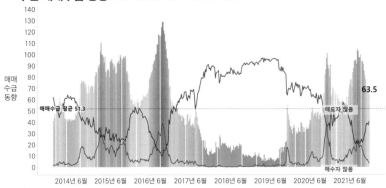

(출처: KB부동산)

부산 전세수급 동향(기간: 2014년 1월~2021년 12월)

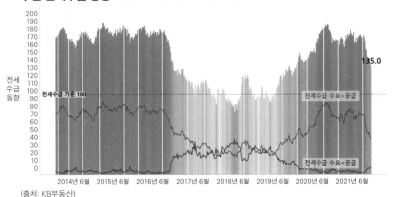

(출처: KB부동산)

시기적으로 매매 수급이 증가할 수는 있으나 다시금 매우 높은 수준
으로 증가하기는 다소 어렵다고 판단된다.

전세 수급 데이터는 2021년 9월 27일 173을 기점으로 약 3개월간
급격히 감소하고 있다. 하지만 여전히 전세 공급보다 수요가 더 높으며
재개발 진행에 따른 수요가 다시금 증가할 수 있을 것으로 판단된다.

8) 울산: 매매수급-매도세 강세/전세수급 - 전세 수요 강세(단, 약 감소 중)

울산 매매수급 동향(기간: 2014년 1월~2021년 12월)

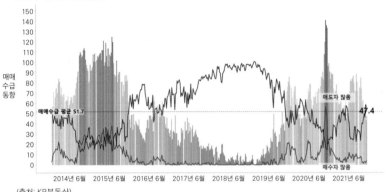

(출처: KB부동산)

울산 전세수급 동향(기간: 2014년 1월~2021년 12월)

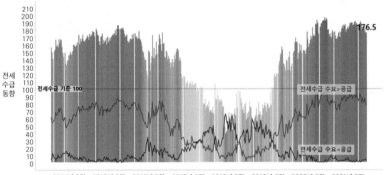

(출처: KB부동산)

울산은 일자리 환경 개선과 같은 다른 요소 역시 중요하나 매매 수급 데이터의 1~2년간 동향을 확인 시 2020년 11월 23일 140까지 매수세가 증가한 이후 2021년 6월 7일 49까지 감소하였다가 8월 30일 88까지 증가하였으나 다시금 감소하여 12월 6일 평균 51.7 이하인 상황이다. 이미 수급 데이터의 추이상 대세 상승장을 지나오는 상황으로 판단되어 주의가 요구된다. 입주 및 미분양 물량이 감소하고 전세가율이 증가하고 있어 매매가격 상승에 긍정적인 요소들도 나타나고 있지만 매매 수급 데이터로 판단 시 2020년 11월과 같이 강한 매수세가 이루어지긴 어려울 것으로 보이며 다른 변수에 따라 울산 부동산 시장이 활황을 띌 수 있을지 점진적으로 침체기로 진입할지 지켜볼 필요가 있다. 하지만 울산에 내 집 마련을 계획 중인 분들이라면 2022년은 신중하게 접근할 필요가 있을 것이다.

전세 수급 데이터는 앞서 살펴본 지역들과 다르게 급격히 감소하고 있진 않다. 수급 데이터는 최대 200이 기준이므로 2021년 10월 11일 192에서 12월 6일 176.5까지 감소한 것은 여전히 공급보다 수요가 매우 높다는 것을 의미한다. 특히 울산의 2022년 입주 물량은 3,128 세대로 매우 적은 물량이 공급되기 때문에 전세 수급 데이터는 입주 물량이 매우 많았던 2017년 9월에서 2019년 7월 수준까지 감소하긴 어려우며 전세 수요는 지속해서 높게 나타날 것으로 판단된다.

9) 세종: 매매수급-매도세 매우 강세/전세수급 – 전세 공급 강세

세종의 물가 대비 저평가 인덱스나 주택구매력지수에서 확인했듯 세종은 2012년에 출범한 이후 부동산 관련 데이터가 다른 지역 대비 다소 부족하다. 세종의 2018년 8월에서 2020년 1월까지 매매 및 전세 수급 데이터(막대그래프)가 없으니 참고하여 분석해보자. 세종의 매매 수급 데이터는 2016년부터 100 이상을 넘어서기 시작하였는데 2019년 데이터가 없는 것을 제외한다면 2020년까지 꾸준히 주기적으로 100 이상을 넘는 시기가 있었다. 2020년 12월 28일 112를 기점으로 하여 매매 수급 데이터가 감소하고 있는데 2021년 11월 29일은 0으로 매수세가 없이 순수하게 매도세만 매우 강하게 나타났다.

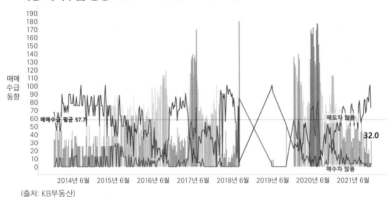

세종 매매수급 동향(기간: 2014년 1월~2021년 12월)

매매수급 평균 57.7

32.0

매도자 많음

매수자 많음

(출처: KB부동산)

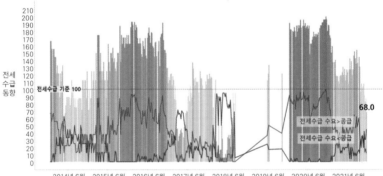

세종 전세수급 동향(기간: 2014년 1월~2021년 12월)

전세수급 기준 100

68.0

전세수급 수요>공급

전세수급 수요<공급

(출처: KB부동산)

2021년 12월 6일은 32.0으로 약간 증가했으나 과거 2014~2015년
과 매우 유사한 상황이라 볼 수 있다. 세종 신도시 역시 일자리 관련
변수가 있어 매매 수급 데이터의 추이 여부로만 세종 부동산 시장을
판단하긴 다소 어렵다. 하지만 매매 수급 데이터로 세종 부동산 시장
을 분석 시 세종의 부동산 시장은 침체기로 진입했다고 판단된다.

전세 수급 데이터 역시 매매 수급 데이터와 마찬가지로 감소세에
있는데 2021년 9월 6일 154에서 12월 6일 68까지 급격히 감소하여

전세 수요보다 공급이 더 많지만 2022년부터 세종의 입주 물량이 감소하기 때문에 전세 수급 데이터는 증가할 가능성이 크다.

10) 제주: 매매수급-매도세 강세(단, 평균 이상)/전세수급 – 전세 수요 강세

제주 매매수급 동향(기간: 2014년 1월~2021년 12월)

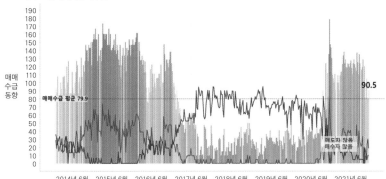

(출처: KB부동산)

제주 전세수급 동향(기간: 2014년 1월~2021년 12월)

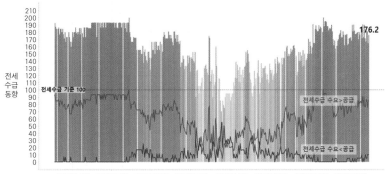

(출처: KB부동산)

제주 부동산 시장은 2021년 한 해 매우 뜨거웠는데 매매 수급 데이터에도 잘 나타나고 있다. 2020년 10월 5일 90까지 증가한 매매 수급 데이터는 12월 7일 179까지 증가하며 매수세가 강해졌으며 2020

년 12월 이후에도 약 1년간 매매 수급 평균 79.9 이상을 유지하다가 1년 만에 매도자 우위 시장으로 바뀌었다. 비록 2021년 8월 16일 137에서 12월 6일 90.5까지 4개월간 매매 수급 데이터가 감소 추이에 있고 매수자 우위 시장으로 돌아왔지만 아직 매매 수급 평균 이상을 유지하고 있다. 따라서 다른 빅데이터를 활용하여 2022년에도 부동산 시장의 흐름이 활황을 유지할 수 있을지 지켜볼 필요가 있다.

반면 전세 수급 데이터는 170 이상을 유지하고 있어 제주 부동산 전세 시장은 공급보다 수요가 매우 강한 상황인데 입주 물량이 매우 부족하고 미분양 물량 역시 감소하고 있어 전세 수급 데이터는 지속하여 높은 상황을 유지할 것으로 판단된다.

11) 강원: 매매수급-매수세 강세/전세수급 – 전세 수요 강세

강원도의 매매 수급 데이터는 2020년 7월 6일부터 평균 69.8 이상으로 높아지며 부동산 시장이 활황으로 진입하기 시작하였다. 특히 2021년 6월부터 매도자 우위 시장으로 매수세가 매우 강했다. 2021년 9월 27일 매매 수급 데이터가 136까지 증가한 후 12월 6일 114까지 감소한 상황이나 여전히 매도자 우위 시장으로 매수자가 더 많은 상황(빨간색 선)이며 입주 및 미분양 물량이 감소하는 상황으로 볼 때 2022년 역시 부동산 시장이 활황을 유지할 가능성이 크다.

전세 수급 데이터 역시 2021년 8월 16일 189에서 11월 15일 164까지 약 감소하였지만 12월 6일 175.2까지 한 달간 다시 증가하고 있다. 전세 수급 데이터가 100 이상 높은 수준 내에서 감소와 증가를 반복하는 것이기에 입주 물량이 2021년보다 더욱 부족한 2022년에도 전세 수요는 높은 수준을 유지할 수 있을 것으로 판단된다.

강원 매매수급 동향(기간: 2014년 1월~2021년 12월)

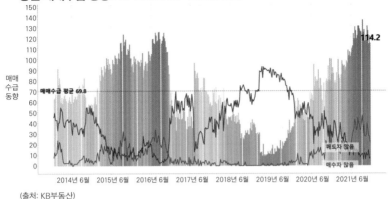

(출처: KB부동산)

강원 전세수급 동향(기간: 2014년 1월~2021년 12월)

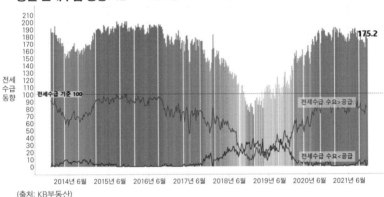

(출처: KB부동산)

12) 경남: 매매수급-매도세 강세(단, 평균 이상)/전세수급 - 전세 수요 강세(단, 약 감소 중)

경남의 2020년 하반기에서 2021년 말까지 매매 수급 데이터는 과거 대비 가장 높은 수준으로 부동산 시장의 매수세가 뜨거웠다고 볼 수 있다. 다만, 2021년 9월 27일 121을 기점으로 약 2~3개월간 빠르게 감소하고 있으며 불과 2~3개월 만에 매도자 우위 시장에서 매수

경남 매매수급 동향(기간: 2014년 1월~2021년 12월)

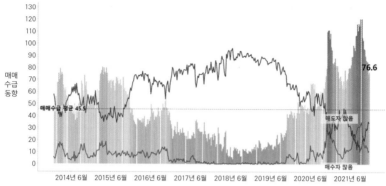

(출처: KB부동산)

경남 전세수급 동향(기간: 2014년 1월~2021년 12월)

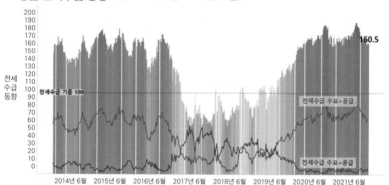

(출처: KB부동산)

자 우위 시장으로 바뀌었다. 2021년 12월까지 매매 수급 평균 45.6 이상을 유지하며 매수자보단 매도자가 더 많음에도 여전히 과거 대비 경남 부동산 시장은 열기가 뜨겁다고 할 수 있다. 비록 매매 수급 데이터의 추이는 감소하고 있으나 경남의 입주 물량이 전년도 대비 더 적고 미분양 물량도 감소하고 있다. 3가지 저평가 인덱스가 모두 저평가에 있으며 주택구매력지수가 양호한 상황이다. 경남의 부동산 시장 전망이 좋게 나타나고 있어 단순히 매매 수급 데이터의 추이를 통해 경남의 부동산 시장이 침체하고 있다고 단정 지을 수 없다.

전세 수급 데이터는 2021년 8월 16일 187까지 증가한 후 12월 6일 160.5까지 감소하였는데 2021년 1~6월 사이와 유사한 수준이며 전세 수요가 매우 높아졌다가 약간 감소한 정도다. 경남의 입주 및 미분양 물량이 감소하고 있어 공급이 전년도 대비 부족해지므로 전세 수급 데이터는 2022년에도 매우 높은 수준에 있을 것으로 판단된다.

13) 경북: 매매수급-매도세 강세(단, 평균 이상)/전세수급 – 전세 수요 강세 (증가 중)

경북은 매매 수급 데이터가 2013년 7월 이후 줄곧 100 이하를 맴돌며 증가와 감소를 반복하였고 특히 2015년 10월부터는 평균 이하로 감소하여 2020년 3월 전까지 장기간 매도세가 강했던 지역이었다. 2020년 11월 23일부터 매매 수급 데이터가 100 이상으로 증가하기 시작한 후 증가와 감소를 반복하고 있다. 2021년 9월 6일 113까지 증가하며 오래간만에 경북 부동산 시장의 매수세가 매우 뜨거웠다. 2021년 9월 6일 이후 매매 수급 데이터는 다소 감소하였으나 아직 매매 수급 평균 46.2보다 매우 높은 수준으로 부동산 시장의 열기가 가시지 않았다. 경북 역시 경남과 마찬가지로 입주 물량이 전년도 대비 더 적고 미분양 물량 역시 감소하고 있으며 다른 빅데이터들의 지표 역시 양호하여 매매 수급 데이터는 다시금 증가할 가능성이 크다고 판단된다.

전세 수급 데이터는 2021년 10월 11일 145에서 12월 6일 167까지 증가하고 있는 추이를 보여 입주 물량이 더욱 부족해지는 2022년에는 전세 수급 데이터가 지속해서 높을 것(전세 수요가 공급보다 매우

경북 매매수급 동향(기간: 2014년 1월~2021년 12월)

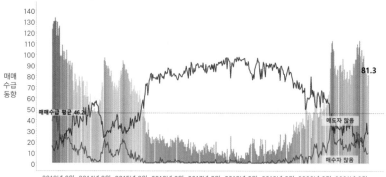

(출처: KB부동산)

경북 전세수급 동향(기간: 2014년 1월~2021년 12월)

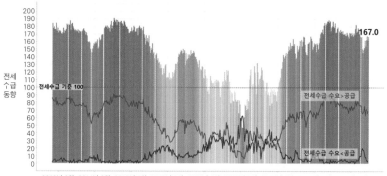

(출처: KB부동산)

높을 것)으로 판단된다.

14) 전남: 매매수급-매도세 매우 강세/전세수급 - 전세 수요 강세(단, 감소 중)

전남의 매매 수급 데이터는 2015년 10월부터 2018년 5월까지가 가장 높았다. 이 기간에 매매·전세가격이 동반 상승했다. 2018년 이후 2020년 2~3월 사이와 6월, 12월 등 간헐적으로 평균 62.8 이상을 넘

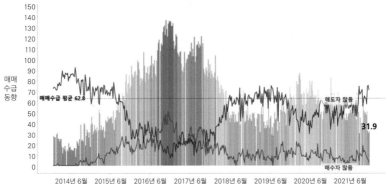

전남 매매수급 동향(기간: 2014년 1월~2021년 12월)

매매수급 평균 62.8

31.9

매도자 많음

매수자 많음

(출처: KB부동산)

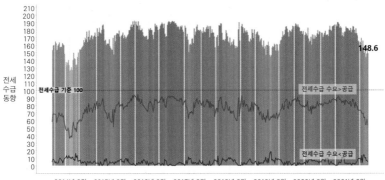

전남 전세수급 동향(기간: 2014년 1월~2021년 12월)

전세수급 기준 100

148.6

전세수급 수요＞공급

전세수급 수요＜공급

(출처: KB부동산)

어가기도 하였지만 2021년 매매 수급 데이터는 8월 중순을 제외하면 평균 이하 또는 평균 수준을 줄곧 맴돌았다. 특히 2021년 10월 11일 63에서 2개월간 31.9까지 감소하였다. 미분양 물량이 2021년 10월에 증가한 상황으로 미분양 물량이 조금 더 증가할 가능성이 농후하며 주택구매력지수가 전남 부동산 시장의 과거 침체기와 유사한 수준으로 진입하고 있어 매매 수급 데이터가 매우 높은 수준으로 증가할 수 있을 것이라 낙관적으로 전망하긴 어렵다.

전세 수급 데이터는 2021년 7월 19일 185에서 5개월간 148.6까지 감소한 상황으로 전세 수요가 다소 감소하였으나 과거부터 현재까지 다른 빅데이터들이 좋지 않았더라도 지속하여 100 이상의 높은 수준을 유지해왔기에 2022년에도 100 이상 높은 수준을 유지할 수 있을 것으로 판단된다.

15) 전북: 매매수급-매도세 강세(단, 평균 이상)/전세수급 - 전세 수요 강세(증가 중)

전북 매매 수급 데이터는 전남과 달리 2021년 12월 6일 82.5로 매매 수급 평균 46.3 이상의 높은 수준을 유지하고 있다. 비록 2021년 8월 30일 119에서 11월 8일 82까지 감소하며 2~3개월 만에 매도자 우위 시장에서 매수자 우위 시장으로 반전되었고 매매 수급 데이터 역시 내세 감소 추이로 나타나고 있어 2022년에도 100 이상의 높은 수준으로 증가할 수 있을지 지켜볼 필요가 있다. 하지만 부동산 시장에 영향을 미치는 주택구매력지수나 미분양 물량 감소 추이 등 빅데이터들의 일부 흐름이 양호하여 2022년 전북 부동산 시장은 2021년보다 매매가격 상승은 저하되더라도 시장이 활황을 유지할 가능성이 크다.

전세 수급 데이터 역시 100 이상의 높은 수준을 유지해왔고 2022년 입주 물량이 7,275세대로 전년도 대비 증가하였으나 평균 수준의 공급으로 입주 물량이 많지 않기에 2021년 11월 15일 160에서 약 한 달간 180.8까지 증가하고 있어 190 이상(전세 공급보다 수요가 절대적으로 많은 수준)으로 진입할 가능성 역시 크다.

전북 매매수급 동향(기간: 2014년 1월~2021년 12월)

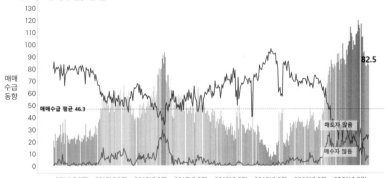

(출처: KB부동산)

전북 전세수급 동향(기간: 2014년 1월~2021년 12월)

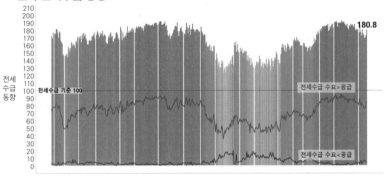

(출처: KB부동산)

16) 충남: 매매수급-매도세 강세(단, 평균 이상)/전세수급 - 전세 수요 강세(단, 감소 중)

충남은 2020년 5월 18일 매매 수급 데이터 47을 기점으로 평균 47을 꾸준히 넘어 2020년 11월 30일부터 100 이상 증가한 후 2021년 11월 15일까지 1년간 지속해서 100 이상을 유지하며 매도자 우위 시장을 유지해왔다. 조금 더 거시적으로 보면 2019년 9월 16일부

충남 매매수급 동향(기간: 2014년 1월~2021년 12월)

(출처: KB부동산)

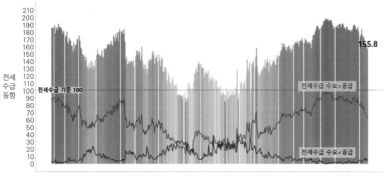

충남 전세수급 동향(기간: 2014년 1월~2021년 12월)

(출처: KB부동산)

터 매매 수급 데이터가 증가하기 시작했는데 2021년 10월 4일을 기점으로 12월 6일까지 2개월간 감소하고 있어 매매 수급 데이터가 대세 감소 중인 것으로 확인된다. 2021년 12월을 기준으로 보면 전세가율이 다른 지역보다 가장 높고 미분양 물량이 꾸준히 감소하여 2022년 역시 충남 부동산 시장은 활황을 유지할 수 있을 것으로 판단된다. 하지만 충남의 2022년 입주 물량은 1만 4,120세대로 전년도 8,659세대 대비 5,461세대가 추가로 공급되며 2023년까지 입주 물량이 더욱 증가할 예정이므로 다시금 매매 수급 데이터가 100 이상 으로 증가할 것으로 판단하기에는 다소 주의할 필요가 있다.

전세 수급 데이터 역시 2020년 11월 23일 197까지 높게 증가한 후부터 감소세에 있다. 특히 2021년 10월 11일 183에서 12월 6일 155.8까지 급격히 감소하고 있다. 여전히 전세 수요가 공급보다 매우 높은 수준에 있고 2022년 역시 공급보다 수요가 더 높게 나타날 것 으로 예상된다. 그러나 2022년부터 입주 물량이 증가하기 시작하므 로 2020년 11월 190 이상으로 증가한 것과 같이 전세 수요가 공급 보다 절대적으로 높은 상황으로 증가하긴 어려울 것으로 판단되며 지속해서 수급 동향을 확인할 필요가 있다.

17) 충북: 매매수급 - 매도세 강세로 전환(단, 평균 이상)/전세수급 - 전세 수요 강세(단, 감소 중)

충북은 2021년 2월부터 11월까지 매도자 우위 시장이었으나 12월 부터 매수세보다 매도세가 더 강세로 전환되었다. 충북의 매매 수급 데이터는 2019년 6월 17일 14부터 점진적으로 증가하여 2020년 5~6월 100 이상 매수세가 강했다. 특히 2021년 8월 23일에는 172 까지 증가하며 가장 높은 매수세를 보였다. 그 이후로 매매 수급이 감소하고 있으나 평균 53.2 이상의 높은 수준을 유지하고 있어 아직 부동산 시장의 열기가 식지 않았다.

2022년 입주 물량이 전년도 대비 더욱 감소하고 미분양 물량 역시 감소하고 있어 2022년 역시 부동산 시장의 활황이 유지될 수 있을 것으로 판단된다. 다만, 이미 충북 부동산 시장의 대세 상승장은 지 나가는 시점으로 2022년 이후까지도 고려한다면 충북 부동산 투자

충북 매매수급 동향(기간: 2014년 1월~2021년 12월)

매매수급 평균 50.7

94.8

매도자 많음
매수자 많음

(출처: KB부동산)

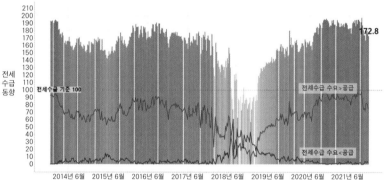

충북 전세수급 동향(기간: 2014년 1월~2021년 12월)

전세수급 기준 100

172.8

전세수급 수요>공급

전세수급 수요<공급

(출처: KB부동산)

는 주의가 필요하다. 만약 충북 부동산을 매수할 계획이 있다면 일자리 인구수의 증가, 아파트별 매물의 시세, 주변 아파트 대비 저렴한 매물인지 여부 등 더 자세히 시장을 검토할 필요가 있다.

전세 수급 데이터는 2021년 10월 4일 197을 기점으로 12월 6일 172.8까지 2개월간 약감소하였으나 여전히 전세 공급보다 수요가 매우 높은 시장이며 입주 물량이 부족하므로 2022년에도 전세 수요가 높을 것으로 판단된다.

여기까지 전국의 시도별 매매·전세 수급 데이터를 통해 2021년 12월까지의 시장 흐름을 살펴보고 2022년의 부동산 시장 흐름이 어떻게 흘러갈지 예상해보았다. 소득이나 물가 대비 저평가 인덱스로 분석 시 데이터의 편차가 커 개인에 따라 이해가 안 되는 데이터도 있었을 것이다. 이때 중요하게 살펴보아야 하는 데이터 중 하나가 바로 수급 동향 데이터인데 부동산 시장의 수요와 공급의 원리상 살 사람(매수세)은 많은데 팔 사람(매도세)이 없다면 매매가격은 당연히 오를 것이고 반대의 경우 하락할 것이다. 이 단순한 논리로 우리는 시장의 흐름을 재빠르게 파악할 수 있다. 2022년의 부동산 시장 흐름에 변수가 발생하여 수급 동향이 변칙적으로 움직일 수도 있기에 2022년에도 꾸준히 매매·전세 수급 데이터를 확인하여 매매 타이밍을 잘 잡을 수 있길 바란다(매주 유튜브 '리치고'에서 필자가 영상으로 직접 매매 수급 동향에 대해 분석하여 제공하고 있다. 또한 KB부동산에서 'KB통계'로 수급 동향에 대한 데이터를 제공하고 있다).

입주 물량 추이를 살펴보고
미리 수요와 공급 확인하라

　이번 장은 전국 입주 물량 추이를 살펴볼 것이다. 입주 물량은 부동산 시장에 영향을 끼치는 중요한 빅데이터 중 하나이며 앞서 여러 번 입주 물량에 따라 매매·전세가격이 하락으로 가거나 상승하는 것을 볼 수 있었다. 즉 앞으로 최소 1년에서 최대 3년까지의 미래 입주 물량 데이터를 확인한다고 할 때, 향후 입주 물량이 과도하게 많다면 전세가격에 안 좋은 영향을 미칠 것이고 매매가격 역시 상승 흐름이 저하되거나 보합세 또는 하락세로 방향을 바꿀 가능성이 크다. 반대로 향후 입주 물량이 매우 적다면 신축 아파트의 추가 공급이 적어 전세가격과 매매가격의 상승에 긍정적 영향을 미칠 가능성이 크다고 판단할 수 있다(물론 단순히 입주 물량이 부동산 시장의 모든 것을 반영하지 않으며 다양한 빅데이터들을 통해 종합적으로 부동산 시장 흐름을 예상할 필요가 있다. 입주 물량이 과도하거나 부족하다고 하여 100%의 확률로 무조건 매매가격이 상승하거나 하락한다고 예상하는 것은 오판이다).

앞으로의 입주 물량 정보를 알면 해당 지역의 부동산 시장 흐름을 분석하는 데 상당한 도움이 된다. 필자는 조금 더 장기간의 입주 물량을 산출하기 위해 다른 기관과 통계에서는 볼 수 없는 재개발, 재건축 관련 데이터들까지 취합하여 입주 물량 데이터를 구축하였다. 예를 들어 재개발, 재건축이 착공과 분양 단계이면 향후 25개월 이후 입주한다고 가정하였고, 이주와 철거 단계이면 향후 35개월 이후에 입주한다고 가정하였다. 그리고 관리처분인가 단계이면 향후 45개월 이후에 입주한다고 가정하여 입주 물량 데이터를 산출하였다.

여기서 독자들도 알아두어야 할 점은 관리처분인가 후 변경이나 이주 단계에서 이주가 지연되는 경우가 빈번하고 착공 후 공사 기간 중 암반이나 문화재 발굴 등의 이유로 공사기간이 지연되는 등 여러 변수가 발생할 수 있다. 따라서 재개발, 재건축의 입주 시기는 더 늦어질 수 있기에 모든 절차가 문제없이 원활하게 진행될 것을 가정한 입주 시기를 판단하여야 한다. 또한 재개발, 재건축이 아니더라도 아파트를 공급하는 과정에서 DSR 규제를 피하고자 2021년 12월 전으로 분양을 앞당기는 변수가 발생하기도 했으며, 신규 택지에 대한 도시개발사업 등 갑작스레 변수가 발생할 수 있으므로 입주 물량 데이터는 더 증가할 가능성이 크다. 2021년 12월을 기준으로 하여 이미 확정된 입주 물량과 공급 예정인 입주 물량의 수준에서 필자는 '입주 물량 추이'를 통해 2022년 부동산 시장을 전망하도록 하겠다.

먼저 입주 물량 차트를 확인해보면 녹색인 '향후 2년 내 입주 예정 물량'과 빨간색인 '향후 2년 이후 입주 예정 물량'은 입주 시기가 정확하다. 노란색인 '착공 및 분양', 보라색인 '이주 및 철거', 갈색인 '관리처분인가'의 경우 입주 세대수와 입주 시기가 예상 시기와 다를 수 있

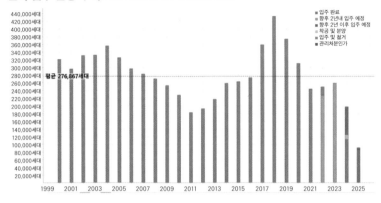

전국 입주 물량 추이(기간: 2000년 1월~2025년 12월)

(출처: 리치고)

다. 먼저 시도별로 입주 물량 데이터를 분석하기 전에 전국 입주 물량 데이터를 살펴보겠다. 차트에서 보는 바와 같이 전국 입주 물량이 가장 많았던 시기는 2017~2019년이었으며 반대로 입주 물량이 가장 적었던 시기는 2011~2013년이었다. 전국 입주 물량이 가장 적었던 시기 수도권은 부동산 시장이 좋지 않았다.

수도권을 제외한 다른 지역들은 보편적으로 매매가격이 상승하였으며 입주 물량이 가장 많았던 시기에 수도권은 대세 상승기였다. 2022~2023년의 입주 물량은 평균보다 적지만 2011~2013년과 같이 입주 물량이 적은 수준은 아니며 2014~2016년과 유사한 수준이라 볼 수 있다. 2024~2025년 입주 예정 물량이 대부분 '이주 및 철거' '착공 및 분양' '관리처분인가' 물량인 것을 고려한다면 '절차가 지연되면 해당 시기(2024~2025년)에 공급 물량이 조금 더 적을 수 있을 것이다.'라고 생각할 수도 있다. 그러나 2021년 12월 전국적으로 분양 물량이 많았고 아직 데이터에 반영되지 않아 2024년 입주 물량이 더욱 증가할 수도 있으니 이 점도 고려하길 바란다.

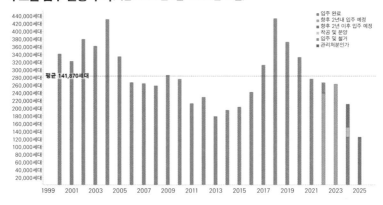

수도권 입주 물량 추이(기간: 2000년 1월~2025년 12월)

<small>■ 입주 완료
■ 향후 2년내 입주 예정
■ 향후 2년 이후 입주 예정
■ 착공 및 분양
■ 입주 및 철거
■ 관리처분인가</small>

평균 141,870세대

(출처: 리치고)

조금 더 구체적으로 수도권 입주 물량 데이터를 확인해보자. 수도권은 지난 2017~2020년 입주 물량이 평균 14만 1,870세대 이상으로 2006~2016년보다 비교적 많이 공급되었다. 2016년까지만 하더라도 2018년 수도권의 역대 입주 물량 때문에 경기도뿐만 아니라 서울의 부동산 매매가격이 하락한다는 전망이 많았다. 이는 2016년 기사 내용을 찾아보면 쉽게 확인할 수 있는 내용이다. 하지만 부동산 매매가격의 하락은커녕 2018년 하반기는 수도권 부동산 시장이 한창 뜨거웠다.

이처럼 입주 물량 데이터 하나로 시장을 전망한다는 것은 오판일 수 있다. 특히 이 입주 물량에는 아파트만 반영된 것이므로 최근 한창 분양 열기가 뜨거운 주거용 오피스텔, 생활형 숙박시설 등의 입주 물량은 반영되지 않았다. 이 물량까지 반영된다면 입주 물량은 부족한 수준이 아닐 것이다. 향후 수도권 부동산 시장은 입주 물량이 부족하여 수도권 시장이 계속 상승할 것이라는 전망이 우세한데 정말 그럴까? 우리는 이미 2010~2013년에 입주 물량이 적음에도 대세 하락장을 경험했다. 비단 입주 물량의 부족에만 의존하는 것은 부동산 시장의 열기에 편승하여 과거 매매가격이 하락할 때의 공포를 망각하는 것은 아닐까?

필자는 2012년 서울 2호선의 역세권에 해당하는 K아파트를 바이럴 마케팅했음에도 불구하고 미분양이 소진되지 않는 것을 겪어보았다. 또 불과 2016년에도 입지가 양호하여 인기가 많은 서울 서대문구의 P아파트가 당시 미분양 물량 발생으로 할인 분양하여 소진되는 경우도 보았다. 이처럼 부동산 시장이 침체했을 때는 입지가 아무리 좋아도 외면당하곤 했다. 2016년 서울 부동산을 매수할 당시에도 주변의 부동산학을 전공한 사람들뿐만 아니라 많은 전문가가 2018년에 수도권의 부동산 매매가격이 하락하니 매수하라고 조언했기에 심적으로 매수하는 데 부담이 가중되었던 것이 사실이다.

지금 수도권이 영원히 상승할 것처럼 말하는 대다수 사람을 보며 더욱 신중하게 판단해야 할 갈림길에 서 있다는 것을 절실히 느끼고 있다. 입주 물량 데이터는 분명 부동산 시장에 영향을 끼치는 강력한 요소 중 하나이기에 우리는 이제 전국의 시도별 입주 물량 추이를 확인할 것이다. 다만, 이 책을 읽는 독자라면 입주 물량 추이를 보면서도 입주 물량 데이터에만 의존할 것이 아니라 다양한 데이터로 종합적인 분석을 하여 정확한 판단을 내릴 필요가 있다는 것을 다시금 명심하길 바란다.

시도별 입주 물량 추이를 확인하기에 앞서 생소할 수 있으나 '시도별 20년 대비 신규 입주 물량 비율'과 '시도별 10년 대비 신규 입주 물량 비율'을 짚고 넘어가자. 시도별로 향후 입주할 아파트 대비 지난 10년, 20년 동안 이미 입주한 아파트를 비율로 계산하여 현재까지 입주

시도별 20년 대비 신규 입주 물량 비율

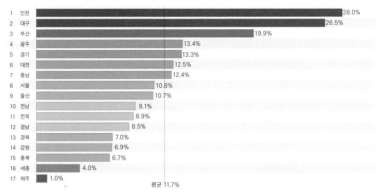

1	인천	28.0%
2	대구	26.5%
3	부산	19.9%
4	광주	13.4%
5	경기	13.3%
6	대전	12.5%
7	충남	12.4%
8	서울	10.8%
9	울산	10.7%
10	전남	9.1%
11	전북	8.9%
12	경남	8.5%
13	경북	7.0%
14	강원	6.9%
15	충북	6.7%
16	세종	4.0%
17	제주	1.0%

평균 11.7%

시도별 10년 대비 신규 입주 물량 비율

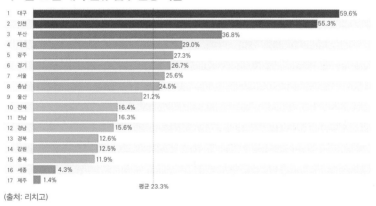

1	대구	59.6%
2	인천	55.3%
3	부산	36.8%
4	대전	29.0%
5	광주	27.3%
6	경기	26.7%
7	서울	25.6%
8	충남	24.5%
9	울산	21.2%
10	전북	16.4%
11	전남	16.3%
12	경남	15.6%
13	경북	12.6%
14	강원	12.5%
15	충북	11.9%
16	세종	4.3%
17	제주	1.4%

평균 23.3%

(출처: 리치고)

한 아파트 대비 입주 예정인 아파트가 얼마나 많고 적은지 비교해보는 것이다. 즉 이 비율이 높으면 새 아파트가 많다는 것이고 이 비율이 낮으면 새 아파트가 부족하다는 것을 의미한다. 비단 10년, 20년이 아니라 각 시도별 신규 입주 예정 아파트 대비 현재 총입주 아파트의 비율인 '신규 입주 비율'도 같이 확인하면 좋으며 '신규 입주 비율'은 각 시도별 입주 물량 추이에서 다루도록 하겠다.

10년 또는 20년 대비 신규 입주 물량 비율에 따라 시도별로 순위가 조금씩 달라지나 크게 다르진 않다. 전국에서 신규 입주 물량 비율이 가장 높은 지역은 '인천, 대구'로 2022년부터 과도한 입주 물량이 공급되고 있다. 이 지역은 다른 시도와 비교하더라도 꽤 많은 입주 물량이 공급되므로 부동산 시장에 악영향을 끼칠 가능성이 크다. 반대로 신규 입주 물량 비율이 가장 적은 지역은 '제주, 세종'이며 '충북, 강원, 경북' 역시 신규 입주 물량이 상대적으로 적은 수준에 있음을 확인할 수 있다.

입주 물량이 부족한 지역은 다른 빅데이터들이 크게 이상이 없으면 입주 물량이 다소 부족하여 부동산 시장이 회복 또는 활황(매매 수요가 높아지는 현상) 국면에 진입할 가능성이 크고 이미 활황 중이라면 유지할 가능성이 크다. 이제부터 시도별로 입주 물량 추이에 대해 자세히 다루도록 하겠다. 시도별 입주 물량 추이를 확인하며 입주 물량 데이터가 부동산 시장의 수요와 공급에서 중요한 데이터라는 것을 확인할 수 있길 바라며, 동시에 입주 물량이 부동산 시장의 흐름에 무조건 영향을 끼치는 것이 아니라는 것도 이해하였으면 좋겠다.

1) 서울: 평균 이하(부족한 수준)

빨간색 선	: KB부동산 매매가격 시세 (세대수를 감안한 제곱미터당 매매가격)
파란색 선	: KB부동산 전세가격 시세 (세대수를 감안한 제곱미터당 전세가격)

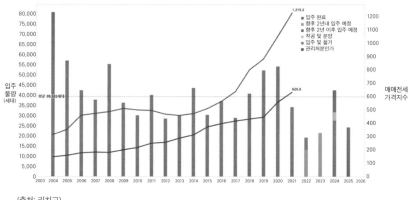

서울 입주 물량 추이(기간: 2004년 1월~2025년 12월)

(출처: 리치고)

    서울에 2021년 12월까지 입주한 아파트는 총 174만 376호이고 입주 예정은 2022년 1만 9,180호, 2023년 2만 2,018호, 2024년 4만 2,373호, 2025년 2만 4,259호 등이다. 2022~2025년의 신규 입주 예정 아파트 대비 현재 총입주 아파트의 비율인 신규 입주 비율은 5.5%로 신규 입주 비율이 5~6% 이하이고 더 낮은 수치일수록 기존 아파트 가격에 미치는 영향은 미미하다고 판단된다. 참고로 이 신규 입주 비율이 10%를 넘어서면 인근 아파트 매매가격과 전세가격에 영향을 줄 수 있어 신규 입주 비율이 높으면 종합적인 검토가 필연적이다. 서울 아파트 매매가격은 2003~2004년 사이 상당히 많은 입주 물량에도 매매가격이 상승했으며 입주 물량이 상대적으로 적었던 2009~2013년에는 매매가격이 하락했다. 즉 서울 부동산 시장에서도 공급이 많으면 가격이 하락하고 공급이 적으면 가격이 상승한다는 공식이 여실히 빗나갔다는 것을 과거 데이터를 통해 충분히 확인할 수 있다.

    과거의 역사는 반복되는 것처럼 아파트 매매가격은 입주 물량이 많아도 상승할 수 있다. 또 입주 물량이 부족하더라도 매매가격은 하락할 수 있으니 무조건 입주 물량만으로 서울 아파트 매매가격이 올라갈 것으로 판단하는 것은 금물이다. 다만, 서울의 2022~2023년 입주 물량은 역사적으로도 매우 적은 수준인 것은 사실이며 미분양 물량 역시 거의 없고 수도권 전체로 보았을 때도 향후 입주 물량이 많지 않다. 따라서 서울 부동산 시장이 2022년부터 급격한 속도로 침체되기는 어려울 것으로 판단되며 서서히 침체할 가능성 역시 염두에 둘 필요가 있다.

2) 경기: **평균 수준**(단, 신규 입주 비율로 판단 시 신규 공급은 다소 많은 수준)

경기 입주 물량 추이(기간: 2004년 1월~2025년 12월)

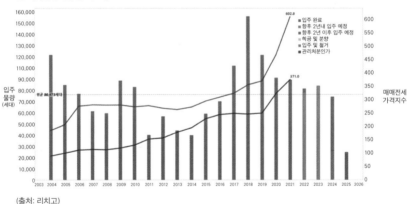

(출처: 리치고)

경기도 역시 입주 물량이 감소하던 2007~2008년 또는 입주 물량이 가장 적었던 2011~2014년 사이에 매매가격이 하락하는 것을 볼 수 있다. 반면, 입주 물량이 가장 많았던 2017~2019년에는 매매가격이 상승하는 모습을 볼 수 있어 섣부르게 입주 물량 데이터만 가지고 부동산 시장을 예측하기 어렵다는 것을 다시금 확인할 수 있다. 경기도에 2021년 12월까지 입주한 아파트는 총 293만 1,087호이고 2022년 8만 6,391호, 2023년 8만 9,216호, 2024년 7만 9,817호, 2025년 2만 6,166호 등이 입주 예정이다. 2022~2025년 사이의 신규 입주 비율은 8.7%로 신규 입주 비율이 서울에 비하면 다소 높다. 하지만 2018년과 같이 과도한 입주 물량이 예정된 것은 아니다. 다만, 정부의 규제를 피해 빠르게 공급되는 아파트의 대체재인 오피스텔이나 생활형 숙박시설 등이 신규 입주 비율에 포함된 것은 아니므로 대체재의 입주 물량까지 고려한다면 주의가 필요한 수준일 것으로 판단된다.

3) 인천: 평균 이상(공급 과잉)

인천 입주 물량 추이(기간: 2004년 1월~2025년 12월)

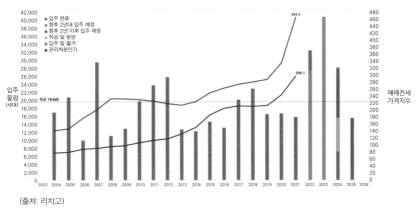

(출처: 리치고)

인천에 2021년 12월까지 입주한 아파트는 총 64만 7,529호이고 2022년 3만 2,426호, 2023년 4만 825호, 2024년 2만 8,130호, 2025년 1만 5,541호 등이 입주 예정이다. 2022~2025년 사이의 신규 입주 비율은 14.7%로 10% 이상의 과도한 입주 물량이 공급된다.

인천은 전국의 다른 지역들과 비교해봐도 신규 입주 비율이 가장 높은 수준이며 앞서 언급한 것과 같이 신규 입주 비율이 10% 이상으로 나타나는 경우 매매·전세가격에 영향을 미칠 가능성이 크다. 인천 역사상 처음으로 2년간 가장 많은 입주 물량이 공급되기 때문에 2017~2018년 전세가격이 약보합세를 유지했던 것보다 더욱 안 좋은 상황이 벌어질 수 있고 매매가격에도 영향을 줄 수 있다. 인천 부동산 투자는 매우 보수적으로 접근할 필요가 있다.

4) 광주: 평균 수준(2023~2025년은 입주 물량이 부족하나 2022년은 많음)

광주 입주 물량 추이(기간: 2004년 1월~2025년 12월)

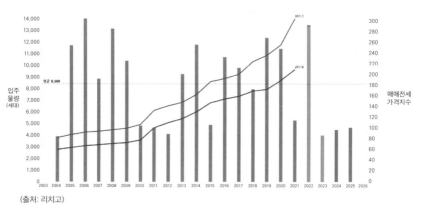

(출처: 리치고)

광주에 2021년 12월까지 입주한 아파트는 총 39만 2,632호이고 2022년 1만 3,368호, 2023년 3,967호, 2024년 4,430호, 2025년 4,632호 등이 입주 예정이다. 2022~2025년 사이의 신규 입주 비율은 6.3%로 10% 이하로서 높은 수준에 있지 않다. 광주는 평균 입주 물량 이상으로 공급되는 해와 못 미치는 해가 반복되는데 과도하게 입주하는 해는 없었다. 2019~2020년은 평균 이상의 입주 물량이 공급되었으나 2021년은 평균에 못 미치는 입주 물량이 공급되었다. 2022년은 다시 평균 이상의 입주 물량이 공급되나 2023년에는 평균 이하의 입주 물량이 공급 예정이다. 공급량의 조절이 상당히 잘되는 지역이다. 따라서 광주 부동산 시장은 2022년 입주 물량이 평균 이상 많으나 단순히 입주 물량 자체만으로 부정적인 요인으로 작용하진 않을 것으로 판단된다.

5) 대구: 평균 이상(공급 과잉)

대구 입주 물량 추이(기간: 2004년 1월~2025년 12월)

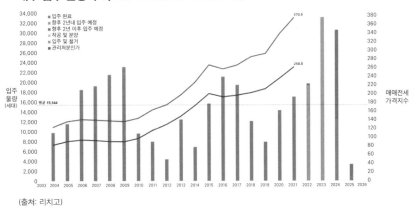

(출처: 리치고)

대구에 2021년 12월까지 입주한 아파트는 총 56만 7,745호이고 2022년 1만 9,604호, 2023년 3만 2,938호, 2024년 3만 414호, 2025년 3,729호 등이 입주 예정이다. 2022~2025년 사이의 신규 입주 비율은 13.2%로 인천 다음으로 신규 입주 비율이 가장 높은 수준이며 10% 이상의 과도한 입주 물량이 공급된다. 대구는 과거 2006~2009년 사이 4년간 입주 물량이 평균 이상으로 공급되었다. 이때 매매·전세가격에 조정이 있었으며 이후 2016~2017년 역시 입주 물량이 평균 이상으로 공급될 때 가격에 영향을 미쳤음을 확인할 수 있어 입주 물량의 추이로 판단 시 2022년부터 대구 부동산 시장은 침체할 가능성이 매우 크다.

수도권과 비교하면 일자리가 상대적으로 부족한 지방은 인구 유입에 따라 부동산 시장 역시 영향을 미칠 수밖에 없다. 따라서 지방은 신규 아파트의 입주 물량이 많고 적음에 따라 영향을 더 많이 받는 모습을 볼 수 있으니 참고하길 바란다(시·군·구별로 분석하면 특히 매매·전세가격이 입주 물량에 따라 영향을 많이 받기 때문에 입주 물량 데이터가 부동산 시장의 흐름을 분석하는 데 분명히 중요한 데이터라는 것은 다시금 강조한다).

대구는 2021년보다도 더 많은 입주 물량이 2022년에도 공급된다. 특히 2023년에 대구 역사상 가장 많은 입주 물량이 공급되기 때문에 매매·전세가격에 부정적 영향을 미칠 가능성이 매우 크다고 판단된다. 대구 부동산 투자를 고려하는 사람들뿐만 아니라 내 집 마련을 계획 중인 분들 역시 그 어느 때보다 신중하게 판단하길 바라며 매도를 계획 중인 분들이라면 발 빠르게 움직일 필요가 있을 것으로 판단된다.

6) 대전 : 평균 수준

대전에 2021년 12월까지 입주한 아파트는 총 34만 4,929호이고 2022년 8,965호, 2023년 3,282호, 2024년 1만 137호, 2025년 2,005호 등이 입주 예정이다. 2022~2025년 사이의 신규 입주 비율은 6.6%로 10% 이하여서 비교적 높은 수준은 아니다. 2022년 입주 물량이 평균 이상으로 많은 수준에 있으나 과거 2004~2007년 사이 입주 물량이 4년간 평균 이상 지속해서 공급되던 시기와 달리 2023

대전 입주 물량 추이(기간: 2004년 1월~2025년 12월)

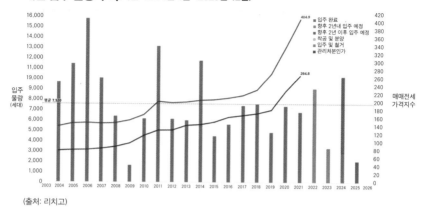

(출처: 리치고)

년 입주 물량은 감소하고 2025년까지의 입주 물량의 공급 조절이 양
호한 수준이므로 2022년 입주 물량 자체가 대전 부동산 시장에 큰
영향을 미치긴 어려울 것으로 판단된다.

7) 부산: 평균 이상(공급 과잉)

부산 입주 물량 추이(기간: 2004년 1월~2025년 12월)

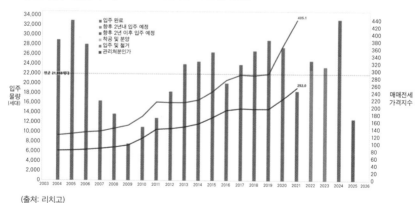

(출처: 리치고)

부산에 2021년 12월까지 입주한 아파트는 총 83만 6,394호이고 2022년 2만 4,533호, 2023년 2만 3,240호, 2024년 3만 2,986호, 2025년 1만 2,602호 등이 입주 예정이다. 2022~2025년 사이의 신규 입주 비율은 9.9%로 10% 범위에 있어 과도한 입주 물량이 기다리고 있다고 할 수 있다. 2021년 입주 물량이 평균 이하의 수준에 있던 것과 달리 2022년부터 2024년까지 평균 이상의 입주 물량이 3년간 지속해서 공급될 예정이며 2004~2006년의 상황과 매우 유사하다. 특히 입주 물량이 한 번에 공급되는 시점에는 전세가격이 영향을 많이 받을 수밖에 없다. 부산에 재개발 입주권 또는 아파트를 가지고 있다면 2022년부터는 이주 및 철거(보라색 막대그래프)의 시기가 어떻게 이루어지고 있는지 시장의 동향을 지켜보며 매도 타이밍을 신중하게 고려할 필요가 있다.

8) 울산: 평균 이하(2023년을 제외하면 부족함)

울산 입주 물량 추이(기간: 2004년 1월~2025년 12월)

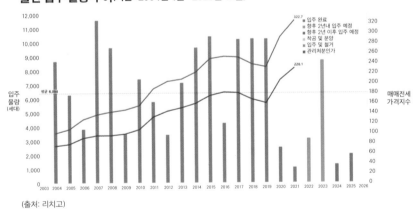

(출처: 리치고)

울산에 2021년 12월까지 입주한 아파트는 총 27만 1,057호이고 2022년 3,128호, 2023년 8,687호, 2024년 1,306호, 2025년 2,033호 등이 입주 예정이다. 2022~2025년 사이의 신규 입주 비율은 5.3%로 10% 이하의 양호한 수준이다. 특히 2020~2022년은 울산에서 과거 대비 가장 입주 물량이 적은 수준으로 2022년에도 울산 부동산 시장은 공급이 부족하여 부동산 시장에 긍정적인 영향을 미칠 가능성이 크다. 2023년에는 입주 물량이 평균 이상으로 급격히 증가한다. 하지만 이 역시 과거 울산 부동산 시장에 영향을 미쳤던 2017~2019년과 유사한 지속적인 공급이 아니다. 2020년부터 3년간 입주 물량이 적었기에 2023년의 입주 물량이 울산 부동산 시장의 침체에 크게 영향을 미치진 않을 것으로 판단된다.

9) 세종: 평균 이하(매우 부족한 수준)

세종 입주 물량 추이(기간: 2004년 1월~2024년 12월)

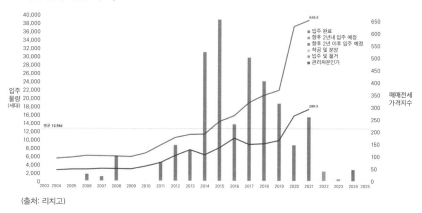

(출처: 리치고)

세종에 2021년 12월까지 입주한 아파트는 총 11만 3,275호이고 2022년 2,284호, 2023년 458호, 2024년 2,700호 등이 입주 예정이다. 2022~2024년 사이의 신규 입주 비율은 4.6%로 부족한 수준이며 부동산 시장에 공급에 의한 악영향을 미칠 가능성이 현재까지 없다(다만, 2022년 세종시가 계획 중인 신규 분양 예정인 공동주택은 임대 2,885호를 포함해 7,027호이며 오피스텔은 제외한 물량이므로 공급 물량이 증가할 가능성이 크니 참고하길 바란다). 세종의 아파트 입주는 2014년부터 본격적으로 시작되었기에 여태까지 입주한 아파트의 총입주 물량 비율이 아니라 10년 대비 입주 물량 비율로 확인하는 것이 더 정확하다. 세종의 10년 대비 입주 비율은 4.3%로 아직 새 아파트가 부족하기에 입주 물량의 부족이 세종 부동산 시장에 있어 긍정적인 영향을 미칠 가능성도 농후하다고 볼 수 있다.

10) 제주: 평균 이하(매우 부족한 수준)

제주 입주 물량 추이(기간: 2004년 1월~2023년 12월)

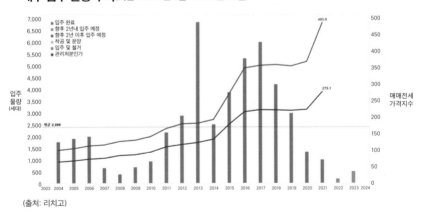

(출처: 리치고)

신규 입주 물량 비율이 가장 적은 제주도를 살펴보자. 제주에 2021년 12월까지 입주한 아파트는 총 7만 9,970호이고 2022년 176호, 2023년 485호 등이 입주 예정이다. 섬의 특성상 공급 물량이 다른 지역에 비해 상대적으로 적을 수 있지만 세대수 대비하여 신규 입주 물량 비율이 매우 적은 것도 사실이다. 2022~2023년 사이의 신규 입주 비율은 0.8%로 매우 부족한 수준이며 부동산 시장에 공급에 의한 악영향을 미칠 가능성이 전혀 없다. 오히려 새 아파트가 상당히 부족하기에 입주 물량 부족이 제주도 부동산 시장에 있어 긍정적인 영향을 미칠 가능성이 더 크다. 제주도는 2010년 이후 2019년까지 입주 물량이 많았음에도 부동산 시장이 활황이었다. 2010년부터 5억 원 이상을 제주도에 투자하면 한국에 거주할 수 있는 '투자이민제도' 를 만들어 비자를 줬던 영향이 크다고 볼 수 있다. 즉 국내 인구가 아니라 해외 인구의 투자 광풍이 불러일으킨 효과가 크다고 볼 수 있어 단순히 입주 물량 데이터로만 판단하는 것 역시 모순될 수 있다.

제주도는 2017년부터 제주도 자체의 부동산 본질가치 대비 고평가 구간에 접어들며 부동산 시장이 침체했다가 2020년 12월부터 다시 부동산 시장이 좋아지기 시작했다. 입주 물량이 매우 적은 것은 긍정적 요소인 것 역시 사실이기에 다른 빅데이터들의 흐름을 같이 확인해보며 제주도 부동산 투자의 방향성을 잘 결정하길 바란다.

11) 강원: 평균 이하(부족한 수준)

2021년 부동산 시장이 뜨거웠던 강원도는 2022~2023년까지 2년 간 입주 물량이 더욱 감소하는 것으로 확인된다. 강원도에 2021년 12월까지 입주한 아파트는 총 31만 6,310호이고 2022년 6,076호, 2023년 5,140호, 2024년 8,969호 등이 입주 예정이다. 2022~2024년 사이의 신규 입주 비율은 5.5%로 10% 이하이며 입주 물량은 평균 대비 부족한 수준이라 볼 수 있다. 강원도는 2018~2019년 사이 역사상 공

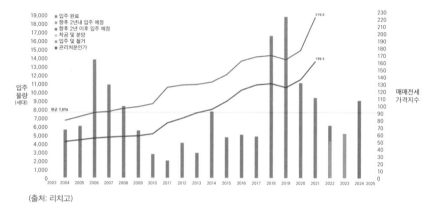

강원 입주 물량 추이(기간: 2004년 1월~2024년 12월)

(출처: 리치고)

급이 가장 많았다. 이때 매매·전세가격 모두 과잉 공급 때문에 악영향을 받았으며 2020년부터 입주 물량이 감소하기 시작하며 침체를 겪었던 부동산 시장도 회복하기 시작했다.

2021년 강원도 부동산 시장은 활황 중에 있었으며 2021년보다 2022년의 입주 물량이 더 적기에 긍정적인 요인으로 작용할 것으로 판단된다. 단, 2021년 외지인의 투자 비중이 매우 높은 지역이기 때문에 내 집 마련을 고민하고 있다면 긍정적으로 검토할 필요가 있지만 그래도 보수적으로 접근할 필요가 있으니 참고하길 바란다.

12) 경남: 평균 이하(부족한 수준)

경남에 2021년 12월까지 입주한 아파트는 총 71만 9,509호이고 2022년 6,076호, 2023년 1만 2,010호, 2024년 1만 7,627호, 2025년 4,562호 등이 입주 예정이다. 2022~2025년 사이의 신규 입주 비율은 5.4%로 10% 이하이며 입주 물량은 평균 대비 부족하여 양호한 수준으로 판단된다. 경남은 2009~2012년 입주 물량이 부족할

경남 입주 물량 추이(기간: 2004년 1월~2025년 12월)

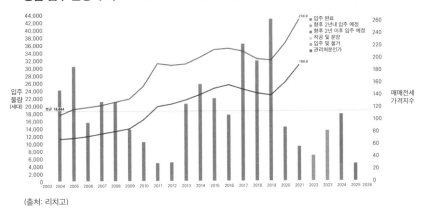

(출처: 리치고)

때 매매·전세가격이 급격히 상승하며 한번 시작된 부동산의 열기가 2013~2016년까지도 꺼지지 않았다. 반면, 역사상 가장 많은 입주 물량이 공급되던 2017~2019년에는 부동산 시장이 확연히 침체기로 접어들었기에 입주 물량 데이터가 경남 부동산 시장에 큰 영향을 미친다는 것을 확인할 수 있다. 2020년부터 입주 물량이 확연히 감소하고 있으며 매매·전세가격 역시 회복 후 상승하고 있다. 부동산 시장에 영향을 미치는 다른 빅데이터들 역시 대부분 양호한 상황으로 글로벌 금융 위기와 같은 외적 충격이 없다면 2022년에도 경남 부동산 시장이 활황을 유지할 수 있을 것으로 판단된다.

13) 경북: 평균 이하(부족한 수준이나 2024년 입주 물량이 급격히 증가하기 시작)

경북에 2021년 12월까지 입주한 아파트는 총 48만 7,799호이고 2022년 863호, 2023년 1만 758호, 2024년 1만 9,260호 등이 입주 예정이다. 2022~2024년 사이의 신규 입주 비율은 6.0%로 10% 이하이며 경북의 2022년 입주 물량은 역사상 가장 부족한 수준으로

경북 입주 물량 추이(기간: 2004년 1월~2024년 12월)

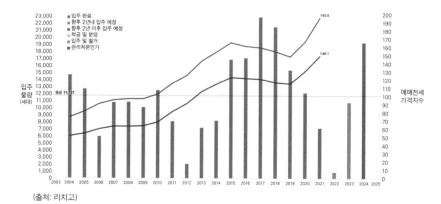

(출처: 리치고)

경북 역시 경남과 마찬가지로 입주 물량에 따라 매매·전세가격이 경북 부동산 시장에 큰 영향을 끼쳤기에 2022년의 입주 물량 부족은 부동산 시장에 있어 긍정적 요소로 작용할 것으로 판단된다. 다만, 2023년부터 증가하기 시작하는 입주 물량이 2024년에는 평균 이상의 공급이 확정되어 2017~2018년과 유사한 수준까지 입주 물량이 공급될 예정이다. 단순히 2024년의 입주 물량을 통해 부동산 시장의 침체 위험성을 판단하긴 어려우나 2025년에도 2024년과 유사한 수준의 입주 물량이 공급된다면 주의가 필요할 것이다.

2022년에 경북 부동산 매수를 고려한다면 2년이 도래하는 시점부터 매매 계획이 필요하므로 단기적 관점이 아니라 중장기적 관점에서 경북 내 지역별 공급 예정 물량에 대한 자세한 분석을 통해 보수적으로 접근할 필요가 있을 것이다.

14) 전남: 평균 이상(평균보다 약간 많은 수준)

전남에 2021년 12월까지 입주한 아파트는 총 29만 6,211호이고

전남 입주 물량 추이(기간: 2004년 1월~2024년 12월)

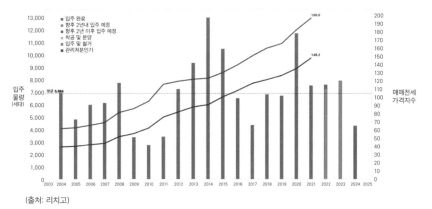

(출처: 리치고)

2022년 7,576호, 2023년 7,906호, 2024년 4,285호 등이 입주 예정이다. 2022~2024년 사이의 신규 입주 비율은 6.2%로 10% 이하이며 입주 물량이 평균 이상 수준에서 2023년까지 지속해서 공급되나 많은 수준은 아니다. 전남은 입주 물량이 가장 많았던 2013~2015년에도 매매가격이 일시적 약상승 후 다시 상승을 거듭해왔기에 입주 물량이 여태까지 전남 부동산 시장에 있어 크게 작용하지 않았다고 볼 수 있다. 더불어 2020년 많은 입주 물량이 공급된 후 2021년부터 입주 물량 평균 내에서 공급하고 있어 입주 물량에 의해 전남 부동산 매매가격이 조정받을 위험은 크지 않으리라고 판단된다.

15) 전북: 평균 이하(2023년부터 지속적 감소)

전북에 2021년 12월까지 입주한 아파트는 총 36만 4,805호이고 2022년 7,275호, 2023년 5,106호, 2024년 3,782호, 2025년 2,802호 등이 입주 예정이다. 2022~2025년 사이의 신규 입주 비율은 4.9%로 10% 이하이며 2022년 역시 평균 범위 내에서 입주

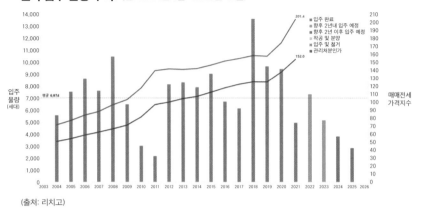

전북 입주 물량 추이(기간: 2004년 1월~2025년 12월)

(출처: 리치고)

물량이 공급되고 2023년부터는 감소하기 시작한다. 전북은 과거 2009~2011년 입주 물량이 부족했던 시기에 매매가격이 큰 폭으로 상승하였으며 입주 물량이 가장 많았던 2018년에 매매·전세가격이 약간 하락하였으나 2009~2011년을 제외하면 보편적으로 평균 수준 내로 공급되었기에 매매·전세가격이 큰 폭의 하락 없이 상승, 약상승, 보합세를 반복하며 상승세를 유지한 지역이다. 2018년 이후부터 입주 물량이 감소하고 있고 비록 전년도에 비해 2022년 입주 물량이 증가하나, 2004년 1월에서 2025년 12월까지의 입주 물량 평균인 6,974세대와 유사한 수준이므로 입주 물량의 공급이 과다하지 않아 부동산 시장이 침체할 가능성은 희박하다고 판단된다. 더욱이 2022년 이후로 입주 물량이 감소하고 있어 2009~2011년과 같이 2022년 전북 부동산 시장이 활황을 유지할 가능성이 농후하다.

16) 충남: 평균 이상(다소 많은 수준)

『빅데이터 부동산 투자 2021 대전망』에서 충남의 입주 물량은 부족

충남 입주 물량 추이(기간: 2004년 1월~2025년 12월)

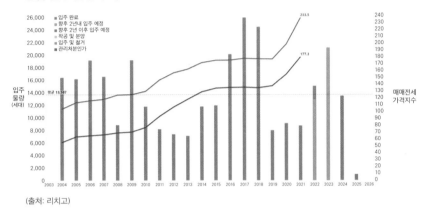

(출처: 리치고)

한 수준이었으나 데이터가 업데이트되며 2023년의 입주 물량이 평균 이상으로 증가한 것을 확인할 수 있다. 2024년 역시 입주 물량이 아직 업데이트되지 않은 것을 고려할 때 입주 물량은 더 증가할 수 있다는 것을 참고하길 바란다. 충남에 2021년 12월까지 입주한 아파트는 총 43만 7,343호이고 2022년 1만 4,911호, 2023년 2만 994호, 2024년 1만 3,055호, 2025년 955호 등이 입주 예정이다. 2022~2025년 사이의 신규 입주 비율은 9.8%로 10% 범위 내이며 다소 입주 물량이 많은 수준이다. 2016~2018년과 같이 공급 물량이 지속해서 많은 것은 아니기에 2022년 입주 물량이 충남의 부동산 시장에 악영향을 미칠 가능성은 작으나 2014~2015년 사이에 입주 물량이 증가하며 매매·전세가격이 약상승으로 진입한 것과 같이 매매·전세가격의 상승률이 저하될 가능성 역시 배제할 수 없다. 따라서 충남 부동산에 관심이 있는 경우 입주 물량이 많은 지역과 적은 지역을 구분하여 조금 더 지역별로 세부적인 검토를 꼭 하길 바란다.

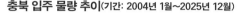

17) 충북: 평균 이하(2023년 평균 이상 입주 물량이 공급되나 부족한 수준)

충북 입주 물량 추이(기간: 2004년 1월~2025년 12월)

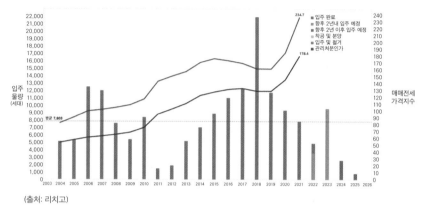

(출처: 리치고)

충북에 2021년 12월까지 입주한 아파트는 총 33만 7,654호이고 2022년 4,855호, 2023년 9,511호, 2024년 2,568호, 2025년 808호 등이 입주 예정이다. 2022~2025년 사이의 신규 입주 비율은 4.6%로 10% 이하이며 입주 물량이 다소 부족하다고 볼 수 있다. 충북은 2013년부터 입주 물량이 증가하기 시작하여 2018년 최고조를 이룰 때 매매·전세가격이 과잉 공급 때문에 하락하기 시작했다. 반면 2018년을 이후로 입주 물량이 감소하며 2019년을 기점으로 매매·전세가격 역시 매년 상승 폭이 커지고 있다. 2022년 충북 부동산 시장 역시 입주 물량이 다소 부족하기에 활황을 유지할 가능성이 크다고 판단된다.

이상으로 입주 물량 추이를 통해 전국 부동산의 예상되는 공급 물량을 확인했으며 공급 물량이 부동산 시장에 긍정적으로 영향을 미칠지, 아니면 부정적인 영향을 미칠지 같이 살펴보았다. 보편적으로 입주 물량이 지속해서 과다하게 많은 경우 전세가격뿐만 아니라 매매가격에도 영향을 미쳐 부동산 시장이 침체하는 것을 볼 수 있었고, 반대로 입주 물량이 지속해서 감소하면 매매·전세가격이 상승한다는 것을 확인할 수 있었다. 하지만 꼭 입주 물량이 부족하거나 과다하다고 하여 부동산 시장에 영향을 미치는 것은 아니라는 것도 알 수 있었을 것이다. 특히 서울과 수도권보다 지방이 입주 물량에 의해 부동산 시장이 더 큰 영향을 받는다는 것도 이해하였을 것이라 믿는다.

이 책을 읽는 독자들은 이번 장의 입주 물량 추이를 통해 부동산 시장의 흐름이 어떻게 흘러갈지 즉시 판단하기보다 "입주 물량이 감소할수록 부동산 시장이 공급 부족에 의해 좋아질 가능성이 크다." 라는 전제하에서 다른 빅데이터들을 다시 한번 확인해보며 더욱 냉정한 판단을 도출할 수 있기를 바란다.

미분양 추이는 향후 부동산 시장에 영향을 끼치는 중요한 데이터이다

　미분양 아파트는 신규 아파트 공급을 위하여 건설사 또는 시행사 등 토지주(땅을 소유한 사람)가 분양(건물을 나누이 판매하는 행위)을 했는데 다 팔지 못하고 남은 아파트를 의미한다. 이 미분양 아파트의 숫자가 늘어난다는 것은 그 지역의 부동산 시장이 안 좋아지고 있다는 것을 의미하므로 매우 중요한 데이터다. 보통 입주 물량이 증가할 때 미분양 물량이 증가하기 시작하면 그만큼 부동산을 투자하는 투자 수요와 실수요가 감소하고 있다는 것으로 부동산 시장이 침체할 가능성이 매우 크기 때문에 꼭 확인해야 할 데이터이기도 하다. 미분양 아파트의 지표는 그 지역 부동산 시장의 온도를 보여주는 중요한 데이터로 미분양 아파트의 숫자가 감소하는 것은 그 지역의 부동산 시장이 좋아지고 있다는 것을 의미한다. 앞으로 내가 관심을 두는 지역의 부동산 매매가격이 하락할지 상승할지 예측할 수 있기에 확인할 필요가 있다고 다시 한번 강조한다.

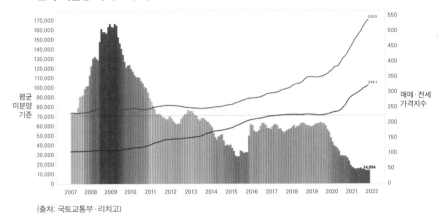

전국 미분양 아파트 추이(기간: 2007년 1월~2021년 11월)

(출처: 국토교통부·리치고)

빨간색 선	: KB부동산 매매가격 시세 (세대수를 감안한 제곱미터 당 매매가격)
파란색 선	: KB부동산 전세가격 시세 (세대수를 감안한 제곱미터 당 전세가격)
막대그래프	: 미분양 수 (녹색은 물량 감소, 빨간색은 물량 증가)

전국 미분양 아파트 데이터를 살펴보면 막대그래프는 미분양 숫자 (빨간색이 진해질수록 미분양 물량이 쌓이고 있다는 것을 의미하고 녹색이 진해질수록 미분양 물량이 적어지고 있다는 것을 의미한다)를 의미하는데 2008~2009년 사이 미분양 물량이 가장 많았고 2009년 이후 2021 년까지 점진적으로 감소한 것을 확인할 수 있다. 비록 2015년 11월부 터 2019년 8월 사이 평균 이하 수준 내에서 전국적으로 미분양 물량 이 다시 증가한 시기가 있었지만 2019년 8월 이후로는 미분양 물량이 급격히 감소하여 2021년 11월 기준으로 약 15년(2007년 1월~2021년

11월) 중 가장 적은 미분양 물량 재고가 남아 있다. 전국 미분양 물량 데이터를 통해 우리는 2021년 부동산 시장이 과거 대비 가장 뜨거운 상황이라는 것을 확인할 수 있다. 이제부터 시도별 미분양 추이를 통해 시도별 온도 차는 어떻게 나타나는지 자세히 다루도록 하겠다.

1) 서울: 매우 적은 수준

서울 미분양 추이(기간: 2007년 1월~2021년 11월)

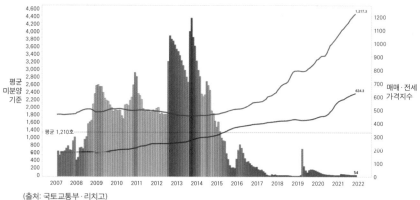

(출처: 국토교통부·리치고)

서울 미분양은 2007년 12월 454호에서 2013년 9월 4,331호까지 증가하였는데 매매가격은 2008년 9월까지도 상승세를 유지했으므로 미분양 물량 추이가 서울 부동산 시장의 침체를 미리 반영했다고 볼 수 있다. 2015년 11월 241호에서 2016년 2월 884호까지 증가하기도 했다. 2015년 11월부터 2016년 4월 사이 매매가격도 약세였으므로 미분양 데이터가 서울 부동산 시장의 심리를 잘 반영하고 있다. 2019년 3월에도 갑작스레 미분양 물량이 전월 대비 670호가 증가하였다. 이때 역시 매매가격이 조정받고 있었으며 그 후 미분양 물량이 전반적으로 다시 감소하며 부동산 시장이 다시 좋아지는 상황을 쉽사리 확인할 수 있을 것이다.

서울은 전반적으로 2015년 2월 1,238호 이후 평균 이하로 감소하기 시작하며 매매가격 역시 본격적으로 상승하였다. 2021년 말에도 우상향 중이며 2021년 11월 기준 54호의 극히 적은 미분양 물량만 남아 있어 아직 서울 부동산 시장이 미분양 물량 때문에 침체할 가능성은 작다고 판단된다.

2) 경기: 매우 적은 수준

경기 미분양 추이(기간: 2007년 1월~2021년 11월)

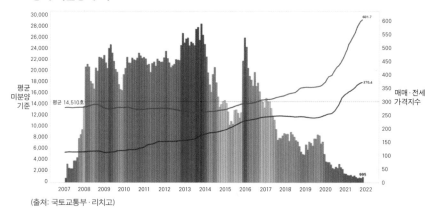

(출처: 국토교통부·리치고)

경기도의 2021년 11월 미분양은 2007년 1월을 이후로 가장 적은 수준까지 와 있다. 경기도는 2015년 12월까지만 하더라도 2만 5,937호로 많은 미분양 물량이 남아 있었는데 이후 미분양 물량이 매월 1,000~4,000호씩 급격히 감소하며 매매가격 상승에도 탄력이 증폭되고 있었다. 경기도는 2007년 5월 미분양 물량이 2,488호에서 이후 급속도로 증가하였는데 최고조에 달한 2008년 1월~2014년 7월 사이는 경기도 부동산 시장의 기나긴 침체기였다. 이때 경기도 부동산의 매매가격은 2008년 9월부터 하락하기 시작하였다. 이미 미분양 물량은 1년 전부터 증가하였으므로 미리 경기 부동산 시장이 침체할 것을 예고했다. 반면, 2015년 12월 이후로 미분양 물량이 감소하는 것을 볼 수 있다. 이 시기가 경기도 부동산의 매수 적기였고 2019년 8월 이후로 미분양 물량이 다시 감소하던 시기에 매수했더라도 좋은 결실을 보았을 것이다.

2021년 11월 미분양 물량은 매우 적어 아직 경기 부동산 시장이 미분양 물량 때문에 침체할 가능성은 매우 낮으나 이 역시 다른 빅데이터들을 종합하여 결론을 도출하여야 한다. 또한 경기도는 지역별로 매매가격의 편차가 심하고 지역이 넓으므로 지역을 세부적으로 나눠 부동산 시장 흐름을 판단할 필요가 있다. 참고로 미비하지만 2021년 9월 미분양 물량이 789호에서부터 조금씩 증가하고 있다. 2022년에도 지속해서 경기도 신규 분양이 이어진다면 이 미분양 추이를 지속해서 확인할 필요가 있을 것이다.

3) 인천: 매우 적은 수준

인천의 과거 2007~2009년 미분양 추이는 서울이나 경기도와 같이 급격히 증가하기보단 증가와 감소를 반복하며 지속해서 증가를 거듭했다. 매매가격은 미분양 물량이 평균 이하로 양호하던 시기에도 다소 하락하였다. 따라서 미분양 물량 증가가 매매가격 하락에 끼친 영향은 비교적 적었다. 또한 미분양 물량이 7,443호로 최고조에 달했던 2014년 5월 당시 매매가격은 약상승을 지속했던 시기로 미분양 물량이 꼭 많다고 해서 인천 부동산 시장이 침체하진 않았다. 그러나 2014년 5월 이후부터 2015년 7월까지 미분양 물량이 급속도로 감소

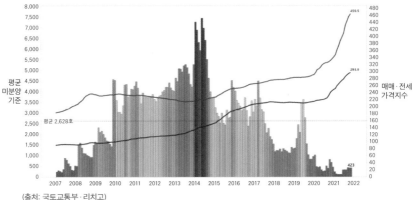

인천 미분양 추이(기간: 2007년 1월~2021년 11월)

평균 미분양 기준

평균 2,628호

매매·전세 가격지수

(출처: 국토교통부·리치고)

하는데 이 시기에 매매·전세가격도 급격히 상승하기 시작하기 때문에 미분양 물량이 가격 상승을 추동하였다고 생각할 수 있다.

2015년 이후부터 미분양 물량 추이와 매매·전세가격을 비교해보면 미분양 물량이 2017년 3월 4,501호에서 2018년 1월 1,192호까지 감소하던 시기와 2019년 6월 3,632호까지 증가하다가 2020년 6월 266호까지 감소하던 시기가 인천 부동산의 매수 적기였다는 것을 금방 알아차릴 수 있을 것이다. 2021년 5월 125호까지 감소한 미분양 물량은 2021년 6월 334호, 2021년 9월 440호로 조금씩 증가하고 있는 추이를 보인다. 2022년부터 인천의 입주 물량이 전년도 대비 매우 많으므로 미분양 물량 추이를 확인해보며 인천 부동산 시장의 침체 여부를 살펴보는 것이 중요하리라 판단된다.

4) 광주: 매우 적은 수준(미분양 물량이 거의 없음)

광주는 2007년 1월부터 2009년 8월까지 미분양 물량이 가장 많았다. 이때 이후로 2012년 8월부터 2013년 2월 기간에 평균 이상 미

광주 미분양 추이(기간: 2007년 1월~2021년 11월)

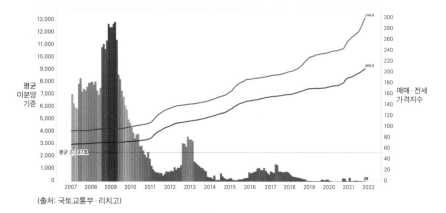

(출처: 국토교통부·리치고)

분양 물량이 증가했던 것을 제외하면 미분양 물량이 소폭 증가하거나 감소한 수준이다. 공급 물량의 조절이 완만했던 만큼 미분양 물량이 많이 발생하지 않았다. 미분양 물량이 많이 발생한 적이 없기에 2007~2009년간 매매·전세가격이 보합세에 있었던 시기 이후로는 줄곧 약상승 또는 상승해왔다.

광주의 미분양 물량은 2021년 11월 기준 29호로 광주 역사상 가장 적은 시기에 해당하여 부동산 시장에는 긍정적 요소로 작용하고 있으며 2022년에도 공급 예정 물량(분양)에 대한 조절이 완만하다면 광주 부동산 시장이 급격히 침체할 가능성은 매우 낮다.

5) 대구: 적은 수준(미분양 물량의 증가세가 뚜렷하게 나타나고 있음)

대구는 2007~2011년 사이 장기간 미분양 물량이 많았던 지역이다. 미분양 물량의 증가가 가져온 대구 부동산 시장 침체는 2006년부터 2009년까지 3년간 지속되었다. 대구의 미분양 물량이 최고조에 달했던 2009년 1월 2만 1,560호에서 지속적으로 감소하는 추이

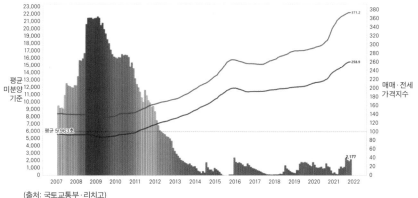

대구 미분양 추이(기간: 2007년 1월~2021년 11월)

(출처: 국토교통부·리치고)

를 확인하였더라면 이 시기가 매수 적기였다는 것을 금방 눈치챌 수 있었을 것이다. 조금 더 자세히 확인해보면 미분양 물량이 2015년 12월 2,396호로 급격히 증가하는데 매매가격 역시 2015년 11월부터 2017년 6월까지 조정받았다. 2015년 12월 이후로 2017년 8월 137호까지 미분양 물량이 해소됐다. 이 시기에 대구 부동산 투자를 적극적으로 검토하였다면 좋았을 것이다.

미분양 물량은 2021년 2월 195호 이후부터 11월 2,177호까지 9개월간 증가하였다. 대구는 여태까지 경험해보지 못했던 입주 물량이 2023년부터 대폭 증가하며 2022년 역시 전년도 대비 입주 물량이 증가한다. 2006~2009년의 상황과 매우 유사하며 공급 물량은 과거보다 더 많고 앞으로도 분양할 물량을 고려한다면 미분양 물량은 더욱 증가할 가능성이 크다. 앞서 다른 빅데이터들을 확인해보았듯 대구의 모든 빅데이터 지표들이 부동산 침체의 위험 신호를 보내고 있어 변곡점에 이미 와 있다고 판단된다. 대구 부동산 투자는 조심할 것을 권장한다.

6) 대전: 적은 수준

대전 미분양 추이(기간: 2007년 1월~2021년 11월)

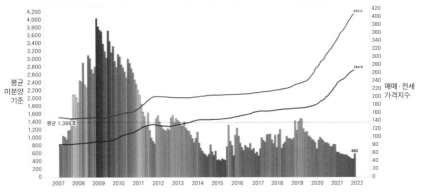

(출처: 국토교통부·리치고)

    대전은 2007년 2월 803호를 기점으로 2008년 11월 4,008호까지 약 1~2년간 미분양 물량이 급격히 증가했으며 매매가격 역시 이 시기에 약보합세를 유지했다. 2008년 11월 이후로 미분양 물량이 서서히 감소하는 추이를 보였다. 이때 매매·전세가격 역시 상승했기에 대전 역시 미분양 추이에 따라 부동산 시장이 영향을 받았다. 다만, 2012년을 기점으로 미분양 물량이 감소하였고 증가하더라도 매매가격은 줄곧 보합 또는 약상승 수준에 있었다. 이 시기는 미분양 추이만으로 대전 부동산 시장이 움직이지 않았다는 것을 확인할 수 있다. 단순히 미분양 추이 하나만으로 부동산 시장을 판단하는 것은 잘못된 판단이 될 수 있다는 것을 알 수 있을 것이다.

    대전의 미분양 물량은 2019년 3월 1,475호를 기준으로 하여 줄곧 감소하고 있으며 매매·전세가격 역시 2018년 8월부터 2년간 지속해서 상승하고 있다. 다만, 2021년 10월 469호에서 한 달간 602호로 133호의 미분양 물량이 증가하였다. 이미 대전 부동산이 본질가치 대비 고평가에 진입하였기 때문에 2022년부터는 대전 미분양 추이를 계속 살펴볼 필요가 있으며 부동산 시장이 침체할 위험이 있으므로 주의가 필요할 것으로 판단된다.

7) 부산: 매우 적은 수준

부산 미분양 추이(기간: 2007년 1월~2021년 11월)

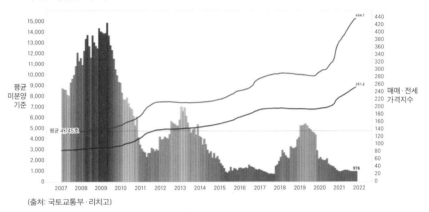

(출처: 국토교통부 · 리치고)

부산은 과거 2007~2010년에 미분양 물량이 매우 많았다. 2010년 이후에는 미분양 물량이 매우 많이 발생하진 않았으나 2012~2013년 사이와 2018~2019년 사이에 평균 이상 증가하고 감소하는 추이를 보였다. 미분양 물량이 증가하던 시기는 늘 부산 부동산 시장이 침체했고, 감소하던 시기는 늘 부동산 시장이 좋아졌던 것을 차트를 통해 미분양 물량(막대그래프)과 매매·전세가격의 추이를 비교하면 쉽게 확인할 수 있다. 미분양 물량 추이를 더 자세히 살펴보면 2019년 4월 5,401호 이후로 2021년 1월 944호까지 감소하였다. 마치 2013년 1월 6,985호에서 2015년 5월 835호까지 감소한 이후부터 2017년 9월까지 720~1,568호 사이를 유지했던 시기와 매우 유사하다.

부산은 입주 물량이 2022년부터 전년도 대비 증가하기 시작하는데 재개발 물량의 분양까지 생각해본다면 다시 미분양 물량이 증가할 가능성이 있다. 부산 역시 2022년부터는 미분양 추이를 확인해보며 시기적으로 매매 타이밍을 결정하는 것이 좋을 것으로 판단된다.

8) 울산: 매우 적은 수준

울산 미분양 추이(기간: 2007년 1월~2021년 11월)

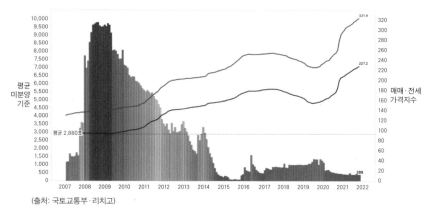

(출처: 국토교통부·리치고)

과거 울산의 미분양 물량은 2007년 8월 1,564호에서 2008년 8월 9,728호까지 1년간 무려 8,164호가 급격히 증가하였다. 이 시기에 매매·전세가격은 약상승 또는 보합, 약보합세 등을 반복했다. 2009년 3월 9,577호에서 조금씩 감소하기 시작하는데 조선업 경기 호황과 맞물려 여전히 미분양 물량이 평균 이상 많았음에도 매매·전세가격은 2011~2012년 사이 급상승하였다(이처럼 미분양 물량 외적으로도 부동산 시장에 영향을 끼치는 요소들이 있으므로 '미분양 물량 감소 추이'와 '미분양 물량 증가 추이'는 부동산 시장에 영향을 미칠 '가능성' 정도로 파악하는 것이 중요하다고 할 수 있다).

2015년 10월 89호에서 2016년 5월 1,609호까지 증가한 후 2019년 11월 1,365호까지는 미분양 물량이 평균 2,880호 이하에서 증가와 감소를 반복하는 등 부동산 시장에 영향을 미치기엔 미분양 물량이 적은 수준이었음에도 2017년 7월 이후부터 매매·전세가격이 모두 하락했다. 이 역시 미분양 물량이 부동산 시장에 무조건 영향을 미친다고 섣불리 단정 짓기 어려움을 다시금 확인할 수 있다. 다만, 울산의 현재 미분양 추이는 2019년 11월부터 2년간 감소 중으로 2022년에는 입주 물량이 많이 증가하지 않기 때문에 미분양 물량이 울산 부동산 시장의 침체에 영향을 미칠 가능성은 작다.

9) 세종: 적은 수준

세종 미분양 추이(기간: 2007년 1월~2021년 11월)

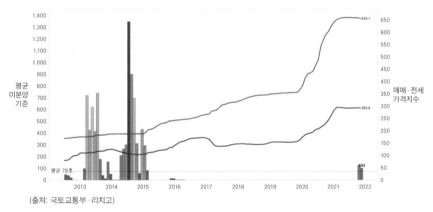

(출처: 국토교통부·리치고)

세종은 2012년 이후부터 주택이 본격적으로 공급되기 시작하였기에 2013~2014년 미분양 물량이 다소 많았다(입주 물량 역시 2014~2015년 가장 많은 물량이 공급되었기에 입주 물량의 공급과 맞물려 미분양 물량 역시 증가하였다). 2014년 7월 이후부터 미분양 물량이 해소되기 시작한 후 2016년 4월부터 2021년 9월까지 약 5년 이상 미분양 물량이 전혀 발생하지 않았다. 2021년 10월에 129호가 증가한 것으로 볼 때 세종 부동산 시장의 분위기가 좋지 않다는 것을 미분양 추이를 통해서도 알 수 있다. 입주 물량이 2022년부터는 감소하기에 미분양 물량 역시 일시적 발생 후 다시 해소될 가능성도 농후하나 다른 빅데이터들이 세종 부동산의 본질가치 대비 고평가된 상황으로 시장이 침체할 수 있다는 위험 신호를 보내고 있기에 필자는 이미 변곡점이 시작되었다고 판단된다.

10) 제주: 매우 많은 수준(단, 2021년 1월부터 지속적 감소)

제주 미분양 추이(기간: 2007년 1월~2021년 11월)

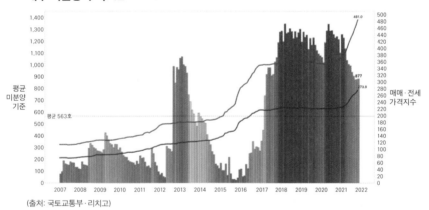

(출처: 국토교통부 · 리치고)

제주도는 과거 2012년 4월 48호에서 2013년 2월 1,063호까지 미분양 물량이 증가한 시기에 매매·전세가격은 보합세를 유지했다. 2013년 2월 이후부터 2015년 10월 26호까지 미분양 물량이 감소하던 시기에 매매·전세가격이 급격히 상승했기에 미분양 물량의 증가와 감소가 제주도의 부동산 시장에 영향이 있었음을 확인할 수 있다.

2015년 10월 이후부터는 다시 미분양 물량이 증가하기 시작했는
데 2018년 3월 1,339호까지 증가한 이후로는 약간의 감소와 증가를
반복해오다 2021년 1월 1,250호에서부터 2021년 11월 877호까지
11개월간 지속하여 감소하고 있다. 아직 미분양 물량은 평균 563호
보다 많으나 미분양 물량의 감소 추이로 판단할 때 제주 부동산 시장
은 분위기가 좋아지고 있다는 것을 확인할 수 있다. 2022년에도 제
주도의 미분양 물량이 지속해서 감소할지 눈여겨볼 필요가 있다.

11) 강원: 매우 적은 수준

강원 미분양 추이(기간: 2007년 1월~2021년 11월)

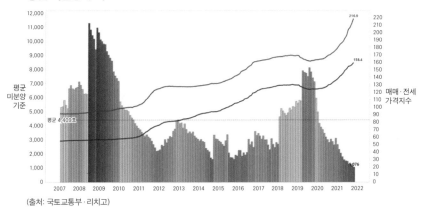

(출처: 국토교통부·리치고)

강원도는 미분양 물량이 가장 많았던 2008~2009년 사이 매매·전
세가격이 보합 수준을 유지했으나 2008년 11월 1만 930호에서 2011
년 11월 2,207호로 3년간 미분양 물량이 감소하며 매매·전세가격 상
승에도 영향이 있었다. 2011년 11월 2,207호에서 2012년 12월 4,421
호로 미분양 물량이 증가하던 시기에는 매매·전세가격 모두 보합세에
있었다. 마찬가지로 미분양 물량이 감소하던 시기에는 매매·전세가격

도 우상향을 지속했다. 2018년 1월 2,693호에서 2019년 8월 8,097호까지 미분양 물량이 급격히 증가하던 시기에는 입주 물량도 많이 공급되었기에 부동산 시장이 침체하기도 했다. 2019년 8월 이후 2021년 11월까지 미분양 물량이 꾸준히 감소하고 있으며 2021년 11월 기준 미분양 물량 1,076호는 강원도 역사상 가장 적은 미분양 물량으로 부동산 시장의 좋은 분위기를 유지하는 데 긍정적 영향을 끼칠 가능성이 크다.

12) 경남: 매우 적은 수준

경남 미분양 추이(기간: 2007년 1월~2021년 11월)

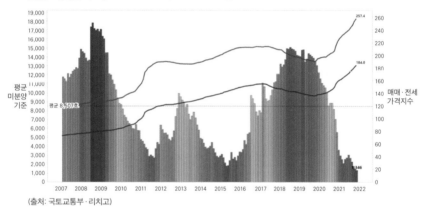

(출처: 국토교통부·리치고)

경남 역시 미분양 물량의 추이에 따라 부동산 시장이 영향을 받는 것을 볼 수 있다. 2007~2009년 사이 미분양 물량이 가장 많던 시기에 매매·전세가격은 약상승 또는 보합세를 유지하다가 2008년 7월 미분양 물량이 1만 7,832호에서 점진적으로 해소되기 시작하며 평균 이하까지 감소하던 2010~2011년에는 매매·전세가격의 상승 폭이 매우 컸음을 볼 수 있다. 또한 2011년 8월 2,729호에서 2012년 11월

9,941호까지 미분양 물량이 증가하면서 경남 부동산 시장이 2012년 6월에서 2013년 6월까지 침체기를 겪었으며 2012년 11월에서 2015년 5월 1,881호까지 미분양 물량이 감소하던 시기에는 부동산 시장 역시 활황이었다. 그리고 2015년 5월 이후부터 2018년 7월까지 미분양 물량이 3년간 증가하기 시작하는데 평균 8,507호를 넘어가는 2016년 7월부터 매매가격 역시 보합세로 접어들더니 미분양 물량이 많다고 위험 신호(빨간 막대그래프)가 뜬 2017년 2월 이후로는 부동산 시장이 침체하기 시작하였다.

2019년 6월 1만 4,402호부터 2021년 11월 1,346호까지 미분양 물량이 2년간 감소하며 경남 부동산 시장도 침체를 딛고 분위기가 좋아지기 시작했다. 미분양 물량이 감소 추이에 있기에 2022년 역시 경남 부동산 시장의 좋은 분위기를 유지하는 데 긍정적 영향을 미칠 것으로 판단된다.

13) 경북: 매우 적은 수준

경북 미분양 추이(기간: 2007년 1월~2021년 11월)

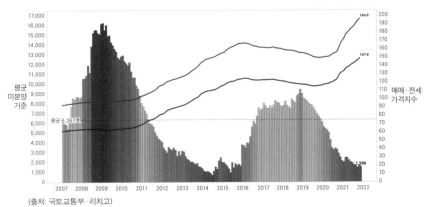

(출처: 국토교통부 · 리치고)

경북은 2008~2010년 사이 미분양 물량이 역대 가장 많았는데 부동산 시장 분위기 역시 좋지 않았다. 2009년 1월 1만 6,189호까지 미분양 물량이 발생한 이후로 2014년 6월 720호까지 점진적으로 감소했는데 이 시기가 최고의 매수 적기였다고 볼 수 있다. 2015년 11월 1,654호부터 2018년 12월 8,995호까지 3년간 미분양 물량이 증가하였다. 이 시기에 매매·전세가격이 하락하였기에 미분양 추이가 경북 부동산 시장에 영향을 미치는 중요한 요소 중 하나라는 것을 알 수 있을 것이다. 2018년 11월 이후부터 2021년 11월까지 미분양 물량은 감소 추이에 있다. 경북 부동산 시장의 분위기 역시 지속해서 뜨거워졌다. 경북은 2022년 입주 물량이 역대 최저이기에 미분양 물량 역시 더욱 감소할 것으로 판단되며 부동산 시장에 긍정적 영향을 미칠 가능성이 크다.

14) 전남: 적은 수준(단, 2021년 10월부터 미분양 물량이 증가)

전남 미분양 추이(기간: 2007년 1월~2021년 11월)

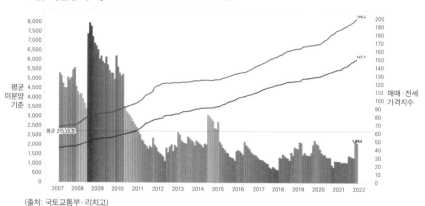

(출처: 국토교통부·리치고)

전남은 과거 2008년 6월에서 2010년 3월 사이 미분양 물량이 매우 많았다. 그러다가 2008년 7월 7,853호 이후로 미분양 물량이 감소함에 따라 약 상승세를 유지하던 매매·전세가격이 상승하는 것을 볼 수 있다. 전남의 매매·전세가격은 하락세를 거치지 않고 꾸준히 보합과 상승을 해온 것을 미분양 추이에서도 확인할 수 있다. 미분양 물량이 증가했던 2014년 6~12월 사이에 매매·전세가격 역시 일시적 보합세에 있다가 미분양이 감소하는 시점부터 다시금 가격이 상승하였기에 미분양 추이가 전남 부동산에 영향이 전혀 없었다고 보기 어렵다.

2011년 이후로 약 10년간 미분양 물량이 평균 이하의 범위에서 증가와 감소를 반복하고 있으나 2020년 9월 757호부터 2021년 11월 1,954호까지 1년간 미분양 물량이 증가하는 추이를 보여 2022년에도 미분양 물량이 지속해서 증가하면 전남 부동산 시장이 침체할 가능성이 커질 수 있다. 따라서 미분양 추이를 예의 주시하며 살펴볼 필요가 있다.

15) 전북: 매우 적은 수준

전북은 과거 2009년 4월 4,876호에서 2012년 6월 239호까지 3년간 미분양 물량이 감소하던 시기에 입주 물량도 부족하여 부동산 시장에 긍정적인 영향을 미쳤고 매매·전세가격이 상승 탄력을 받았던 것을 확인할 수 있다. 반대로 2012년에는 입주 물량이 증가하기 시작했고 2015년까지 지속해서 입주 물량이 많았기에 미분양 물량이 증가하던 시기와 맞물려 부동산 시장이 침체했다. 다만, 미분양 물량이 2015년 4월 829호에서 2016년 10월 2,737호까지 증가하던 시기에는 전북 부동산의 매매·전세가격이 상승하였으므로 미분양 물량의 증

전북 미분양 추이(기간: 2007년 1월~2021년 11월)

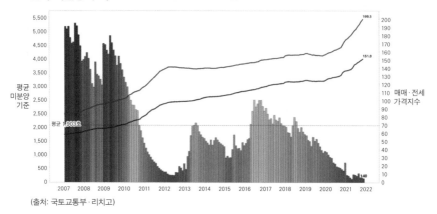

(출처: 국토교통부·리치고)

가와 감소가 부동산 시장에 무조건 영향을 끼치지 않는다는 것을 다시금 확인할 수 있다.

전북의 미분양 물량은 2016년 10월 2,727호에서 2021년 11월 140호까지 감소해왔다. 전북 역사상 가장 적은 미분양 물량이 남아 있어 전북 부동산 시장의 상승세를 유지하는 데 긍정적 영향을 미칠 것으로 판단된다. 다른 빅데이터들을 종합하여 전북에 내 집을 마련하더라도 괜찮을지 자세히 살펴볼 필요가 있다.

16) 충남: 매우 적은 수준

충남의 과거 미분양 물량은 2007년 3월 7,446호에서부터 2009년 3월 1만 8,251호까지 증가하였으며 2007~2010년까지가 미분양 물량이 가장 많았던 시기다. 이때 부동산 시장도 침체기에 있었다. 2009년 3월부터 2014년 6월까지 5년간 미분양 물량이 감소한다. 이때 매매·전세가격도 상승하기 시작하므로 미분양 물량이 감소하는 추이를 잘 확인했더라면 매수 적기였음을 금방 알아챌 수 있었을 것

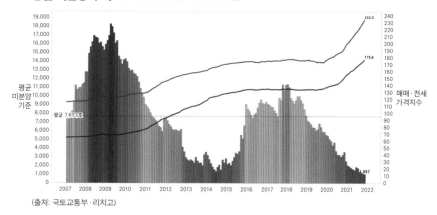

충남 미분양 추이(기간: 2007년 1월~2021년 11월)

(출처: 국토교통부·리치고)

이다. 다만, 미분양 물량이 2018년 1월 1만 1,352호에서부터 감소하기 시작하는 시점에도 매매가격은 2019년 11월까지 하락했는데 입주 물량이 2016~2018년까지 역대 가장 많았다. 과잉 공급 때문에 2019년까지 충남 부동산 시장의 분위기가 좋지 않았다. 단순히 미분양 물량의 감소 추이만 보기보단 다른 빅데이터들은 어떤 상황인지 종합적으로 판단해보길 바란다.

충남의 2021년 11월 미분양 물량은 1,057호로 약 3년간 감소하는 추이에 있으며 충남 역사상 가장 적은 미분양 물량이 남아 있다. 2022년에도 충남 부동산 시장의 상승세에 긍정적인 영향을 미칠 가능성이 크다. 하지만 2022년부터 입주 물량이 증가하기 시작하기 때문에 미분양 추이뿐만 아니라 다른 빅데이터들까지 종합적으로 확인하여 충남 부동산 시장에 접근하도록 하자.

17) 충북: 매우 적은 수준

충북은 충남과 달리 미분양 추이에 따라 부동산 시장의 영향이 매

충북 미분양 추이(기간: 2007년 1월~2021년 11월)

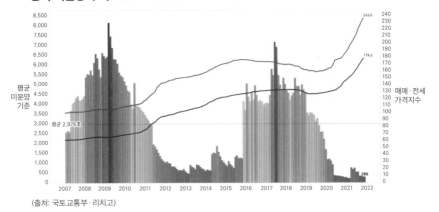

(출처: 국토교통부·리치고)

우 컸다(다만, 미분양 물량뿐만 아니라 다른 빅데이터들 역시 미분양 추이와 연결되어 유기적으로 부동산 시장에 작용했기 때문에 단순히 미분양 물량의 추이로서 충북 부동산 시장을 판단하는 것은 오판일 수 있다). 과거 2007년 4월 4,632호에서 2009년 3월 8,087호까지 미분양 물량이 단 2년 만에 약 1.7배 이상 증가했으며 2010년 11월까지 평균 이상 범위에서 매우 많은 미분양 물량이 남아 있었다. 이 시기에 충북 부동산 시장 분위기 역시 좋지 않았다.

2009년 3월 이후부터 감소하기 시작한 미분양 물량은 2011년 4월 7,620호까지 평균 범위로 감소하는데 매매·전세가격도 이 2011년 4월을 기점으로 하여 상승하기 시작했다. 2014년 6월 1,353호까지 감소한 미분양 물량은 2018년 1월 11,352호까지 다시 증가했고 매매가격이 2018년 2월 이후로 하락하기 시작하였기에 "미분양 물량이 증가할 때 충북 부동산 투자는 위험하다."라는 신호를 확실히 파악할 수 있다. 2018년 1월 이후부터는 다시 미분양 물량이 감소하고 있다. 충북 부동산 시장 역시 긍정적 영향을 받아 2019년 11월 이후부터 활황 중에 있다.

2021년 11월 미분양 물량은 1,057호로 그 어느 때보다 낮은 수준이며 지속하여 감소 추이에 있기에 충북 부동산 시장이 활황을 유지하는 데 긍정적 영향을 미칠 수 있을 것으로 판단된다.

이상으로 시도별 미분양 추이의 흐름을 짚어보았다. 미분양 물량이 증가하면 증가할수록 부동산 시장이 침체할 가능성이 매우 커지며 반대의 경우 부동산 시장의 분위기가 좋아진다는 것을 이해할 수 있었을 것이다. 또한 미분양 물량이 감소한다고 하여 부동산 시장이 무조건 좋아지는 것은 아니며 반대로 미분양 물량이 증가한다고 하여 부동산 시장이 꼭 침체하는 것은 아니라는 것 역시 확인할 수 있었다. 일자리에 따른 인구의 증가나 입주 물량의 부족 또는 입주 물량이 과도하여 부동산 시장이 안 좋아질 수도 있고 매매가격이 전세가격 또는 소득, 물가 대비 이미 많이 상승하여 부동산의 본질가치 대비 고평가에 있다 보니 수요가 줄어드는 현상 때문에 부동산 시장이 침체하기도 한다. 또한 꼭 고평가되어 있다고 부동산 시장이 곧바로 침체한다든가 저평가되어 있다고 부동산 시장이 곧바로 좋아지는 것 역시 아니라는 것을 확인할 수 있었을 것이다.

이 책을 읽는 독자들이라면 시·군·구별로 부동산 시장이 다를 수 있어 시도별로 파악하는 것은 의미가 없다고 생각할 수 있으나 시도별 데이터의 흐름이 좋아야 수요가 상대적으로 더 많이 흘러 들어가고 부동산 투자에 더욱 리스크가 적다는 것을 파악하길 바란다. 이번 장에서 본 빅데이터들은 많은 전문가가 말하는 '부동산의 심리'를 가장 잘 담고 있는 데이터들이다. 필자는 수없이 많은 부동산 강의를 들으며 전문가가 말하는 부동산에 직접 투자를 해보았다. 그리고 많은 실패를 통해 어떤 요인들이 부동산 시장에 영향을 미치는지 끊임없이 고민하고 연구하여 부동산 시장에 영향을 미치는 '심리'와 관련된 빅데이터들을 수집하고 시각화하였다.

이 빅데이터들을 종합하여 부동산에 투자해오며 단 한 번도 실패하지 않았다는 것을 강조한다. 시장의 유기적 흐름을 빅데이터들이 반영하는 데 한발 느리다는 이야기를 많이 들어왔다. 필자가 현장을 방문 시 부동산을 매수하기에는 이미 늦었다는 이야기를 수없이 들었으나 빅데이터들이 알려주는 신호를 보고 투자하는 그 시점이 바로 가장 발바닥(부동산 시장의 흐름이 긍정적으로 변화하기 시작하는 시점)이었으며 늘 몇 개월이 지난 후 어떻게 알고 투자했느냐는 이야기 역시 많이 들어왔다.

필자는 직접 빅데이터들을 종합하여 투자하고 검증하였기에 확실하게 말할 수 있다. 그 누구의 말보다 신뢰할 수 있는 객관적인 '빅데이터'라는 지표가 있으며 이 빅데이터들의 흐름을 종합하여 잘 이해만 한다면 독자들이 부동산 가격이 많이 올라 불안해하기보다 내 집을 마련하는 데 확신할 수 있는 근거를 정립할 수 있고, 부동산 투자를 하는 데 '백전불패' '로우 리스크 하이 리턴'의 결과를 얻을 수 있을 것이다. 이 책이 자산을 안정적으로 지키고 증식하는 데 꼭 도움이 될 수 있길 바란다.

전국 17개 시도별 흐름에 대한
종합평가

3장에서는 각 빅데이터를 기준으로 시도별 현황을 자세히 확인해 보았다. 그럼에도 그 내용만 가지고서 데이터의 흐름을 정확하게 판단하기 어려운 독자분들도 있을 것이다. 그래서 독자들이 의사결정하는 데 도움이 되고자 하는 취지에서 시도별 여러 빅데이터를 취합하여 종합 정리하고 2022년 전망에 대한 결론을 내려보고자 한다. 종합평가표에서 나쁨 또는 좋음에 표시된 화살표로 데이터의 흐름을 명확히 구분할 수 있을 것이다. 당연히 좋음에 더 가까운 것이 부동산 시장이 좋아지는 데 영향을 줄 수 있고, 반대로 나쁨에 더 가까울수록 부동산 시장이 침체하는 데 영향을 줄 수 있다.

종합평가표는 독자가 의사결정을 하는 데 있어 어떻게 쉽게 풀어갈 수 있을지 고민하고 만든 자료이다. 각 빅데이터의 흐름을 잘 이해하고 본인만의 종합 결론을 도출하는 것 역시 매우 의미가 있기에 의사결정을 내릴 때 잘 활용하길 바란다.

1) 서울

		나쁨		보통		좋음
시세	매매	☐	☐	←	☐	☐
	전세	☐	☐	←	☐	☐
전세 대비 저평가		←	☐	☐	☐	☐
소득 대비 저평가		←	☐	☐	☐	☐
물가 대비 저평가		←	☐	☐	☐	☐
주택구매력지수		←	☐	☐	☐	☐
전세가율		☐	←	☐	☐	☐
수급	매매	☐	←	☐	☐	☐
	전세	☐	☐	☐	←	☐
입주 물량		☐	☐	☐	☐	→
미분양		☐	☐	☐	☐	→
종합 결론		☐	←	☐	☐	☐

서울은 장기간 매매가격이 상승해왔다. 서울 부동산의 본질가치 대비 대부분 데이터는 버블이 많아 부동산 시장이 침체할 수 있다는 위험 신호를 보내고 있다. 서울 부동산은 전세 수급이 높고 입주 물량이 부족하며 미분양 물량이 적다. 그래서 2022년에도 전세가격은 상승할 수 있겠으나 2020년부터 통화량이 증가하며 이미 서울 부동산에 많이 흘러 들어갔고 인위적으로 매매가격이 상승한 서울 부동산 시장에 투자하는 것은 본인의 자산 가치를 보호하는 측면에서 자칫 위험한 선택이 될 수 있다. 이제는 대출 규제가 더 엄격해지고 있으므로 매매 수요는 더욱 감소할 여지가 크다.

필자의 전작 『빅데이터 부동산 투자 2021 대전망』에서 2022~2023년부터는 본격적인 대세 하락 구간이 시작될 수 있다고 하였다. 부동산에 관심 있는 독자라면 이미 2021년 하반기부터 서울 부동산 시장이 침체하고 있는 것을 보았을 것이다. 이제는 정말 변곡점에 와 있다. 서울 부동산을 매수할 계획이 있다면 매우 주의할 필요가 있다.

2) 경기도

		나쁨	보통			좋음
시세	매매			←		
	전세			←		
전세 대비 저평가		←				
소득 대비 저평가		←				
물가 대비 저평가			←			
주택구매력지수		←				
전세가율			←			
수급	매매		←			
	전세				←	
입주 물량				→		
미분양						→
종합 결론			←			

경기도 역시 서울과 비슷한 상승 흐름을 보여왔다. 이미 서울 아파트 가격과 유사하거나 더 높은 지역들도 많아졌다. 경기도 역시 대부분 지역이 정부의 규제범위 내에 있으며 대출 규제 역시 2021년 7월부터 강화되었다. 서울의 매물량 증가와 비교하면 인천과 경기도가 더 많이 쌓이는 것을 앞서도 확인하였을 것이다. 서울 부동산이 침체하기 시작하면 경기도 역시 비슷한 흐름으로 침체할 가능성이 크며 부동산을 매도하는 것은 오히려 서울보다도 더 어려울 수 있다.

이제는 경기도 역시 변곡점에 와 있다. 부동산 투자는 더욱 주의할 필요가 있다. 다만, 이천, 평택 등과 같이 생활권이 다른 경기도 외곽 지역은 상승, 하락 사이클이 종합평가와 다를 수 있으니 참고하길 바란다.

3) 인천

		나쁨 ←		보통		→ 좋음
시세	매매			◄		
	전세			◄		
전세 대비 저평가		◄				
소득 대비 저평가		◄				
물가 대비 저평가			◄			
주택구매력지수			◄			
전세가율			◄			
수급	매매		◄			
	전세				◄	
입주 물량		◄				
미분양						◄
종합 결론			◄			

인천은 2021년 부쩍 매매·전세가격의 상승률이 높았다. 다만, 대출 규제의 여파로 2021년 하반기부터 상승 폭이 매우 축소된 것을 볼 수 있으며 서울 또는 경기도의 부동산 시장이 침체하는 경우 인천 역시 수요가 급격히 감소할 수 있다. 특히 인천은 2022년부터 과거 대비 가장 많은 입주 물량이 공급된다. 미분양 물량은 아직 적은 수준이나 조금씩 증가하는 추이를 보이고 있다. 인천 부동산 시장이 침체하기 직전의 신호를 보내고 있다고 판단된다.

인천 부동산에 관심이 있다면 2022~2023년은 매우 보수적으로 접근할 필요가 있다고 판단된다. 이미 전세가율이 감소하고 있으며 전세 시장 역시 과잉 공급 때문에 수요가 받쳐주지 못할 가능성이 크니 전세를 구하는 사람들에게 2022년부터 저렴하게 전세로 들어갈 기회가 생길 수 있을 것으로 판단된다(전세를 구한다면 매매가격의 50% 이하에서 전세 또는 반전세를 구하도록 하자. 부동산 시장이 침체할 때 역전세 또는 깡통전세로 이어질 가능성이 크기 때문이다).

4) 광주

		나쁨		보통		좋음
시세	매매	☐	☐	◄	☐	☐
	전세	☐	☐	◄	☐	☐
전세 대비 저평가		◄	☐	☐	☐	☐
소득 대비 저평가		◄	☐	☐	☐	☐
물가 대비 저평가		◄	☐	☐	☐	☐
주택구매력지수		◄	☐	☐	☐	☐
전세가율		☐	◄	☐	☐	☐
수급	매매	☐	◄	☐	☐	☐
	전세	☐	☐	☐	◄	☐
입주 물량		☐	☐	►	☐	☐
미분양		☐	☐	☐	☐	►
종합 결론		☐	◄	☐	☐	☐

광주 역시 부동산 본질가치 대비 매우 고평가에 와 있다. 매매·전세가격의 상승 폭이 축소되고 있으며 저평가 인덱스와 주택구매력지수가 그 어느 때보다 좋지 않다. 광주는 여태까지 매매가격이 큰 하락 없이 약상승, 보합, 상승기를 거쳐왔다. 따라서 부동산 시장이 급격히 침체할 가능성은 작으나 이미 매수 적기인 시기는 지나갔다. 여태까지 급격한 매매가격 하락은 없었으나 시장이 침체하면 부동산을 매도하지 못하고 시장이 다시 좋아지기를 마냥 기다릴 수밖에 없다.

광주 부동산을 이미 보유하고 있다면 2022년부터는 매도 시기를 잘 살펴볼 필요가 있을 것이다. 또한 광주 부동산의 매수를 고민 중인 사람들이라면 최소한 2023~2024년까지는 기다려보며 다시금 매수 적기가 도래한다는 판단이 설 때 의사결정을 하면 좋을 것으로 판단된다.

		나쁨	보통			좋음
시세	매매		←			
	전세			←		
전세 대비 저평가			→			
소득 대비 저평가		←				
물가 대비 저평가		←				
주택구매력지수		←				
전세가율			→			
수급	매매		←			
	전세				←	
입주 물량		←				
미분양					←	
종합 결론		←				

대구 부동산 시장은 이미 변곡점이 시작되었다. 매매가격은 하락하기 시작하는 시점에 와 있으며 전세가격의 상승 폭 역시 매우 적어졌다. 다른 변수가 없다면 대구 부동산은 모든 데이터가 고평가라고 경고하고 있다. 매매가격이 하락하기 시작하는 시점에서 전세가율의 증가는 대세 하락의 초기 현상인데 2021년 하반기 대구 부동산 시장에 매우 유사하게 나타난다. 전세 수급 데이터 역시 감소 중이며 2022년 입주 물량은 2021년보다 많다. 미분양 물량도 증가하고 있어 모든 데이터가 대구 부동산의 침체에 대한 메시지를 보내고 있다.

2023년에는 입주 물량이 더욱 급증하기 때문에 당분간 대구 부동산 투자는 관망하는 것을 권장한다.

6) 대전

		나쁨		보통		좋음
시세	매매			←		
	전세			←		
전세 대비 저평가		←				
소득 대비 저평가		←				
물가 대비 저평가		←				
주택구매력지수		←				
전세가율			←			
수급	매매		←			
	전세				←	
입주 물량				←		
미분양					←	
종합 결론			←			

대전 부동산 시장 역시 2018년 이후 지속해서 매매가격이 상승했고 본질가치 대비 고평가에 진입하였다. 감소 추이를 보이던 미분양 물량이 2021년 11월 증가하기 시작하며 대전 부동산 시장의 분위기가 심상치 않다. 전세가율은 3년간 감소하고 있으며 매매 수급 데이터는 평균 이하로 감소하였고 전세 수급 데이터 역시 감소 추이를 보여 모든 데이터가 대세 하락의 전조 현상을 나타내고 있다. 아직 대전의 청약 경쟁률이 매우 높으므로 대전 부동산의 투자 수요가 많고 부동산 시장이 침체할 위험성이 적다고 생각할 수 있다. 하지만 대구 역시 2021년 상반기까지 청약 경쟁률은 양호했다.

이 책을 읽는 독자 중에 2022년에 대전 부동산을 매수할 계획이 있다면 1~2년만 계획을 늦추더라도 대전 부동산 시장의 분위기를 살펴보며 신중하게 판단하길 바란다.

7) 부산

		나쁨		보통		좋음
시세	매매	☐	☐	←	☐	☐
	전세	☐	☐	←	☐	☐
전세 대비 저평가		←	☐	☐	☐	☐
소득 대비 저평가		←	☐	☐	☐	☐
물가 대비 저평가		←	☐	☐	☐	☐
주택구매력지수		☐	←	☐	☐	☐
전세가율		☐	←	☐	☐	☐
수급	매매	☐	☐	←	☐	☐
	전세	☐	☐	☐	←	☐
입주 물량		☐	←	☐	☐	☐
미분양		☐	☐	☐	←	☐
종합 결론		☐	←	☐	☐	☐

부산은 아직 다른 지역과 비교하면 상대적으로 매매·전세 수급 데이터가 양호하다. 다만, 부동산 시장 사이클은 사람 몸으로 따지면 이미 어깨 인근까지 와 있다. 조금 더 부산 부동산 시장이 좋아지더라도 주택구매력지수가 부산 부동산 시장이 과거 침체하기 직전과 유사한 수준까지 도달했고 저평가 인덱스가 모두 상당히 고평가되어 있다고 경고하고 있다. 부산 부동산을 매수하는 것은 2021년보다 위험성이 매우 크다고 판단된다. 매매가격을 전세가격과 비교해도 그 어느 때보다 격차가 매우 심하며 처분가능소득과 비교해도 매매가격이 매우 높고, 물가 상승률과 비교해도 부동산 매매가격 상승률이 훨씬 더 높다.

부산은 재개발이 진행되는 곳이 많다. 이 재개발이 진행되는 과정에서 미래 가치만 바라보고 이미 미래 가치가 반영된 비싼 가격에 부동산을 매수한다면 시장이 침체할 때 자산 가치가 크게 타격을 받게 된다. 부동산 시장이 안정된 후에 매수를 고려해도 늦지 않으며 오히려 매우 좋은 기회가 될 수 있다는 것을 참고하길 바란다.

8) 울산

		나쁨		보통		좋음
시세	매매			←		
	전세			←		
전세 대비 저평가			→			
소득 대비 저평가		←				
물가 대비 저평가			←			
주택구매력지수		←				
전세가율				→		
수급	매매		←			
	전세				←	
입주 물량					←	
미분양						→
종합 결론				←		

울산은 2021년 대비 입주 물량이 증가하나 여전히 평균 이하로 다소 공급이 부족하다. 또한 미분양 물량 역시 감소하여 매우 적으며 전세가율은 증가 추이를 보여 수요가 증가할 수 있는 긍정적 요인들이 나타나고 있다. 다만, 3가지의 저평가 인덱스들이 이미 울산 부동산이 고평가되었다고 경고하고 있다. 주택구매력지수 역시 울산 부동산 시장이 가장 좋지 않았던 시기와 유사한 수준까지 와 있어 다소 주의가 필요한 시점이다. 그리고 매매 수급 데이터가 대세 상승장을 지나 평균 이하로 감소하는 것으로 판단되기에 울산 부동산 시장에 접근하는 것은 다소 신중할 필요가 있다.

하지만 과거 일자리 환경 개선이 울산 부동산 시장의 상승세에 긍정적 영향을 미쳤다. 다시금 일자리 환경이 개선된다면 울산 부동산 시장에 긍정적 영향을 미칠 수 있으니 2022년 동향을 살펴보며 보수적으로 접근하도록 하자.

9) 세종

		나쁨	보통			좋음
시세	매매	◀	□	□	□	□
	전세	◀	□	□	□	□
전세 대비 저평가		▶	□	□	□	□
소득 대비 저평가		▶	□	□	□	□
물가 대비 저평가		□	□	□	□	□
주택구매력지수		◀	□	□	□	□
전세가율		□	▶	□	□	□
수급	매매	◀	□	□	□	□
	전세	□	◀	□	□	□
입주 물량		□	□	□	□	▶
미분양		□	□	□	□	◀
종합 결론		◀	□	□	□	□

세종 부동산 시장은 2021년 침체 상황인 것을 확연히 느낄 수 있다. 전국에서 가장 매매·전세 수급 데이터가 좋지 않고 5년 만에 처음으로 미분양이 발생하였다. 부동산 시장이 좋지 않을 때 매수에 관심을 두고 매수 타이밍을 잡는 것은 맞으나 아직 저평가 인덱스들이 상당히 고평가인 상황으로 매수 적기는 아니라 판단된다. 입주 물량이 부족한 것은 사실이지만 단순히 하나의 데이터로만 부동산 시장이 침체기에서 벗어날 수 있다는 오판을 범하지 않았으면 좋겠다.

『빅데이터 부동산 투자 2021 대전망』에서 전망한 것과 같이 현재 세종 부동산 시장은 숨 고르기 중이며 중장기적으로는 지속해서 우상향할 수 있다. 2022년 역시 세종 부동산 시장을 지켜보며 여러 데이터가 모두 양호해지는 시기를 기다려보는 것을 추천한다.

10) 제주

		나쁨		보통		좋음
시세	매매	☐	☐	☐	←	☐
	전세	☐	☐	☐	←	☐
전세 대비 저평가		←	☐	☐	☐	☐
소득 대비 저평가		←	☐	☐	☐	☐
물가 대비 저평가		←	☐	☐	☐	☐
주택구매력지수		☐	→	☐	☐	☐
전세가율		←	☐	☐	☐	☐
수급	매매	☐	☐	←	☐	☐
	전세	☐	☐	☐	←	☐
입주 물량		☐	☐	☐	☐	→
미분양		☐	☐	→	☐	☐
종합 결론		☐	☐	→	☐	☐

『빅데이터 부동산 투자 2021 대전망』에서 제주도는 좋아질 가능성이 크다고 전망한 것과 같이 2021년 한 해 제주도 부동산 시장 열기는 매우 뜨거웠다. 저평가 인덱스가 모두 고평가로 나타나고 있다. 제주도 역사상 가장 전세가율이 낮아 부동산 투자는 위험성은 다분하나 지역적 특이성이 있어서 한번 뜨거워진 열기는 2022년에도 지속할 가능성이 크다. 특히 입주 물량이 매우 부족하고 미분양 물량 역시 감소 추이를 보여 2022년 제주도 부동산 시장의 분위기가 활황을 유지하는 데 긍정적 요인으로 작용할 수 있다.

다만, 2021년간 빠른 속도로 매매가격이 상승하였기 때문에 2022년부터는 전년도보다 상승률이 저하될 가능성이 크고 이미 매수 적기인 상황은 아니므로 부동산 투자는 삼고초려를 할 필요가 있다. 실수요자들은 아직 매수하기 유효한 상황이므로 급매물 위주의 매수가 가장 적합할 것으로 판단된다.

11) 강원

		나쁨	보통			좋음
시세	매매	☐	☐	☐	←	☐
	전세	☐	☐	☐	←	☐
전세 대비 저평가		☐	←	☐	☐	☐
소득 대비 저평가		☐	←	☐	☐	☐
물가 대비 저평가		☐	←	☐	☐	☐
주택구매력지수		☐	☐	←	☐	☐
전세가율		☐	☐	←	☐	☐
수급	매매	☐	☐	☐	☐	←
	전세	☐	☐	☐	☐	→
입주 물량		☐	☐	☐	☐	→
미분양		☐	☐	☐	☐	→
종합 결론		☐	☐	☐	←	☐

강원도는 매매·전세 수급 데이터가 전국에서 가장 좋은 지역이다. 2022년 입주 물량도 전년도 대비 감소하고 미분양 물량 역시 과거 대비 가장 적으며 지속해서 감소하고 있다. 강원도 역시 2020년 초부터 2년간 매매가격이 상승해왔고 이제는 고평가에 진입하고 있다. 하지만 다른 시도와 비교하면 아직 부동산 시장의 투자 가치가 양호한 지역으로 나타난다. 다만, 외지인의 투자가 2020~2021년간 강원도에 집중된 만큼 시장이 침체할 때 위험성 역시 크다. 이미 최적의 매수 적기는 강원도 역시 지나온 상황이다.

이 책을 읽고 있는 부동산 투자자라면 2022년부터는 강원도 내 지역별로 일자리 환경 또는 인구수와 세대수의 증가 추이, 입주 물량이나 미분양 추이 등을 자세히 검토하여 접근할 필요가 있다. 실수요자라면 급매물 위주로 매수하는 전략이 좋을 것이다.

12) 경남

		나쁨	보통			좋음
시세	매매	☐	☐	☐	→	☐
	전세	☐	☐	☐	→	☐
전세 대비 저평가		☐	☐	☐	←	☐
소득 대비 저평가		☐	☐	←	☐	☐
물가 대비 저평가		☐	☐	←	☐	☐
주택구매력지수		☐	☐	☐	←	☐
전세가율		☐	☐	☐	→	☐
수급	매매	☐	☐	☐	←	☐
	전세	☐	☐	☐	←	☐
입주 물량		☐	☐	☐	☐	→
미분양		☐	☐	☐	☐	→
종합 결론		☐	☐	☐ ←	☐	☐

경남은 빅데이터가 대부분 양호하게 나타나는 지역 중 하나다. 매매 수급 데이터가 감소세에 있으나 여전히 열기가 뜨거운 지역이며 전세 수급 데이터 역시 매우 높아 공급보다 수요가 매우 높은 지역이다. 또한 입주 물량이 2021년 대비 더욱 감소하고 미분양 물량 역시 감소 추이를 보여 2022년 역시 부동산 시장의 상승세가 유지할 수 있을 것으로 판단된다. 다만, 2019년 말부터 2020년 상반기가 최고의 매수 기회였기에 경남 역시 이미 지속해서 매매가격이 상승해왔다는 것을 고려하여 2021년보다 보수적으로 투자에 접근할 필요가 있다.

이미 2019년 말부터 관심에 두어도 좋은 지역이라고 필자는 강조해왔고 내 집 마련을 계획 중인 사람들은 아직 늦지 않았다고 판단되기에 실행에 옮기되 부동산을 투자로 접근하는 관점에서는 시·군·구별 자세한 검토가 더욱 필요한 시점에 있으니 참고하길 바란다.

13) 경북

		나쁨		보통		좋음
시세	매매	☐	☐	☐	◀☐	☐
	전세	☐	☐	☐	◀☐	☐
전세 대비 저평가		☐	☐	☐	◀☐	☐
소득 대비 저평가		☐	☐	◀☐	☐	☐
물가 대비 저평가		☐	☐	◀☐	☐	☐
주택구매력지수		☐	☐	☐	◀☐	☐
전세가율		☐	☐	☐	◀☐	☐
수급	매매	☐	☐	☐	◀☐	☐
	전세	☐	☐	☐	☐▶	☐
입주 물량		☐	☐	☐	☐▶	☐
미분양		☐	☐	☐	☐	☐▶
종합 결론		☐	☐	☐◀	☐	☐

경북 역시 경남과 유사하게 빅데이터가 대부분 양호하게 나타나는 지역이다. 매매 수급 데이터가 감소세에 있으나 전세 수급 데이터가 매우 높으며 증가세를 시작하고 있어 공급보다 수요가 매우 높은 지역이 될 가능성이 농후하다. 특히 2022년 입주 물량이 경북 역사상 가장 최저 공급이며 미분양 물량 역시 감소 중으로 2022년 역시 경북 부동산 시장이 좋은 흐름을 유지할 수 있을 것으로 판단된다.

다만, 경북은 입주 물량이 2023년부터 급격히 증가할 예정이며 2020년 중순부터 매매가격이 상승하고 있어 2022년이 최적의 매수 적기는 아니라 보인다.

이 책을 읽는 독자라면 부동산을 2022년에 매수하여 1년 내 매도하는 단기적 투자의 눈으로 바라보지 않았으면 좋겠다(부동산은 유동성이 가장 낮은 자산에 속한다). 즉 양도소득세를 고려한다면 2022년만 바라볼 것이 아니라 매수 시점부터 2년 후인 2024년에도 시장이 양호할 수 있을지 장기적 관점에서 바라보고 입주 물량의 위험성을 덜 수 있도록 경북 내 지역별로 면밀하게 검토하길 바란다. 또한 내 집 마련을 계획 중인 사람들은 지금이라도 실행에 옮겨도 늦지 않으니 보수적으로 부동산 매수를 검토하여 좋은 결실을 볼 수 있길 바란다.

14) 전남

		나쁨		보통		좋음
시세	매매	☐	☐	☐	←	☐
	전세	☐	☐	☐	←	☐
전세 대비 저평가		☐	→	☐	☐	☐
소득 대비 저평가		☐	☐	←	☐	☐
물가 대비 저평가		☐	☐	←	☐	☐
주택구매력지수		☐	←	☐	☐	☐
전세가율		☐	☐	→	☐	☐
수급	매매	☐	←	☐	☐	☐
	전세	☐	☐	☐	←	☐
입주 물량		☐	☐	←	☐	☐
미분양		☐	☐	←	☐	☐
종합 결론		☐	☐	←	☐	☐

전남은 모든 데이터가 부동산 시장의 침체에 대한 경고를 보내고 있다. 특히 미분양 물량이 급증하여 부동산 시장의 분위기가 심상치 않다는 신호를 보내고 있으며 주택구매력지수는 과거 전남 부동산 시장이 침체기를 겪었던 상황과 유사한 수준으로 돌입하고 있다. 전남 부동산 시장 사이클은 사람 몸에 빗대면 이미 어깨 인근까지 와 있다. 전남의 부동산 빅데이터들을 확인하며 애매하다고 판단된다면 더욱 보수적으로 신중하게 의사결정을 할 필요가 있다.

2022년 전남 부동산 시장은 전남 내 지역별로 다르게 나타날 수 있으나 전반적으로는 침체할 위험이 있으므로 주의하여 접근하길 바란다. 부동산은 자산에서 가장 큰 비중을 차지하기에 부동산 투자 광기의 시대에 편승하는 바람에 자산을 잃게 되거나 시간이라는 기회비용을 놓치지 않길 바란다.

15) 전북

		나쁨		보통		좋음
시세	매매	☐	☐	☐	← ☐	☐
	전세	☐	☐	☐	← ☐	☐
전세 대비 저평가		☐	← ☐	☐	☐	☐
소득 대비 저평가		☐	☐	← ☐	☐	☐
물가 대비 저평가		☐	☐	← ☐	☐	☐
주택구매력지수		☐	☐	☐	← ☐	☐
전세가율		☐	☐	← ☐	☐	☐
수급	매매	☐	☐	☐	← ☐	☐
	전세	☐	☐	☐	☐	→ ☐
입주 물량		☐	☐	☐	→ ☐	☐
미분양		☐	☐	☐	☐	→ ☐
종합 결론		☐	☐	☐	← ☐	☐

전북의 저평가 인덱스들은 고평가 구간에 이미 진입하였거나 혹은 진입하는 과정에 있다. 하지만 전세 수급 데이터가 매우 높고 매매 수급 데이터 역시 아직 높은 수준에 있다. 이와 더불어 미분양 물량은 감소하여 매우 적으며 입주 물량은 2022년 증가하나 과도한 공급은 아니다. 주택구매력지수 역시 아직 저평가 구간으로 2022년 전북 부동산 시장은 지속적인 열기가 이어질 것으로 판단된다. 다만, 전북 역시 이미 2020년 초부터 매매가격이 상승하고 있으므로 부동산 투자는 더욱 보수적으로 접근하도록 하자.

특히 일자리 환경이 개선되고 있는지 잘 살펴보며 직장 인구가 유입되어 수요를 계속 받쳐줄 수 있을지 분석해본다면 좋은 결과를 얻을 수 있을 것이다.

16) 충남

		나쁨		보통		좋음
시세	매매	☐	☐	☐	⬅	☐
	전세	☐	☐	☐	⬅	☐
전세 대비 저평가		☐	⬅	☐	☐	☐
소득 대비 저평가		☐	☐	⬅	☐	☐
물가 대비 저평가		☐	☐	⬅	☐	☐
주택구매력지수		☐	☐	⬅	☐	☐
전세가율		☐	☐	☐	☐	⬅
수급	매매	☐	☐	☐	⬅	☐
	전세	☐	☐	☐	⬅	☐
입주 물량		☐	☐	⬅	☐	☐
미분양		☐	☐	☐	☐	➡
종합 결론		☐	☐	☐	⬅	☐

충남의 저평가 인덱스들과 주택구매력지수는 고평가 구간으로 진입하고 있으나 전세가율이 전국에서 가장 높은 지역이다. 전세가율의 감소세가 두드러지지 않아 투자자들의 유입이 더욱 많아질 가능성이 농후하다. 2022년부터 입주 물량이 증가하기 시작하며 2023년은 입주 물량이 더욱 많이 공급될 예정이다. 2022년부터는 부동산 매수에 주의가 필요한 시점이라고 필자는 판단하고 있다. 이미 매매가격은 2019년 말부터 상승을 지속해왔기에 상승세가 한풀 꺾일 가능성 역시 배제할 수 없고, 외지인 투자 비율이 전국에서 가장 높은 지역이다. 부동산 시장이 침체하기 시작하면 매매가격의 하락 폭이 더욱 커질 위험이 있다.

만약 충남 부동산 투자에 관심이 있다면 지역별 입주 물량이 얼마나 공급되는지, 공급 예정 물량(분양)은 얼마만큼 계획되어 있는지를 자세히 분석해보자. 이미 충남 부동산을 보유한 사람이라면 매도 적기인 시기를 잘 잡도록 하고 매수를 고려하고 있다면 입주 물량이 많은 지역은 되도록 피하길 바란다.

		나쁨		보통		좋음
시세	매매	☐	☐	←	☐	☐
	전세	☐	☐	☐	→	☐
전세 대비 저평가		☐	☐	☐	→	☐
소득 대비 저평가		☐	☐	←	☐	☐
물가 대비 저평가		☐	☐	←	☐	☐
주택구매력지수		☐	☐	←	☐	☐
전세가율		☐	☐	←	☐	☐
수급	매매	☐	☐	☐	←	☐
	전세	☐	☐	☐	←	☐
입주 물량		☐	☐	☐	→	☐
미분양		☐	☐	☐	☐	→
종합 결론		☐	☐	☐ ←	☐	☐

충북은 전국에서 전세 대비 저평가 인덱스가 가장 저평가되어 있다고 나타난다. 하지만 소득 또는 물가 대비 저평가 인덱스와 주택구매력지수 등이 고평가 구간으로 진입하고 있어 이미 적절한 매수 시점은 지나갔다고 판단된다. 2020년보다 2021년이 더욱 매수세가 강해진 상황임을 매매·전세가격 시세 추이를 통해서도 충분히 확인할 수 있었을 것이다. 충북 역시 외지인 투자 비율이 전국에서 가장 높은 톱3 안에 있다. 전세가율은 2020년부터 급격하게 감소하고 있어 투자 수요 역시 감소할 가능성이 크고 2022년부터는 2021년에 비해 상승세가 줄어들 수 있다.

실수요자들이라면 급매물을 잡는 전략으로 적극적으로 내 집 마련을 고려해도 아직 괜찮은 지역이다. 다만, 부동산 투자를 고민 중이라면 보수적으로 접근할 필요가 있을 것이다.

4장

2021년 6개 유망지역 리뷰

데이터는 이미 유망지역을
알고 있었다

이번 장은 『빅데이터 부동산 투자 2021 대전망』에서 2021년 유망지역으로 선정했던 6개 지역이 1년간 어떤 변화가 있었는지 확인해보고자 한다. 2021년은 전국 대부분 지역이 상승장에 있었으므로 유망지역뿐만 아니라 다른 지역도 부동산 시장이 좋았다고 생각할 수도 있다. 앞서 시도별 빅데이터들을 같이 확인하며 필자의 의도를 아는 독자들은 2021년 유망지역이 단순히 2021년 상승에 머무는 것이 아니라 최소한 2023년에서 최대 2024년까지도 가장 안전하고 자금 투입 대비 수익을 극대화할 수 있는 지역을 선별하여 기술하였다는 것을 알 수 있으리라 믿는다.

필자가 선별했던 6개 유망지역인 강원 원주시, 충남 서산시, 충북 청주시 상당구, 전북 군산시, 경남 창원시 진해구, 경북 포항시 북구는 과거부터 매매가격이 많이 상승하여 빅데이터들이 버블이 많다고 경고하는 지역이 아니다. 이들 지역의 부동산 시장 사이클은 사람 몸으로 빗대면 최소 발바닥에서 최대 무릎 사이에 해당한다. 일반적으로 부동산 매수 금액은 내 자산에서 가장 큰 비중을 차지하므로 악수를 두지 않기 위해 최대한 보수적으로 접근하는 것이 바람직하다. 필자 역시 보수적인 투자자라고 생각하고 이 6개 유망지역은 지금도 데이터가 양호한지 살펴보고자 한다. 그리고 2020년에 확신할 수 없을 정도로 부동산 시장이 침체했던 지역은 2021년부터 정말 좋아졌는지도 살펴보고자 한다.

참고로 2021년 시도별 전망에서 빅데이터들이 좋았던 지역은 경기 일부, 강원, 전북, 충남, 충북, 경남, 경북이었다. 당시 유망지역을 선정한 시점은 2020년 9~10월 기준이었으며 저평가 인덱스를 분석할 때 사용한 데이터는 실제 가격을 잘 반영하는 시세를 기준으로 하였다. 참고로 리치고 앱을 다운로드하면 유망 시·군·구 지역의 투자 점수(전세가율 추이, 소득 및 물가 대비 저평가 인덱스, 입주 물량 추이, 미분양 추이, 주택구매력지수 등 포함), 거주 점수, 아파트 시가총액 순위 등을 최신 데이터로 확인할 수 있으니 꾸준히 동향을 살펴볼 때 적극적으로 활용하길 바란다.

2021년 부동산 투자자들에게 각광받던 강원도 원주시

1) 매매와 전세 시세의 흐름

원주시 매매 및 전세 증감률(2015년 1월~2021년 12월)

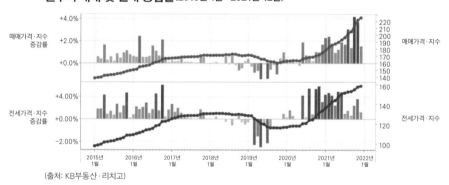

(출처: KB부동산·리치고)

원주시 매매 및 전세 누적증감률 2020년 vs 2021년

매매 누적증감률	2020년	2021년	전세 누적증감률	2020년	2021년
	+7.4%	+25.9%		+14.1%	+16.2%

(출처: KB부동산·리치고)

강원도 원주시는 2021년에 본격적인 매매가격 상승이 시작되었다. 전세가격 상승 폭이 굉장히 높았던 2020년 하반기에 매매가격은 막 상승을 시작하여 2021년부터 눈에 띄게 상승 폭이 증가하였다. 매매 누적증감률은 2020년 1~12월에 +7.4%였다면 2021년 1~12월은 +25.9%로 전년도 대비 약 3.5배가 증가하였으며, 전세 누적증감률은 2020년 1~12월에 +14.1%였다면 2021년 1~12월은 +16.2%로 꾸준히 증가하였다. 2020년보다 거래가 더 활발해지고 수요는 매우 많아졌다고 볼 수 있다.

2) 전세 대비 저평가 인덱스

원주시 전세 대비 저평가 인덱스(2020년 11월 +9.8% → 2021년 12월 -1.2%)

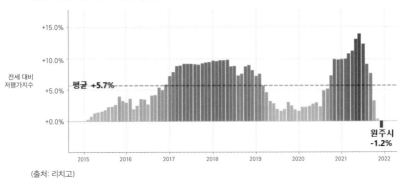

(출처: 리치고)

2020년 11월 9.8%로 상당히 저평가되었던 전세 대비 저평가 인덱스는 2021년 6월까지 더욱 증가한 후 매월 감소 추이를 보이며 2021년 12월 고평가로 진입하였다. 아직 매우 고평가된 것은 아니나 이미 매매가격과 전세가격의 상승 격차가 벌어지기 시작하였기에 부동산 투자에서 매수 최적기는 아니다. 다만, 전세 대비 저평가 인덱스로 확인 시 아직 실수요자가 급매물을 매수하는 데 있어 좋은 기회가 될 수 있을 것으로 판단된다.

3) 소득 대비 저평가 인덱스

원주시 소득 대비 저평가 인덱스(2020년 11월 PIR 4.1 → 2021년 12월 PIR 5.0)

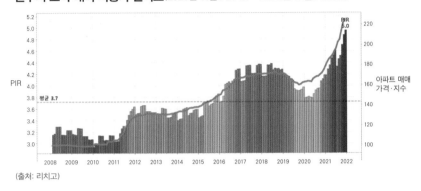

(출처: 리치고)

원주시의 아파트 매매가격은 2021년에 더욱 상승하며 PIR 역시 증가하였다. 2020년 11월에도 PIR 4.1로 이미 과거 PIR이 가장 높았던 2018년 6월 PIR 4.4의 턱밑까지 와 있었다. 이제 원주시의 처분가능소득 대비 아파트 가격은 과거 그 어느 때보다 높은 상황에 있다. 소득 대비 저평가 인덱스는 원주시 부동산을 매수하는 데 주의하라고 경고하고 있으니 보수적으로 접근해야 할 것으로 판단된다(시세 데이터는 신축 아파트 매매가격이 반영되어 있으므로 실질적인 가격보다 더 높게 나타날 수 있다. 즉 신축 아파트 매매가격에 50~60% 범위에 있는 적절한 준신축 및 구축의 급매물 위주로 고려해보면 좋을 것이다).

4) 물가 대비 저평가 인덱스

물가 대비 저평가 인덱스는 과거 대비 가장 고평가에 와 있다. 2020년 11월까지만 해도 고평가에 있었으나 2018년과 같이 매우 높은 수

원주시 물가 대비 저평가 인덱스(2020년 11월 -14.4% → 2021년 11월 -54.1%)

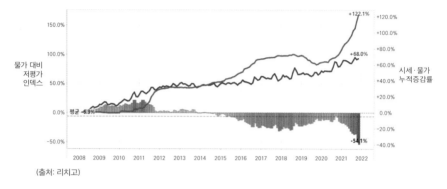

준은 아니었다. 강원도의 소비자물가지수도 1년간 증가하는 추이를 보였는데 매매가격 상승률은 물가 상승률보다 훨씬 증가했다고 볼 수 있다. 2021년 11월 기준으로 원주시 아파트의 매매가격이 물가 대비 가장 높은 수준에 있으므로 다소 주의할 필요가 있다. 다만, 필자가 전년도 역시 고평가 구간에 있음에도 원주시를 유망지역으로 선정한 것은 꼭 물가 대비 저평가 인덱스만 고려한 것이 아니라는 것을 참고하여 다른 빅데이터들도 살펴보길 바란다.

5) 전세가율

원주시 전세가율 추이(2020년 11월 76.6% → 2021년 12월 70.5%)

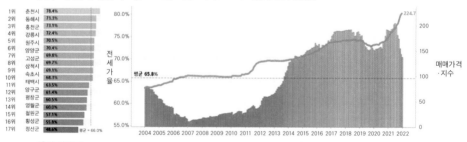

원주시 아파트 매입자 거주지별 거래량(2014년 1월~2021년 11월)

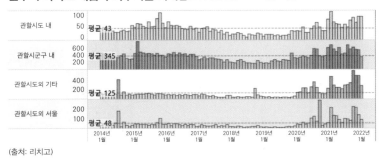

(출처: 리치고)

　전세가율은 2020년 11월 76.6% 이후에도 2021년 6월 78.0%까지 매우 높이 증가하였다. 그러다가 2021년 6월 이후부터 매매가격과 전세가격의 격차가 발생하며 6개월간 전세가율이 급격히 감소하고 있다. 물론 2021년 12월 전세가율 70.5% 역시 매우 낮은 것은 아니며 강원도 전체 평균 66% 이상으로 강원도 전세가율에서 5번째로 높은 지역에 있다. 다만, 전세가율이 지속해서 감소한다면 부동산 투자자들의 현금 비중이 높아질 수밖에 없어 수요가 점진적으로 감소할 수 있다는 것을 명심하자. 아파트 매입자 거주지별 거래량에서 '관할 시도 외 기타'와 '관할 시도 외 서울' 등의 거래량(막대그래프)은 외지인의 거래량을 의미한다. 2020년 초부터 거래량이 증가하고 있다는 것을 한눈에 확인할 수 있으며 외지인의 투자 수요가 감소하고 부동산 시장이 변곡점에 도래하면 매매가격이 더욱 크게 하락할 수 있다.

6) 입주 물량

　입주 물량은 2024년까지 공급이 매우 부족한 편이다. 과거 원주시 부동산 시장이 침체한 주요 원인 중 하나가 2018~2019년 입주 물량이 많이 공급되었기 때문이다. 따라서 입주 물량의 부족은 원주시의

원주시 입주 물량 추이(2021년 936호→2022년 1,720호)

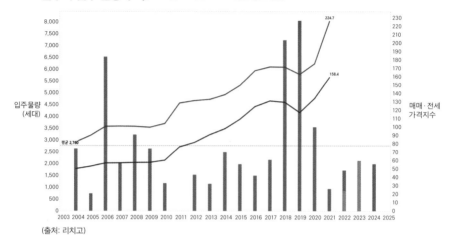

(출처: 리치고)

매매·전세가격의 상승에 긍정적 영향을 미칠 수 있다. 다만, 2021년 이후로 입주 물량이 조금씩 증가하는 추세로 2022년 원주시 부동산 투자 또는 내 집 마련을 계획 중인 사람들이라면 공급 예정 물량(분양)에 대한 동향을 잘 살펴보고 접근하도록 하자.

7) 미분양

2020년 12월에 미분양 물량이 급증하였으나 7개월간 빠른 속도로 해소되어 2021년 10월에는 전혀 남아 있지 않다. 입주 물량은 부족하고 미분양 물량은 전혀 없어 신규 공급이 부족하므로 2022년 역시 수요는 꾸준히 많을 것으로 판단된다. 다만, 입주 물량에서 언급하였듯 공급 예정 물량(분양)은 지속하여 관찰할 필요가 있다. 보통 부동산 시장의 분위기가 좋아지기 시작하면 신규 주택 분양 시 이해관계자들의 수익이 높아지기 때문에 신규 주택 공급이 증가한다. 공급 물량이 많아져 수요가 따라가지 못하는 경우 미분양 물량이 발생하

원주시 미분양 추이(2020년 12월 822호→2021년 10월 0호)

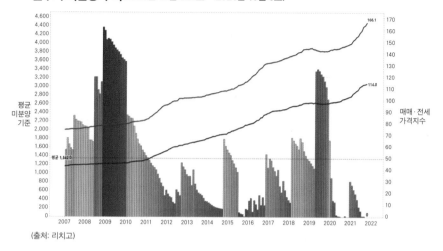

(출처: 리치고)

고 과잉 공급 때문에 부동산 시장이 침체할 위험이 커지므로 이 점을 참고하여 2022년에는 신중하게 접근하였으면 좋겠다.

8) 일자리

국민연금 가입자수 3년간 증감률(2018년 10월~2021년 10월)

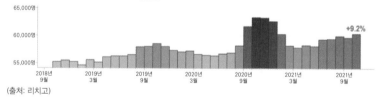

(출처: 리치고)

국민연금 가입자수를 통해 일자리 환경 개선을 확인해보면 시기적으로 9~10월 사이 일자리 인구수가 증가하고 매년 초에 인구수가 감소하는 모습을 보인다. 다만, 3년간 꾸준히 일자리 인구수가 증가해왔다. 강원도 전체에서 일자리 인구수 규모가 가장 큰 지역이기 때문에 실수요가 도 내에서 상대적으로 가장 안정적이다. 일자리 환경이 꾸준히 개선되고 공급 물량이 잘 조절된다면 원주시 부동산 시장의 안정화(수요와 공급 조절이 원만하여 부동산 시장 침체로 인한 가격 하락의 공포도 없고, 반대로 실수요가 감당하지 못할 정도로 가격 상승세가 극심하지도 않은 시장)에 긍정적 영향을 미칠 수 있을 것이다.

9) 인구수, 세대수

원주시 3년간 인구수 및 세대수 증감률(2018년 11월~2021년 11월)

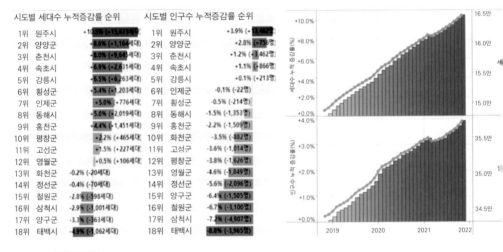

시도별 세대수 누적증감률 순위			시도별 인구수 누적증감률 순위		
1위	원주시	+10.5% (+15,673세대)	1위	원주시	+3.9% (+13,462명)
2위	양양군	+8.6% (+1,164세대)	2위	양양군	+2.8% (+756명)
3위	춘천시	+8.0% (+9,645세대)	3위	춘천시	+1.2% (+3,462명)
4위	속초시	+6.9% (+2,631세대)	4위	속초시	+1.1% (+866명)
5위	강릉시	+6.5% (+6,263세대)	5위	강릉시	+0.1% (+213명)
6위	횡성군	+5.4% (+1,203세대)	6위	인제군	-0.1% (-22명)
7위	인제군	+5.0% (+776세대)	7위	횡성군	-0.5% (-214명)
8위	동해시	+5.0% (+2,019세대)	8위	동해시	-1.5% (-1,353명)
9위	홍천군	+4.4% (+1,451세대)	9위	홍천군	-2.2% (-1,509명)
10위	평창군	+2.2% (+465세대)	10위	화천군	-3.5% (-882명)
11위	고성군	+1.5% (+227세대)	11위	고성군	-3.6% (-1,014명)
12위	영월군	+0.5% (+106세대)	12위	평창군	-3.8% (-1,626명)
13위	화천군	-0.2% (-20세대)	13위	영월군	-4.6% (-1,849명)
14위	정선군	-0.4% (-70세대)	14위	정선군	-5.6% (-2,096명)
15위	철원군	-2.8% (-598세대)	15위	양구군	-6.4% (-1,505명)
16위	삼척시	-2.9% (-1,001세대)	16위	철원군	-6.7% (-3,100명)
17위	양구군	-3.3% (-363세대)	17위	삼척시	-7.2% (-4,907명)
18위	태백시	-4.9% (-1,062세대)	18위	태백시	-8.8% (-3,965명)

(출처: 리치고)

인구수와 세대수는 2021년 1월 약간 감소하였으나 이후 꾸준히 증가 추이라는 것을 볼 수 있다. 3년의 기간으로 봐도 세대수뿐만 아니라 인구수 역시 증가하고 있어 '개발 호재'에 대한 잠재 가능성도 농후하다(수도권이 교통, 편의시설 등의 인프라가 좋다고 생각하듯 인구가 증가하면 지속해서 교통과 편의시설을 확충할 여지가 높아지기 때문이다. 보통 주택을 매수할 때 투자자들은 주택 구매 단위가 세대수이기에 세대수 증가율만 확인하나 인구수까지 증가하는 지역을 투자한다면 더욱 잠재 가치가 좋다고 할 수 있다). 원주시는 강원도 전체에서도 인구수와 세대수가 3년간 가장 많이 증가하는 지역으로 강원도 내 주택 수요 역시 가장 높은 지역이라 볼 수 있다.

10) 원주시 종합평가(2021년 12월 기준)

		나쁨		보통		좋음
시세	매매	□	□	□	□	➡
	전세	□	□	□	➡	□
전세 대비 저평가		□	□	◀	□	□
소득 대비 저평가		◀	□	□	□	□
물가 대비 저평가		◀	□	□	□	□
전세가율		□	□	◀	□	□
입주 물량		□	□	□	◀	□
미분양		□	□	□	□	➡
일자리		□	□	□	➡	□
인구수, 세대수		□	□	□	□	➡
종합 결론		□	□	□	◀	□

『빅데이터 부동산 투자 2021 대전망』에서 원주시는 상승 초기라 하였으며 2021년은 상승 중반까지 넘어온 시기라 볼 수 있다. 과거와 비교하여 소득·물가 대비 매매가격이 가장 고평가되었고 전세가율도 감소 중이며 입주 물량도 점진적 증가 추세를 보여 부동산 투자에 주의해야 할 요소들이 많아졌다. 2020년부터 외지인의 거래량이 증가 추세여서 부동산 시장이 침체하기 시작하면 매매가격이 하락할 위험성이 더 크다고 할 수 있다(투자 수요는 실거주 목적이 아니므로 수익이 저하되면 언제든 실수요자들보다 가격을 낮춰서라도 매도할 가능성이 크기 때문이다).

원주시는 인구수와 세대수가 강원도 내 증가율이 가장 높고 미분양 물량이 없으므로 2022년 역시 부동산 시장이 활황을 유지할 수 있을 것으로 판단된다.

실수요자라면 내 집 마련이 고민이 될 것이다. 아직 침체할 위험성이 상대적으로 적은 지역이므로 2022년부터는 실행에 옮기더라도 이미 가격이 많이 상승한 신축 아파트의 수요에 편승하기보다 상대적으로 저렴하고 입지가 좋은 준신축 또는 10~15년 차 내 구축 아파트의 급매물 매수를 고려해보면 좋은 선택이 될 수 있을 것이다.

이미 1~2년간 원주시 부동산 시장이 상승세를 유지하였기에 부동산 매수의 최적인 시기는 지나갔으며 2021년보다는 분명 보수적으로 바라볼 필요가 있다. 비단, 2022년에도 상승세가 유지되는 경우 그 현상에 집중하기보다는 신중하게 부동산 매수, 매도를 의사결정하고 시장의 동향을 데이터를 통해 살펴보며 다음 계획을 준비하길 바란다.

2021년 부동산 시장 침체의 늪을 벗어난 충남 서산시

1) 매매와 전세 시세의 흐름

서산시 매매 및 전세 증감률(2015년 1월~2021년 12월)

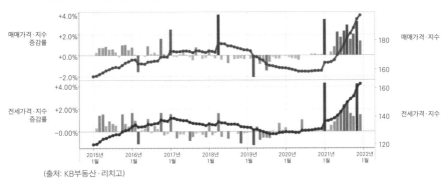

(출처: KB부동산·리치고)

서산시 매매 및 전세 누적증감률 2020년 vs 2021년

매매 누적증감률	2020년	2021년	전세 누적증감률	2020년	2021년
	-1.0%	+19.6%		+1.7%	+19.4%

(출처: KB부동산·리치고)

충남 서산시는 2021년에 매매가격 상승이 시작되었다. 2020년 하반기까지 매매가격은 하락세였으며 2018년 입주 물량이 과다 공급되어 약 2년 동안 부동산 시장이 침체했었기에 2020년 서산시 부동산 시장이 좋아질 것이란 기대감이 매우 적었다. 그런 서산시 부동산 시장이 좋아지기 시작하며 2021년 매매·전세가격의 상승 폭이 매월 높아지고 있다. 매매 누적증감률은 2020년 1~12월에 -1.0%였다면 2021년 1~12월은 +19.6%로 전년도 대비 18.6%가 증가하였으며, 전세 누적증감률 역시 17.7%가 더 증가하여 2021년부터 부동산 시장이 좋아지고 있다는 것을 독자들 역시 실감할 수 있을 것이다. 또한 매매가격이 상승하고 있음에도 전세가격 역시 매매가격 상승률과 유사하게 상승하고 있어 실수요자의 전세 수요가 매우 뜨거운 지역임을 위 표를 통해 눈치챌 수 있었을 것이다.

서신시 부동산 시장이 좋아질 것이라 보는 의견이 적었던 만큼 2021년 전국 부동산 시장이 대체로 좋아지며 나타난 일시적인 상승이라 보는 이들도 적지 않다. 그렇다면 각 빅데이터들은 서산시 부동산 시장이 뜨거워지고 있음에도 더 상승세를 유지할 가능성이 있는지, 그리고 아직도 투자하기에 양호한 상황인지 분석해보도록 하자.

2) 전세 대비 저평가 인덱스

2020년 11월 전세 대비 저평가 인덱스는 +6.7%로 평균 +3.3%의 2배 이상 수준으로서 상당히 저평가되어 있었다. 2021년 12월 전세 대비 저평가 인덱스는 +9.1%로 2020년 11월보다 더 저평가되어 있다고 나타나며 2015~2021년의 기간 중 전세 대비 저평가 인덱스가 가장 높은 수준에 있다. 매매가격이 상승하는데 왜 전세 대비 저평가

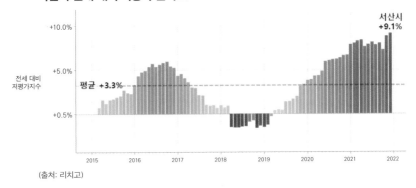

서산시 전세 대비 저평가 인덱스(2020년 11월 +6.7% → 2021년 12월 +9.1%)

(출처: 리치고)

인덱스는 더 증가했을까? 서산시는 전세 수요가 많아 전세가격이 더욱 상승하며 전세 대비 저평가 인덱스가 더 증가했다고 볼 수 있다. 전세 수요가 매우 높기에 전세 공급이 부족하면 자연스레 매매 수요도 더 높아질 수 있어 아직도 매매가격 상승 여력은 높다고 판단되며 서산시 부동산 시장이 더욱더 활황을 띄면 매매가격 상승의 탄력성이 커질 수 있다.

3) 소득 대비 저평가 인덱스

서산시 소득 대비 저평가 인덱스(2020년 11월 PIR 3.8 → 2021년 12월 PIR 4.3)

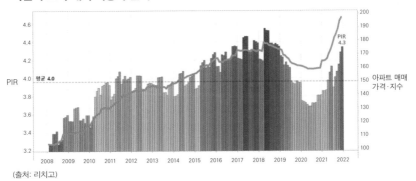

(출처: 리치고)

매매가격이 상승하며 PIR이 증가하였고, 2021년 12월 PIR은 4.3으로 평균 PIR 4.0 이상을 넘어서며 고평가에 진입하였다. 가장 고평가되었던 2018년 4월 PIR은 4.5보다는 양호한 상황이나 턱밑까지 왔다고 볼 수 있다. 이미 소득 대비 고평가에 진입하였기에 2022년부터는 서산시 부동산을 매수하는 데 주의하라고 경고하고 있다. 2021년에 비해 조금 더 보수적인 시각에서 바라볼 필요가 있다.

4) 물가 대비 저평가 인덱스

서산시 물가 대비 저평가 인덱스(2020년 11월 +6.1% → 2021년 11월 -20.8%)

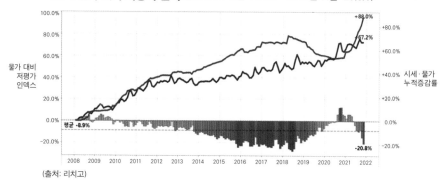

(출처: 리치고)

물가 대비 저평가 인덱스는 2020년에는 저평가였으나 2021년부터 고평가로 진입한 것을 확인할 수 있다. 서산시의 물가 대비 저평가 인덱스가 과거부터 현재까지 저평가 구간에 있었던 적이 많진 않으므로 저평가 구간에 있을 때 최고의 매수 적기였다. 하지만 이제 매매가격이 상승을 시작하고 있는 만큼 앞으로 물가 상승률과 격차가 더 벌어질 수 있으며 아직 2018년의 고평가 구간과 비교해본다면 매우 고평가된 것은 아니라 판단된다.

5) 전세가율

서산시 전세가율 추이(2020년 11월 82.3% → 2021년 12월 82.9%)

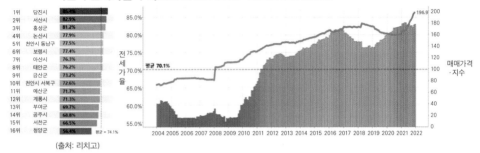

순위	지역	전세가율
1위	당진시	85.4%
2위	서산시	82.9%
3위	홍성군	81.2%
4위	논산시	77.9%
5위	천안시 동남구	77.5%
6위	보령시	77.4%
7위	아산시	76.3%
8위	태안군	76.2%
9위	금산군	73.2%
10위	천안시 서북구	72.6%
11위	예산군	71.7%
12위	계룡시	71.3%
13위	부여군	69.7%
14위	공주시	68.8%
15위	서천군	66.5%
16위	청양군	56.4%

평균 = 74.1%

(출처: 리치고)

전세가율은 2020년 11월 82.3% 이후에도 과거 대비 가장 높은 전세가율을 꾸준히 유지하고 있다. 세부적으로 확인해보면 전세가율이 증가할 때 매매가격도 지속해서 상승하고 전세가율이 감소하던 시기에 매매가격도 하락하는 것을 볼 수 있다. 전세가율 추이에 따라 서산시 부동산 시장이 움직여온 것은 아니라는 걸 짐작할 수 있다. 다만, 매매가격이 급격히 상승하는 과정에서도 전세가율 추이가 감소하고 있지 않아 실수요자들의 전세 수요가 매우 높은 지역임을 다시금 확인할 수 있으며 충남 전체에서도 2번째로 전세가율이 높아 투자 수요가 더 증가할 가능성이 크다고 판단된다.

6) 입주 물량

2018년에 입주 물량의 과도한 공급 때문에 부동산 시장이 침체하였으며 2019~2020년에는 입주 물량의 급격한 감소로 전세가격이 약상승하는 것을 볼 수 있다. 입주 물량이 서산시 부동산 시장에 매우 큰 영향을 미쳤다고 판단된다. 서산시는 2021년 10월에 미분양 관리지역에서 해제되었으며 2021년 3월 주택건설 사업승인 전면 제

서산시 입주 물량 추이(2021년 2,048호 → 2022년 1,127호)

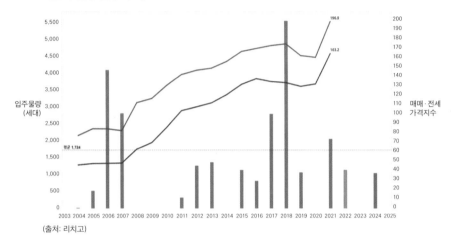

(출처: 리치고)

한 해제 등 2021년부터 주택 공급 규제가 완화되었다. 그래서일까? 한동안 미분양 관리지역의 지정과 주택건설 사업승인의 전면 제한 때문에 서산시 입주 물량은 2024년까지 공급이 매우 부족하다. 2022년의 입주 물량은 전년도보다 더 감소하고 2023년 입주 물량은 전혀 없다. 공급이 감소하는 시점에서 매매·전세가격이 상승하고 있어 이제야 침체의 늪에서 벗어나는 시점이라는 것을 입주 물량의 추이를 통해 명확하게 파악할 수 있다.

주택 공급과 관련된 사업승인을 받고 분양하기까지는 최소한 2년이 소요되는 것을 생각해본다면 2021년 초부터 빠르게 준비하더라도 최소한 2022년 하반기에서 2023년이 되어야 분양할 가능성이 크다. 서산시의 입주 물량은 민간 임대 아파트 분양이나 임대 아파트의 민간 분양 전환의 변수만 제외한다면 최소한 4년 이내 급격히 증가하긴 어렵다고 볼 수 있다. 공급 물량의 부족은 서산시 부동산 시장의 상승세를 유지하는 데 긍정적 영향을 지속해서 미칠 것으로 판단된다.

7) 미분양

서산시 미분양 추이(2020년 11월 328호 → 2021년 10월 204호)

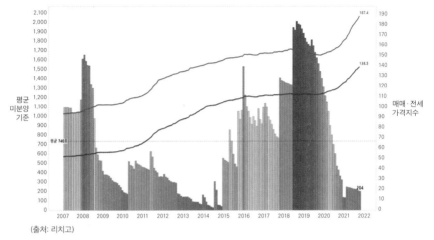

(출처: 리치고)

미분양 물량이 2018년 8월 2,021호까지 서산시 역대 최고조로 증가하였으나 이후 점진적으로 해소되기 시작하였다. 2021년 1월 135호까지 해소되다가 2021년 2월에 252호로 증가하였다. 이는 매매가격이 하락하며 부동산 시장이 침체했던 공포가 2021년 초에도 가시지 않아 발생한 미분양 물량이다. 2021년 2월 이후로는 미분양 물량이 조금씩 해소되고 있는 걸 볼 수 있다. 1년 사이에 미분양 추이에서도 분위기가 많이 바뀐 것을 느낄 수 있다.

8) 일자리

국민연금 가입자수는 시기적으로 증가와 감소를 반복하고 있으나 지속해서 증가하는 것을 볼 수 있다. 입주 물량도 부족한 상황이고 미분양 물량도 감소 중이며 전세가격과 매매가격의 차이가 다른 지역에 대비하여 상대적으로 크지 않아 직장 인구수가 증가하는 만큼 부

국민연금 가입자수 3년간 증감률(2018년 10월~2021년 10월)

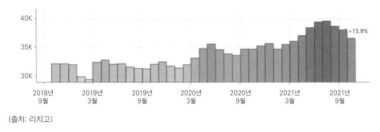

(출처: 리치고)

동산 거래 역시 더욱 활발해질 것을 예상할 수 있다(참고로 서산시는 다른 지역보다 평균 연봉이 월등히 높다. 제조업 기반의 지역으로 급여가 높아 직장 인구가 더욱 유입될 것으로 판단된다).

9) 인구수, 세대수

서산시 3년간 인구수 및 세대수 증감률(2018년 11월~2021년 11월)

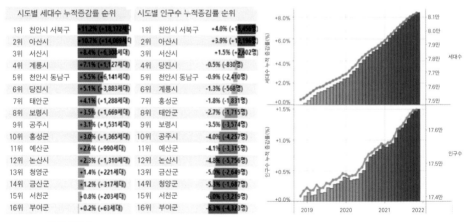

시도별 세대수 누적증감률 순위		시도별 인구수 누적증감률 순위	
1위 천안시 서북구	+11.2% (+18,172세대)	1위 천안시 서북구	+4.0% (+15,456명)
2위 아산시	+10.7% (+14,089세대)	2위 아산시	+3.9% (+12,196명)
3위 서산시	+8.4% (+6,308세대)	3위 서산시	+1.5% (+2,602명)
4위 계룡시	+7.1% (+1,127세대)	4위 당진시	-0.5% (-830명)
5위 천안시 동남구	+5.5% (+6,141세대)	5위 천안시 동남구	-0.9% (-2,410명)
6위 당진시	+5.1% (+3,883세대)	6위 계룡시	-1.3% (-568명)
7위 태안군	+4.1% (+1,288세대)	7위 홍성군	-1.8% (-1,831명)
8위 보령시	+3.5% (+1,669세대)	8위 태안군	-2.7% (-1,715명)
9위 공주시	+3.1% (+1,531세대)	9위 보령시	-3.5% (-3,574명)
10위 홍성군	+3.0% (+1,365세대)	10위 공주시	-4.0% (-4,257명)
11위 예산군	+2.6% (+990세대)	11위 예산군	-4.1% (-3,315명)
12위 논산시	+2.3% (+1,310세대)	12위 논산시	-4.8% (-5,756명)
13위 청양군	+1.4% (+221세대)	13위 금산군	-5.0% (-2,649명)
14위 금산군	+1.2% (+317세대)	14위 청양군	-5.3% (-1,687명)
15위 서천군	+0.8% (+203세대)	15위 서천군	-6.0% (-3,219명)
16위 부여군	+0.2% (+63세대)	16위 부여군	-6.3% (-4,323명)

(출처: 리치고)

인구수와 세대수가 지속해서 증가하고 있다. 충남에서 인구수와 세대수 증가율이 3번째로 높으며 인구수는 천안시 서북구, 아산시, 서산시 3개 지역만 유일하게 증가하고 있다. 2021년 11월 기준 서산시의 세대수는 8만 1,294세대이며 인구수는 17만 6,610명으로 인구수가 20만 명 이하, 세대수가 10만 세대 이하에 속하는 소규모 도시에 해당한다. 그러나 인구수와 세대수가 꾸준히 증가함에 따라 오히려 신규 개발 호재들이 발생할 가능성이 커 더욱 기대가 되는 지역이다.

10) 서산시 종합평가(2021년 12월 기준)

		나쁨	보통			좋음
시세	매매	☐	☐	☐	☐	→
	전세	☐	☐	☐	☐	→
전세 대비 저평가		☐	☐	☐	☐	→
소득 대비 저평가		☐	←	☐	☐	☐
물가 대비 저평가		☐	←	☐	☐	☐
전세가율		☐	☐	☐	☐	→
입주 물량		☐	☐	☐	☐	→
미분양		☐	☐	☐	☐	→
일자리		☐	☐	☐	→	☐
인구수, 세대수		☐	☐	☐	→	☐
종합 결론		☐	☐	☐	→	☐

『빅데이터 부동산 투자 2021 대전망』에서 서산시는 최적의 매수 시기라고 하였다. 그런데 침체했던 부동산 시장이 2021년 초부터 상승세로 진입하며 이미 1년간 매매가격이 상승해오고 있어 이제 매수 최적기는 지나갔다. 소득 및 물가 대비 저평가 인덱스가 이미 고평가에 진입한 만큼 다소 주의는 필요한 상황이다. 하지만 나머지 빅데이터들의 흐름은 부동산 시장의 상승세에 긍정적인 영향을 줄 수 있으며 매매가격이 상승함에도 전세 대비 저평가 인덱스가 전년도보다 더 높아져 매매가격의 상승 여력은 높다고 판단된다.

입주 물량은 부족하고 미분양 물량은 계속 감소하고 있으며 전세가율은 역대 가장 높은 수준을 유지하고 있어 투자 수요가 지속해서 유입될 여지가 높다. 2020년 하반기 침체의 늪에서 벗어나 이제 막 서산시 부동산 시장이 좋아지기 시작했다. 내 집 마련을 계획 중인 사람들이라면 아직 늦지 않았으니 관심 있게 보길 바란다.

규제지역임에도
2021년 부동산 시장 흐름이 좋았던
청주시 상당구

1) 매매와 전세 시세의 흐름

청주시 상당구 매매 및 전세 증감률(2015년 1월~2021년 12월)

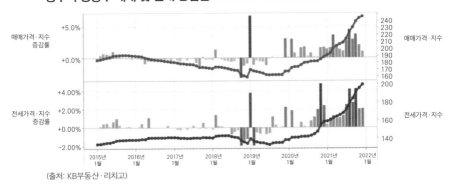

(출처: KB부동산·리치고)

청주시 상당구 매매 및 전세 누적증감률 2020년 vs 2021년

매매 누적증감률	2020년	2021년	전세 누적증감률	2020년	2021년
	+12.1%	+29.2%		+14.4%	+25.5%

(출처: KB부동산·리치고)

충북 청주시 상당구는 2020년 6월 조정대상지역으로 지정되며 상승세가 급감했던 지역이었다. 대출, 분양, 세금 등의 규제가 강화되며 수요 역시 감소할 것으로 예상한 이들이 적지 않았으며 조정지역 해제 촉구에 대한 의견도 분분했다. 그러나 2021년 동안 청주시 상당구는 2020년과 비교하면 매매·전세가격이 큰 폭으로 상승하고 있었음을 확인할 수 있다. 2017년 8·2 부동산 대책이 나오며 서울 부동산 매매가격이 안정세 또는 하락세로 진입할 것이라 주장하던 상황과 유사하다. 정부 규제만으로 부동산 시장 흐름의 방향을 바로 전환하기에는 부동산에 영향을 주는 다른 요인들도 같이 따라주어야 한다는 것을 알 수 있을 것이다.

2) 전세 대비 저평가 인덱스

청주시 상당구 전세 대비 저평가 인덱스(2020년 11월 +15% → 2021년 12월 +15.1%)

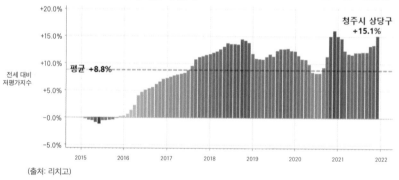

(출처: 리치고)

2020년 11월 전세 대비 저평가 인덱스는 +15%로 상당히 저평가되어 있었는데 2021년 12월 전세 대비 저평가 인덱스 역시 +15.1%로 유사한 수준을 지속해서 유지하고 있다. 1년간 전세가격의 상승률이 매매가격 상승률과 비슷하다는 것으로 전세 수요 역시 매매 수요만큼 매우 많았다는 것을 확인할 수 있다. 부동산 시장이 좋아지기 시작하면 보통 매매 수요가 더욱 많아지며 매매가격과 전세가격의 격차가 발생한다. 2021년 입주 물량과 미분양 물량이 전혀 없다 보니 전세 수요 역시 매우 많았던 것으로 확인된다. 아직 전세가격 대비 매매가격 상승 여력이 높기에 부동산 시장이 지속해서 활황을 띄면 매매가격의 상승 탄력성이 커질 수 있을 것으로 판단된다.

3) 소득 대비 저평가 인덱스

청주시 상당구 소득 대비 저평가 인덱스(2020년 11월 PIR 4.4 → 2021년 12월 PIR 5.4)

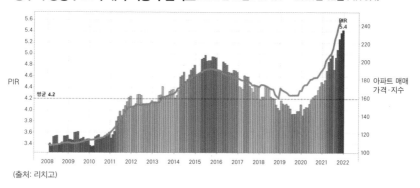

(출처: 리치고)

2020년 11월에 평균 PIR 4.2 이상으로 고평가에 진입하였다. 다만, 과거 가장 PIR이 고평가되었던 2015년 6월 5.0에 대비하여 양호한 수준을 유지하였는데 2021년 12월 PIR은 5.4로 과거 이상의 고평가에 진입한 것으로 확인된다. 물론 시세 데이터로 판단하고 있어 아직 저평가된 아파트들도 있겠으나 부동산 시장의 전체적인 흐름에서는 이미 소득 대비 상당히 고평가에 진입하였기에 주의할 필요는 있다고 보이며 조금 더 보수적인 시각에서 바라보고 접근하는 것이 필요하다.

4) 물가 대비 저평가 인덱스

청주시 상당구 물가 대비 저평가 인덱스(2020년 11월 -12.8% → 2021년 11월 -58.2%)

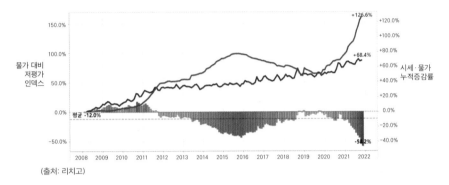

(출처: 리치고)

2021년 11월 물가 대비 저평가 인덱스는 '-58.2%'로 상당히 고평가되어 있으며 작년 대비 1년간 물가 상승률과 아파트 가격 상승률의 격차가 더 많이 벌어진 것을 확인할 수 있다. 이미 과거 가장 고평가되었던 2015년 11월 -43.4%와 비교해봐도 부동산 본질가치 대비 상당히 고평가된 것을 확인할 수 있다. 부동산 시장이 침체할 수 있다는 경고에 대해 주의할 필요가 있다. 특히 청주시 상당구의 부동산 시장은 물가 대비 저평가 인덱스가 과거 가장 고평가되었던 시점에서 침체기를 겪기 시작하였기에 소득 대비 저평가 인덱스와 마찬가지로 2022년부터는 청주시 상당구 부동산 시장을 보수적인 시각에서 접근할 필요가 있다.

5) 전세가율

전세가율은 2020년 12월 84.1% 이후 대세 감소 추이를 보여왔다. 다만, 2021년 9월부터 부동산 대출 규제로 인해 매매가격 상승률이 저하되었으나 전세가격 상승률은 유지되며 3개월간 전세가율이 약증가

청주시 상당구 전세가율 추이(2020년 11월 83.5% → 2021년 12월 80.9%)

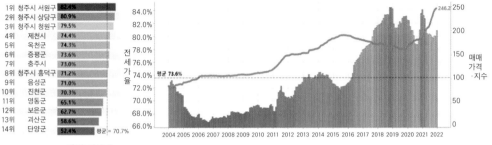

순위	지역	전세가율
1위	청주시 서원구	82.4%
2위	청주시 상당구	80.9%
3위	청주시 청원구	79.5%
4위	제천시	74.4%
5위	옥천군	74.3%
6위	증평군	73.6%
7위	충주시	73.0%
8위	청주시 흥덕구	71.2%
9위	음성군	71.0%
10위	진천군	70.3%
11위	영동군	65.1%
12위	보은군	62.7%
13위	괴산군	58.6%
14위	단양군	52.4%

평균 = 70.7%

(출처: 리치고)

하였다(각 은행 영업점의 대출 실적을 위해 전면 금지되었던 주택담보대출이 2022년 초에 가능해질 수 있어 매매가격 상승률 역시 다시금 높아진다면 전세가율 추이는 감소할 것으로 판단된다). 비록 전세가율은 감소 추이에 있으나 아직 청주시 상당구의 전세가율은 과거 대비 매우 높은 수준이다. 충북 전체에서도 청주시 서원구 다음으로 높은 전세가율을 유지하고 있어 투자 수요 역시 2022년에도 양호하게 유입될 수 있을 것으로 판단된다.

6) 입주 물량

2015년은 입주 물량이 전혀 없었고 2017년까지 입주 물량이 매우 부족했음에도 매매가격이 지속해서 하락한 것으로 파악된다(2018~2020년 입주 물량 공급이 청주시 상당구 역사상 가장 많았는데 보통 2015~2017년 사이 선분양하기에 신규 분양이 많아 매매가격에 영향을 주었던 것으로 파악되며 미분양 물량 추이를 통해 확인할 수 있다). 2021년은 입주 물량이 전혀 없었기에 공급이 매우 부족했으나 2022년은 입주 물량이 2,349호로 다소 증가하는 것을 확인할 수 있다. 다만, 2018년 또는 2020년에 비해 매우 많은 공급은 아니며 2020년 입주 물량이

청주시 상당구 입주 물량 추이(2021년 0호 → 2022년 2,349호)

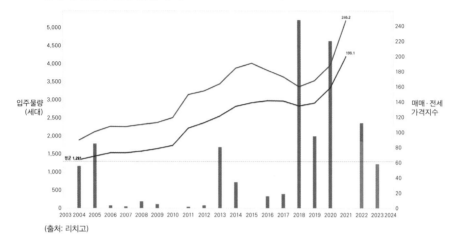

(출처: 리치고)

상당히 많았음에도 2020~2021년은 부동산 시장이 상승세를 시작했기에 2022년의 입주 물량이 청주시 상당구 부동산 시장의 상승세에 악영향을 주진 않을 것으로 판단된다.

7) 미분양

2017년 6월 3,501호까지 미분양 물량이 증가하였으나 2018년 6월 3,072호 이후부터는 지속해서 감소하고 있다. 2020년 11월 27호의 남은 미분양 물량 역시 매우 적은 수준이었으나 2021년 1월부터 미분양 물량이 전혀 남아 있지 않아 부동산 시장에 있어 긍정적 영향을 미칠 것으로 판단된다(청주시 상당구는 미분양 추이가 부동산 시장에 영향을 많이 미쳤으므로 신규 공급 예정 물량의 추이를 꾸준히 확인해보도록 하자).

청주시 상당구 미분양 추이(2020년 11월 27호 → 2021년 10월 0호)

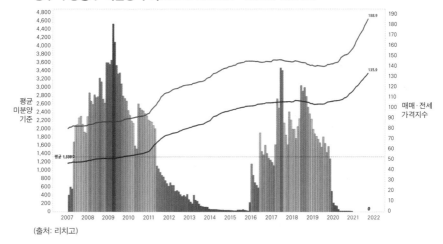

(출처: 리치고)

8) 일자리

국민연금 가입자수 3년간 증감률(2018년 10월~2021년 10월)

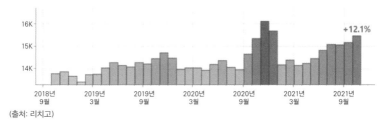

(출처: 리치고)

국민연금 가입자수도 10~12월 사이 증가와 감소를 반복하나 3년 간 꾸준히 증가한 것을 확인할 수 있다. 청주시 전체적으로도 국민연 금 가입자수 증가율이 양호하고(청주시 흥덕구 +6.3%, 청원구 +7.9%, 서 원구 +2.3%) 청주시 상당구가 일자리 인구 증가율이 가장 높아 2022 년 역시 실수요자들의 부동산 거래가 지속해서 활발히 이루어질 것 으로 예상할 수 있다.

9) 인구수, 세대수

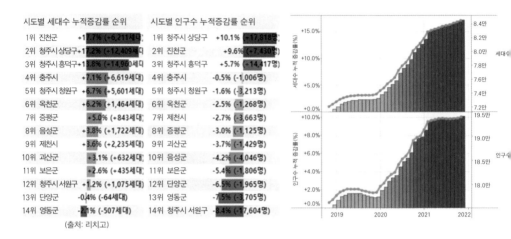

시도별 세대수 누적증감률 순위

1위 진천군 +17.7% (+6,211세대)
2위 청주시 상당구 +17.2% (+12,409세대)
3위 청주시 흥덕구 +13.8% (+14,960세대)
4위 충주시 +7.1% (+6,619세대)
5위 청주시 청원구 +6.7% (+5,601세대)
6위 옥천군 +6.2% (+1,464세대)
7위 증평군 +5.0% (+843세대)
8위 음성군 +3.8% (+1,722세대)
9위 제천시 +3.6% (+2,235세대)
10위 괴산군 +3.1% (+632세대)
11위 보은군 +2.6% (+435세대)
12위 청주시 서원구 +1.2% (+1,075세대)
13위 단양군 -0.4% (-64세대)
14위 영동군 -2.1% (-507세대)

시도별 인구수 누적증감률 순위

1위 청주시 상당구 +10.1% (+17,818명)
2위 진천군 +9.6% (+7,430명)
3위 청주시 흥덕구 +5.7% (+14,417명)
4위 충주시 -0.5% (-1,006명)
5위 청주시 청원구 -1.6% (-3,213명)
6위 옥천군 -2.5% (-1,268명)
7위 제천시 -2.7% (-3,663명)
8위 증평군 -3.0% (-1,125명)
9위 괴산군 -3.7% (-1,429명)
10위 음성군 -4.2% (-4,046명)
11위 보은군 -5.4% (-1,806명)
12위 단양군 -6.5% (-1,965명)
13위 영동군 -7.5% (-3,705명)
14위 청주시 서원구 -8.4% (-17,604명)

(출처: 리치고)

과거 인구수와 세대수가 꾸준히 감소하였으나 2018년 9월 이후부터 증가하기 시작하여 이제는 꾸준히 증가 추이에 있는 지역이다(일자리 환경의 개선뿐만 아니라 입주 물량이 인구수와 세대수 증가율에 영향을 많이 미친 것으로 확인된다). 세대수는 충북 전체에서 2번째로 가장 높은 증가율을 보이고 있다. 인구수는 충북 내 가장 증가율이 높아 충북 전체에서도 주택 수요가 가장 많은 지역으로 판단된다.

10) 청주시 상당구 종합평가(2021년 12월 기준)

		나쁨	보통			좋음
시세	매매	☐	☐	☐	→	☐
	전세	☐	☐	☐	☐	→
전세 대비 저평가		☐	☐	☐	☐	→
소득 대비 저평가		←	☐	☐	☐	☐
물가 대비 저평가		←	☐	☐	☐	☐
전세가율		☐	☐	☐	←	☐
입주 물량		☐	☐	☐	←	☐
미분양		☐	☐	☐	☐	→
일자리		☐	☐	☐	→	☐
인구수, 세대수		☐	☐	☐	☐	→
종합 결론		☐	☐	☐	←	☐

청주시 상당구는 2021년 입주 물량이 전혀 없어 매매가격 상승 못지않게 전세가격도 많이 상승하였다. 2022년은 미분양 물량이 전혀 없는 상황이고 입주 물량역시 많이 공급되는 것은 아니며 인구수와 세대수 증가율이 충북 내에서 매우 높아 2022년에도 매매·전세가격이 상승세를 유지할 수 있을 것으로 판단된다. 더불어 일자리 환경도 양호하여 부동산 시장에 긍정적 요인들이 많으나 소득 및 물가 대비 저평가 인덱스가 이미 과거 대비 가장 고평가에 와 있다는 경고 신호를보내고 있다.

실수요자라면 2022년부터는 조금 더 자세하게 입지 환경을 살펴보고 신축 아파트보다 비교적 매매가격이 준수한 아파트를 고려하는 것을 권장한다.

미래 일자리가 더욱 기대되는
전북 군산시

1) 매매와 전세 시세의 흐름

전북 군산시 매매 및 전세 증감률(2015년 1월~2021년 12월)

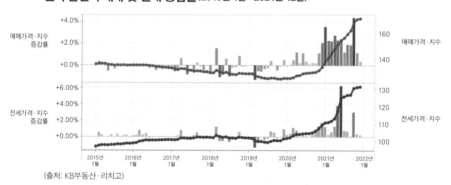

(출처: KB부동산 · 리치고)

군산시 매매 및 전세 누적증감률 2020년 vs 2021년

매매 누적증감률	2020년	2021년	전세 누적증감률	2020년	2021년
	+7.3%	+25.0%		+7.4%	+18.6%

(출처: KB부동산 · 리치고)

전북 군산시는 2020년보다 매매·전세가격의 상승 폭이 확대되었으나 2021년 10월 이후로는 눈에 띨 정도로 상승률이 저하되어 있다. 군산시 역시 대출 규제의 여파가 있음을 느낄 수 있다. 다만, 군산시는 2021년 전북 전체에서 가장 매매·전세가격 상승률이 높아 전북 내 가장 수요가 많았던 지역이라 볼 수 있으며 2022년에도 입주 물량의 공급이 부족하고 미분양 물량 역시 매우 적어 부동산 시장이 침체하진 않을 것으로 판단된다.

2) 전세 대비 저평가 인덱스

군산시 전세 대비 저평가 인덱스(2020년 11월 +14.3% → 2021년 12월 +7.9%)

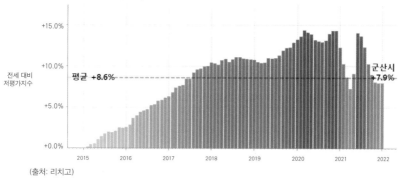

(출처: 리치고)

2021년 12월 전세 대비 저평가 인덱스는 +7.9%로 전세가격 대비 매매가격 상승 여력이 아직 높은 지역(저평가)에 있으나 2021년 6월 +14%에서부터 감소하고 있어 2021년부터 매매가격과 전세가격 상승에 대한 격차가 발생한 것을 확인할 수 있다.

3) 소득 대비 저평가 인덱스

2020년 11월 PIR은 3.1로 평균 이하의 저평가 구간에 있었다. 그

군산시 소득 대비 저평가 인덱스(2020년 11월 PIR 3.1→2021년 12월 PIR 3.8)

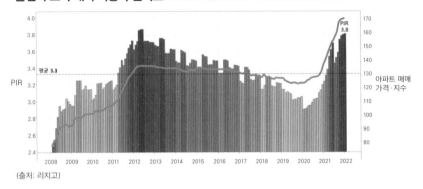

(출처: 리치고)

러나 1년간 매매가격이 상승하며 PIR 역시 증가를 지속했고 2021년 12월 PIR은 3.8로 고평가 구간에 진입하였음을 확인할 수 있다. 과거 가장 고평가되었던 2012년 6월 PIR 3.9와 유사한 수준으로 약 1년 간 매매가격이 빠른 속도로 상승했음을 실감할 수 있다. 군산시 역시 이제는 부동산 매수는 보수적으로 접근하여야 하며 데이터의 변화 동향을 지켜보며 적절한 매도 시기를 판단할 필요가 있다.

4) 물가 대비 저평가 인덱스

군산시 물가 대비 저평가 인덱스(2020년 11월 -4.7%→2021년 11월 -50.9%)

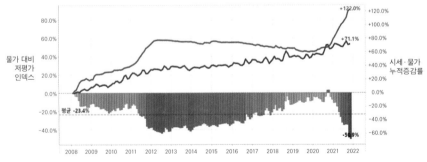

(출처: 리치고)

물가 대비 저평가 인덱스 역시 1년간 물가 상승률과 아파트 가격 상승률의 격차가 많이 벌어져 상당히 고평가 상태에 있다. 과거 가장 고평가되었던 2012년 7월 -44.3%보다 격차가 더욱 벌어져 있어 2022년부터는 보수적인 시각에서 군산시 부동산 시장을 바라볼 필요가 있다.

5) 전세가율

군산시 전세가율 추이(2020년 11월 82.3%→2021년 12월 76.2%)

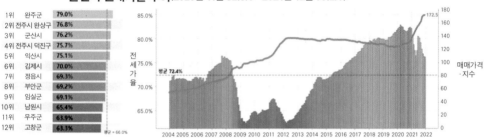

1위	완주군	79.0%
2위	전주시 완상구	76.8%
3위	군산시	76.2%
4위	전주시 덕진구	75.7%
5위	익산시	75.1%
6위	김제시	70.0%
7위	정읍시	69.3%
8위	부안군	69.2%
9위	임실군	69.1%
10위	남원시	65.4%
11위	무주군	63.9%
12위	고창군	63.3%

(출처: 리치고)

전세가율은 2020년 3월 82.8% 이후부터 대세 감소 중이다. 전북 전체 평균 71.1% 이상으로 전북 내 3번째로 전세가율이 높은 지역이다. 또한 군산시 전세가율 평균 72.4%보다 높기에 전세가율 자체는 아직 양호한 수준이나 약 2년간 꾸준히 감소 추이를 보이고 있다. 전세가율이 감소할수록 투자 수요가 감소할 수 있고 부동산 시장 역시 수요가 감소할수록 침체할 위험이 있다. 부동산 투자에 주의가 필요한 시점으로 판단된다.

6) 입주 물량

2022년 입주 물량은 2021년과 유사한 수준으로 공급이 진행된다.

군산시 입주 물량 추이(2021년 973호 → 2022년 993호)

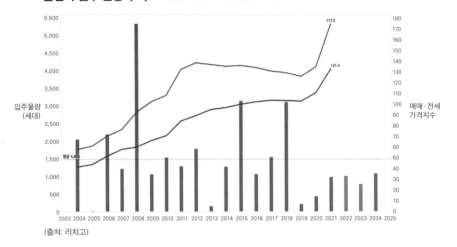

(출처: 리치고)

2024년까지 군산시 입주 물량이 다소 부족하므로 부동산 시장의 상승세에는 긍정적인 요인으로 볼 수 있으나 과거 입주 물량이 가장 많았던 2008년에도 매매가격이 상승하였으며 입주 물량이 부족하던 2013년에는 부동산 시장이 침체하였다. 따라서 과거 군산시의 부동산 시장이 입주 물량으로만 영향을 받진 않아 입주 물량뿐만 아니라 다른 빅데이터들도 자세히 살펴볼 필요가 있다.

7) 미분양

2016년 6월 미분양 물량이 1,619호 발생한 후 꾸준히 감소하여 2020년 12월부터 1년간 3호의 소량 미분양 물량이 남아 있다. 입주 물량과 함께 미분양 물량이 매우 적은 수준이어서 신규 공급의 부족 탓에 군산시 부동산 시장의 상승세에 긍정적 영향을 미칠 수 있다. 다만, 보수적인 시각에서 군산시의 공급 예정 물량(분양)에 대해 자세히 확인해보고 접근하길 바란다.

군산시 미분양 추이(2020년 11월 104호 ~ 2021년 10월 3호)

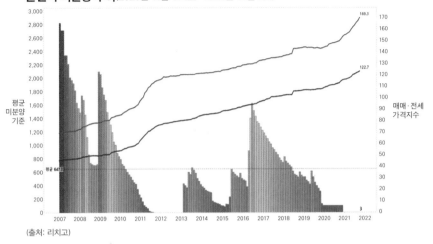

(출처: 리치고)

8) 일자리

국민연금 가입자수 3년간 증감률 (2018년 10월~2021년 10월)

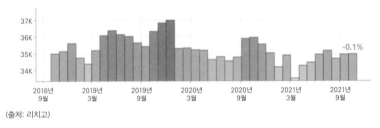

(출처: 리치고)

    국민연금 가입자수 증감률을 확인해보면 직장 인구수가 감소한 것을 확인할 수 있다. 2019년은 직장 인구수가 증가하였으나 2020년 12월부터 2021년 6월 기간 사이 감소하였다. 전북 내 유일하게 일자리와 관련된 인구수가 감소하는 것으로 나타난다.

    다만, 군산시는 과거부터 국토종합계획에 '새만금 국가산업단지'로 포함되어 일자리 창출과 관련된 개발 이슈가 지속해서 있는 지역이다. 즉 일자리 환경이 개선되는 데 시간이 걸리긴 하겠지만 장기적으

5차 국토종합계획

새만금 토지이용계획

(출처: 새만금개발청)

로 볼 때 일자리가 많이 창출될 가능성이 큰 지역이다. 일자리와 관련된 장래 인구의 유입을 기대해볼 만하다.

9) 인구수, 세대수

3년간 세대수는 지속적 증가 추이를 보이고 있으나 인구수는 지속적 감소 중임을 확인할 수 있다. 전북 내에서는 인구수 감소가 다른 지역 대비 적은 수준이며 세대수는 5번째로 많이 증가한 지역이고 향후 일자리 환경이 개선된다면 인구수 역시 증가할 것을 기대해볼 수 있다.

군산시 3년간 인구수 및 세대수 증감률(2018년 11월~2021년 11월)

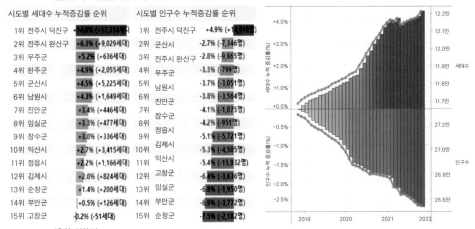

시도별 세대수 누적증감률 순위		시도별 인구수 누적증감률 순위	
1위 전주시 덕진구	+14.0% (+17,314세대)	1위 전주시 덕진구	+4.9% (+14,916명)
2위 전주시 완산구	+6.3% (+9,029세대)	2위 군산시	-2.7% (-7,346명)
3위 무주군	+5.2% (+636세대)	3위 전주시 완산구	-2.8% (-9,865명)
4위 완주군	+4.9% (+2,055세대)	4위 무주군	-3.3% (-799명)
5위 군산시	+4.5% (+5,225세대)	5위 남원시	-3.7% (-3,051명)
6위 남원시	+4.3% (+1,649세대)	6위 진안군	-3.8% (-3,564명)
7위 진안군	+3.4% (+446세대)	7위 장수군	-4.1% (-1,075명)
8위 임실군	+3.3% (+477세대)	8위 정읍시	-4.2% (-951명)
9위 장수군	+3.0% (+336세대)	9위 김제시	-5.1% (-5,721명)
10위 익산시	+2.7% (+3,415세대)	10위 익산시	-5.3% (-4,505명)
11위 정읍시	+2.2% (+1,166세대)	11위 고창군	-5.4% (-15,932명)
12위 김제시	+2.0% (+824세대)	12위 임실군	-6.4% (-3,636명)
13위 순창군	+1.4% (+200세대)	13위 부안군	-6.8% (-1,950명)
14위 부안군	+0.5% (+126세대)	14위 순창군	-6.9% (-3,772명)
15위 고창군	-0.2% (-51세대)	15위 순창군	-7.5% (-2,182명)

(출처: 리치고)

10) 군산시 종합평가 (2021년 12월 기준)

		나쁨		보통		좋음
시세	매매	☐	☐	☐	◀	☐
	전세	☐	☐	☐	◀	☐
전세 대비 저평가		☐	☐	☐	◀	☐
소득 대비 저평가		◀	☐	☐	☐	☐
물가 대비 저평가		◀	☐	☐	☐	☐
전세가율		☐	☐	☐	◀	☐
입주 물량		☐	☐	☐	◀	☐
미분양		☐	☐	☐	☐	▶
일자리		☐	▶	☐	☐	☐
인구수, 세대수		☐	☐	▶	☐	☐
종합 결론		☐	☐	◀	☐	☐

군산시의 매매·전세가격의 상승 폭은 감소하였으나 2022년 입주 물량이 부족하고 미분양 물량 역시 거의 없어 지속해서 부동산 시장이 활황을 유지할 수 있을 것으로 판단된다. 다만, 소득 및 물가 대비 저평가 인덱스가 과거 대비 가장 고평가되어 있고 전세가율이 지속해서 감소하는 추이를 보여 이미 최적의 매수 시기는 지나갔다고 보인다. 지금은 국민연금 가입자수가 감소하고 있으나 국토종합계획에 의해 일자리 창출 개선 여지가 높은 지역이다.

군산시 역시 신축 아파트의 매매가격과 비교하여 저렴한 준신축 또는 구축 아파트를 실수요자가 매수하기엔 괜찮을 것으로 판단된다. 부동산 투자는 다소 보수적인 접근이 필요한 시점이라 할 수 있다.

조선업의 부활이 시작되는
창원시 진해구

1) 매매와 전세 시세의 흐름

경남 창원시 진해구 매매 및 전세 증감률 (2015년 1월~2021년 12월)

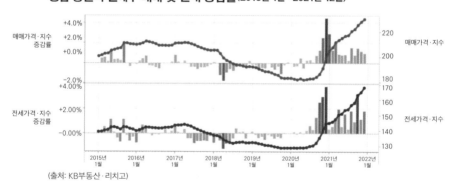

(출처: KB부동산·리치고)

창원시 진해구 매매 및 전세 누적증감률 2020년 vs 2021년

매매 누적증감률	2020년	2021년	전세 누적증감률	2020년	2021년
	+8.9%	+12.3%		+12.2%	+15.9%

(출처: KB부동산·리치고)

창원시 진해구는 2020년보다 2021년의 매매·전세가격 상승률이 더 높았다. 하지만 2020년을 부동산 침체기가 막 벗어나는 시점으로 본다면 2020년 하반기 상승 폭이 가장 컸으며 2021년은 꾸준히 부동산 시장의 상승세가 유지되는 시기로 판단된다. 2021년의 매매가격 상승률은 매월 +0.25%에서 +1.98% 사이를 유지하고 있으며 전세가격 상승률은 증가와 감소를 반복하는 것을 차트를 통해 확인할 수 있다.

2) 전세 대비 저평가 인덱스

창원시 진해구 전세 대비 저평가 인덱스(2020년 11월 +4.8% → 2021년 12월 +6.2%)

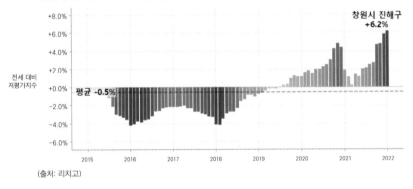

(출처: 리치고)

2020년 11월부터 2021년 1월까지 매매가격 상승률이 매우 높았다. 이 영향으로 전세 대비 저평가 인덱스도 감소하였다가 다시금 증가한 것으로 확인된다. 1년간 꾸준히 전세 수요가 많아 매매가격 상승률보다 전세가격 상승률이 더 높았다. 전세 대비 매매가격의 상승 여력이 높아 매매가격이 상승 시 탄력성이 더 증대될 수 있을 것으로 판단된다.

3) 소득 대비 저평가 인덱스

창원시 진해구 소득 대비 저평가 인덱스(2020년 11월 PIR 4.6 → 2021년 12월 PIR 5.1)

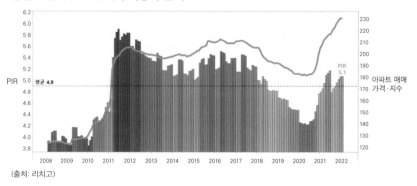

(출처: 리치고)

 2020년 11월 PIR은 4.6으로 평균 이하 저평가 구간에 있었으나 1년 간 매매가격이 상승하며 PIR 역시 증가하였고 2021년 12월 PIR은 5.1로 다소 고평가 구간에 진입하였다. 매우 고평가된 것은 아니며 과거 가장 고평가되어 있었던 2011년 6월 PIR 5.9과 비교하여도 아직 양호하여 소득 대비 저평가 인덱스로 판단 시 창원시 진해구의 부동산 시장이 침체할 위험성은 아직 낮다고 판단된다.

4) 물가 대비 저평가 인덱스

창원시 진해구 물가 대비 저평가 인덱스(2020년 11월 +6.0% → 2021년 11월 -17%)

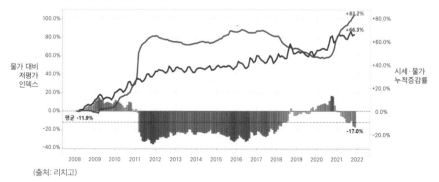

(출처: 리치고)

물가 대비 저평가 인덱스 역시 1년간 물가 상승률 대비 매매가격 상승률이 더 증가하기 시작하며 고평가에 진입하였다. 다만, 과거 가장 고평가되었던 2011년 11월 -35.2% 대비 아직 양호한 수준이기에 물가와 비교하여도 부동산 시장이 침체할 위험이 크다고 판단하기에는 이르다.

5) 전세가율

창원시 진해구 전세가율 추이(2020년 11월 73% → 2021년 12월 73%)

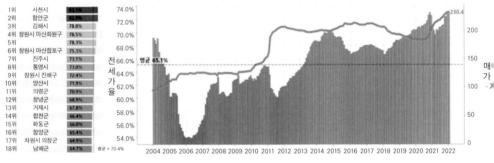

1위	사천시	83.1%
2위	함안군	82.9%
3위	김해시	78.8%
4위	창원시 마산회원구	78.5%
5위		78.3%
6위	창원시 마산합포구	75.3%
7위	진주시	73.1%
8위	통영시	73.0%
9위	창원시 진해구	72.4%
10위	양산시	71.9%
11위	의령군	70.9%
12위	창녕군	68.9%
13위	거제시	67.8%
14위	합천군	66.4%
15위	하동군	66.0%
16위	함양군	65.4%
17위	창원시 의창군	64.9%
18위	남해군	64.7%

평균 = 70.4%

(출처: 리치고)

전세가율은 2020년 11월 73.0%에서 2021년 3월 69.6%까지 감소하였다가 2021년 3월에서 2021년 12월 사이 약 9개월간 꾸준히 증가 중이다. 2021년 12월 기준 전세가율은 과거 대비 가장 높은 상황이다. 경남 전체에서도 22개 시·군·구 중 8번째로 전세가율이 높은 지역으로서 전세가율 추이는 양호하여 2022년에도 부동산 투자 수요는 지속해서 유입될 것으로 판단된다.

6) 입주 물량

과거 2015년과 2017년에 역대 가장 많은 입주 물량이 공급되었

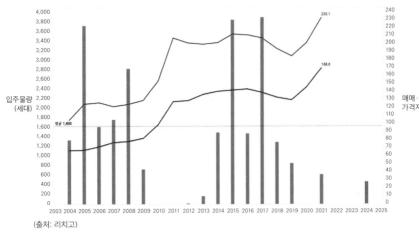

창원시 진해구 입주 물량 추이(2021년 608호 → 2022년 0호)

(출처: 리치고)

다. 이때 부동산 시장도 침체하였기에 입주 물량의 과잉 공급이 창원시 진해구 부동산 시장에도 영향이 있었던 것을 확인할 수 있다(반대로 2010~2011년은 입주 물량이 전혀 없었는데 이 시기 매매가격의 상승 폭이 가장 컸다). 2022~2023년은 입주 물량이 없으므로 신규 공급이 부족하여 부동산 시장 상승세에 긍정적 영향을 줄 가능성이 크다. 다만, 2012~2013년 입주 물량이 적었음에도 매매가격이 하락하였기에 무조건 입주 물량 추이로만 부동산 시장을 판단하진 않길 바란다.

7) 미분양

미분양 물량이 1년간 급속도로 감소한 것을 볼 수 있다. 2019년 3월 6,750호에서 2021년 3월 314호까지 미분양 물량이 꾸준히 감소하였는데 2021년 4월에 미분양 물량이 증가하기도 했다. 이는 부동산 시장이 침체기에서 벗어나는 과정에서 실수요자들이 부동산 시장 침체의 공포에서 벗어나지 못해 분양 시장에 일부 미분양 물량이 발생하

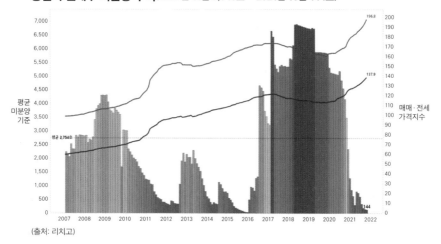

창원시 진해구 미분양 추이(2020년 11월 2,349호 → 2021년 10월 144호)

(출처: 리치고)

기도 한다는 것을 다시금 생각하게 한다. 2021년 4월 이후로 6개월 간 빠른 속도로 미분양 물량이 해소되어 2021년 10월 기준 144호의 미분양 물량이 남아 있다. 미분양 물량이 매우 적기 때문에 입수 물량 추이와 마찬가지로 창원시 진해구의 부동산 시장 상승세에 긍정적 영향을 줄 가능성이 크다고 판단된다.

8) 일자리

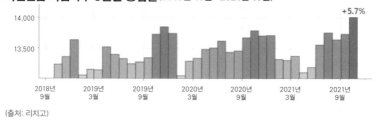

국민연금 가입자수 3년간 증감률(2018년 10월~2021년 10월)

(출처: 리치고)

국민연금 가입자수는 시기적으로 매년 말에 증가하고 매년 초에 감소하였다. 다만, 2021년 3월 이후부터 가입자수의 증가세가 두드러지고 있다. 이처럼 국민연금 가입자수가 급증하는 것은 조선업 경기가 살아나는 것과 관련이 있다. 창원시는 전반적으로 조선업 및 철강 관련 기업들이 많다. 2015년 이후 침체했던 조선업 경기가 이제 살아나고 있는 것과 무관하지 않다고 판단된다.

2019~2021년 선박 수주 실적

(단위: 만CGT, 억 달러)

구분		2019년	2020년	2021년
전 세계 발주	발주량	3,073	2,413	4,696
	금액	796	497	1,071
국내 수주 (세계 발주 대비 국내 수주 비중)	수주량	958 (31%)	823 (34%)	1,744 (37%)
	금액	228 (29%)	195 (39%)	439 (41%)

(출처: 산업부)

2020년 대비 눈에 띄게 국내 선박 수주량이 많아졌다. 선박 수주 후 설계 및 제조 관련 인력을 채용하기 시작할 가능성이 커 앞으로도 창원시 진해구의 직장 인구수는 증가할 것으로 예상할 수 있다.

9) 인구수, 세대수

3년간 세대수는 지속적 증가 추이를 보였으며 인구수 역시 2020년 10월 이후부터는 지속하여 증가하였다. 창원시는 마산회원구를 제외하면 전반적으로 인구가 유입되었다. 이 중 창원시 진해구는 경남 내 세대수 증가율이 22개 시·군·구 중 2번째로 높고 인구수 증가율 역시 4번째로 양호하여 점진적으로 인구 유입에 대한 잠재적 개발 이슈를 기대할 수 있다. 아울러 다른 지역과 비교하여 상대적으로 실수요자들의 주택 수요가 꾸준히 증가할 것으로 판단된다.

창원시 진해구 3년간 인구수 및 세대수 증감률(2018년 11월~2021년 11월)

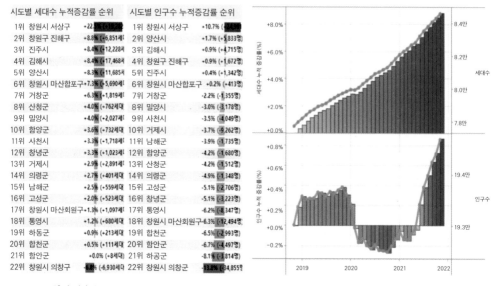

시도별 세대수 누적증감률 순위		시도별 인구수 누적증감률 순위	
1위 창원시 서상구	+22.5% (+11,238세대)	1위 창원시 서상구	+10.7% (+7,284명)
2위 창원구 진해구	+8.8% (+6,851세대)	2위 양산시	+1.7% (+5,833명)
3위 진주시	+8.4% (+12,228세대)	3위 김해시	+0.9% (+4,715명)
4위 김해시	+8.4% (+17,468세대)	4위 창원구 진해구	+0.9% (+1,672명)
5위 양산시	+8.3% (+11,685세대)	5위 진주시	+0.4% (+1,342명)
6위 창원시 마산합포구	+7.3% (+5,690세대)	6위 창원시 마산합포구	+0.2% (+413명)
7위 거창군	+6.3% (+1,819세대)	7위 거창군	-2.2% (-1,355명)
8위 산청군	+4.0% (+762세대)	8위 밀양시	-3.0% (-3,178명)
9위 밀양시	+4.0% (+2,027세대)	9위 사천시	-3.5% (-4,049명)
10위 함양군	+3.6% (+732세대)	10위 거제시	-3.7% (-9,262명)
11위 사천시	+3.3% (+1,718세대)	11위 남해군	-3.9% (-1,735명)
12위 창녕군	+3.3% (+1,023세대)	12위 함양군	-4.2% (-1,680명)
13위 거제시	+2.9% (+2,891세대)	13위 산청군	-4.2% (-1,512명)
14위 의령군	+2.7% (+401세대)	14위 의령군	-4.9% (-1,348명)
15위 남해군	+2.5% (+559세대)	15위 고성군	-5.1% (-2,706명)
16위 고성군	+2.0% (+523세대)	16위 창녕군	-5.1% (-3,223명)
17위 창원시 마산회원구	+1.3% (+1,097세대)	17위 통영시	-6.2% (-8,347명)
18위 통영시	+1.2% (+680세대)	18위 창원시 마산회원구	-6.3% (-12,494명)
19위 하동군	+0.9% (+213세대)	19위 합천군	-6.5% (-2,993명)
20위 합천군	+0.5% (+111세대)	20위 함안군	-6.7% (-4,497명)
21위 함안군	+0.0% (-8세대)	21위 하동군	-8.1% (-3,814명)
22위 창원시 의창구	-6.8% (-6,930세대)	22위 창원시 의창군	-13.0% (-34,855명)

(출처: 리치고)

10) 창원시 진해구 종합평가(2021년 12월 기준)

		나쁨	보통			좋음
시세	매매	☐	☐	☐	➡	☐
	전세	☐	☐	☐	☐	➡
전세 대비 저평가		☐	☐	☐	☐	➡
소득 대비 저평가		☐	☐	⬅	☐	☐
물가 대비 저평가		☐	☐	⬅	☐	☐
전세가율		☐	☐	☐	☐	➡
입주 물량		☐	☐	☐	☐	➡
미분양		☐	☐	☐	☐	➡
일자리		☐	☐	☐	➡	☐
인구수, 세대수		☐	☐	☐	➡	☐
종합 결론		☐	☐	☐	➡	☐

창원시 진해구는 부동산 시장이 2020년 중순까지 침체를 딛고 뜨거워지고 있다. 일자리 관련 인구수 역시 증가 중이며 더 증가할 것이 확실시되고 있다. 또한 아직 소득 및 물가 대비 저평가 인덱스가 양호한 편이고 전세가격 상승률이 높아 전세 대비 저평가 인덱스가 과거 대비 가장 높은 수준(매우 저평가)에 있다.

2022년 역시 부동산 시장의 상승세를 지속할 수 있을 것으로 기대된다. 실수요자라면 아직 매수의 기회가 있으나 부동산 투자는 2020~2021년에 외지인 투자 비율이 경남 내 대폭 증가하였으므로 다소 주의하여 접근하길 바란다.

2021년 상승률이 둔화되었던 포항시 북구는 2022년에 기대할 수 있을까?

1) 매매와 전세 시세의 흐름

경북 포항시 북구 매매 및 전세 증감률(2015년 1월~2021년 12월)

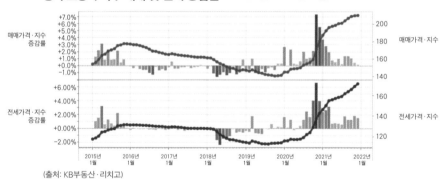

(출처: KB부동산·리치고)

포항시 북구 매매 및 전세 누적증감률 2020년 vs 2021년

매매 누적증감률	2020년	2021년	전세 누적증감률	2020년	2021년
	+24.5%	+12.2%		+23.3%	+17.1%

(출처: KB부동산·리치고)

포항시 북구는 다른 유망지역과는 달리 2020년보다 2021년의 매매·전세가격의 상승률이 낮아졌다. 2020년 11~12월에 상승 폭이 유독 컸기에 2021년 상대적으로 상승률이 감소한 것으로 확인되나 그럼에도 2021년 동안 꾸준한 매매·전세 상승률을 유지하였다. 특히 전세 상승률이 양호하기에 전세 수요는 아직 많은 지역으로 판단된다.

2) 전세 대비 저평가 인덱스

포항시 북구 전세 대비 저평가 인덱스(2020년 11월 +5.9% → 2021년 12월 +9.9%)

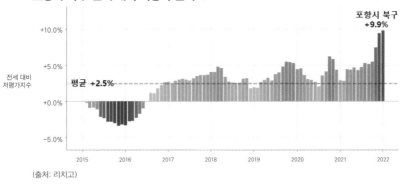

(출처: 리치고)

2020년 11~12월 매매가격의 상승 폭이 커지며 전세 대비 저평가 인덱스 역시 감소하였으나 이후 매매가격의 상승 폭이 둔화하며 2021년 3월부터 저평가 인덱스 역시 증가하고 있다. 2021년 동안 전세 수요가 꾸준하여 전세가격의 상승률이 매매가격 상승률보다 높다. 따라서 전세가격 대비 매매가격의 상승 여력이 높아 부동산 매매 시장이 다시 활력을 찾으면 매매가격의 상승 탄력성이 증대될 것으로 예상할 수 있다.

3) 소득 대비 저평가 인덱스

포항시 북구 소득 대비 저평가 인덱스(2020년 11월 PIR 4.1 → 2021년 12월 PIR 4.6)

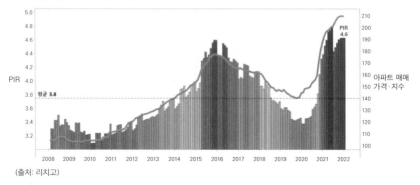

(출처: 리치고)

　　2020년 11월 PIR 4.1로 이미 고평가 구간에 진입하였고 2021년 6월 PIR 4.8까지 증가 추이를 보였다. 과거 가장 고평가되었던 2015년 11월 PIR 4.6보다 높았으나 7월에 4.4로 감소(정부 지원금에 따른 인위적 감소로 판단된다)한 후 다시 증가하여 4.6에서 증가세가 멈춰 있다. 2021년 12월 PIR 4.6은 과거 가장 고평가됐던 시기와 유사한 상황이기 때문에 소득 대비 저평가 인덱스는 포항시 북구 부동산이 고평가되어 투자 주의가 필요하다고 경고하고 있다.

4) 물가 대비 저평가 인덱스

　　물가 대비 저평가 인덱스는 2020년 11월 고평가로 진입한 후 물가 상승률과 매매가격 상승률의 격차가 더 벌어지며 2021년 11월 '-31%'로 과거 가장 고평가되었던 2015년 11월 '-32.4%'와 유사한 수준에 있다. 물가 대비 저평가 인덱스로만 판단하긴 어려우나 소득 대비 저평가 인덱스와 마찬가지로 포항시 북구 부동산의 침체 위험성을 경고하고 있으므로 보수적으로 접근할 필요가 있다.

포항시 북구 물가 대비 저평가 인덱스(2020년 11월 -3.2% → 2021년 11월 -31%)

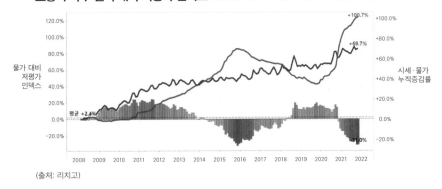

(출처: 리치고)

5) 전세가율

포항시 북구 전세가율 추이(2020년 11월 80.3% → 2021년 12월 81.5%)

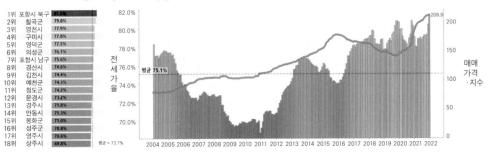

(출처: 리치고)

전세가율은 2020년 10월 80.9%에서 2021년 2월 78%까지 감소하다가 그 후부터 10개월간 증가하고 있다. 2021년 12월 81.5%는 포항시 북구 역사상 가장 높다. 충남 다음으로 전국에서 전세가율이 가장 높은 경북 내에서도 포항시 북구는 전세가율이 가장 높고 지속적으로 증가하고 있다. 포항시 북구는 남구와 달리 비규제 지역이며 전국에서 상대적으로 투자 금액이 가장 적게 소요되는 지역이기에 외지인의 부동산 투자 수요가 점진적으로 확대될 것으로 판단된다.

6) 입주 물량

포항시 북구 입주 물량 추이(2021년 127호 → 2022년 0호)

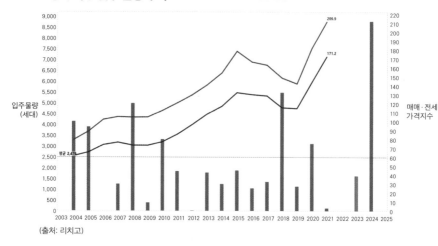

(출처: 리치고)

　　2021년에 입주 물량이 매우 적었는데 2022년에는 전혀 없다. 2019년부터 2년간 매매·전세가격이 지속해서 상승하고 있어 주의는 필요하지만 2022년 입주 물량의 부족은 부동산 시장에 긍정적 영향을 줄 수 있다. 다만, 장기적 관점에서 2024년은 8,734호라는 입주 물량(포항시 북구에서 역대 가장 많은 입주 물량)이 한 번에 공급되기 때문에 점차 부동산 시장이 침체할 가능성이 크다고 판단된다. 2022년에 포항시 북구에 부동산 투자를 고민한다면 2년 후까지 바라보았을 때 이미 매수 적기는 지나간 시점으로 위험한 선택이 될 수 있다. 2023년 중순에서 하반기에 포항시 북구의 부동산 시장에 변화가 나타날 수 있다. 이미 보유하고 있는 사람들이라면 2023년부터는 시장 동향을 면밀하게 검토하여 부동산 매도를 고민할 필요가 있을 것이다.

7) 미분양

포항시 북구 미분양 추이(2020년 11월 35호 → 2021년 10월 42호)

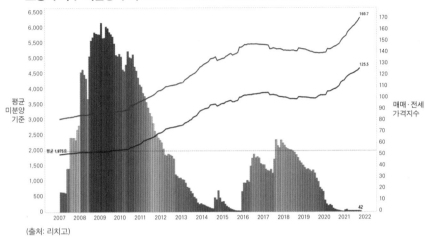

(출처: 리치고)

2017년 11월 2,316호의 미분양 물량 발생 이후로 꾸준히 감소 추이를 보인다. 2021년 10월 미분양 물량은 매우 적어 2020년 11월과 비교하면 7호 정도 증가한 수준이다. 2022년은 특히 입주 물량이 없어 소량의 미분양 물량 역시 거의 다 해소되므로 2022년 포항시 북구의 부동산 시장에 긍정적 요인으로 작용할 수 있다.

8) 일자리

국민연금 가입자수 3년간 증감률(2018년 10월~2021년 10월)

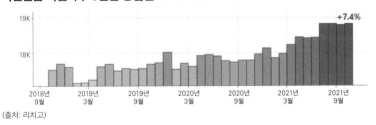

(출처: 리치고)

국민연금 가입자수는 3년간 꾸준히 증가하는 것으로 확인된다. 특히 2021년 7월에 가입자수의 증가 폭이 커지며 10월까지 꾸준히 상승 폭을 유지하고 있어 일자리 환경이 개선되는 것으로 판단된다.

9) 인구수, 세대수

포항시 북구 3년간 인구수 및 세대수 증감률(2018년 11월~2021년 11월)

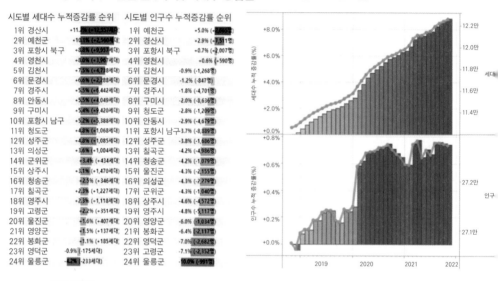

시도별 세대수 누적증감률 순위	시도별 인구수 누적증감률 순위
1위 경산시 +11.2% (+12,557세대)	1위 예천군 +5.0% (+2,665명)
2위 예천군 +10.1% (+2,560세대)	2위 경산시 +2.9% (+7,511명)
3위 포항시 북구 +8.8% (+9,957세대)	3위 포항시 북구 +0.7% (+2,007명)
4위 영천시 +8.0% (+3,967세대)	4위 영천시 +0.6% (+590명)
5위 김천시 +7.5% (+4,738세대)	5위 김천시 -0.9% (-1,268명)
6위 문경시 +6.6% (+2,288세대)	6위 문경시 -1.2% (-847명)
7위 경주시 +5.5% (+6,442세대)	7위 경주시 -1.8% (-4,701명)
8위 안동시 +5.5% (+4,049세대)	8위 구미시 -2.8% (-8,636명)
9위 구미시 +5.4% (+9,420세대)	9위 청도군 -2.8% (-1,209명)
10위 포항시 남구 +5.2% (+5,388세대)	10위 안동 -2.9% (-4,679명)
11위 청도군 +4.8% (+1,068세대)	11위 포항시 남구 -3.7% (-8,889명)
12위 성주군 +4.8% (+1,085세대)	12위 성주군 -3.8% (-1,686명)
13위 의성군 +3.6% (+1,004세대)	13위 칠곡군 -4.2% (-4,986명)
14위 군위군 +3.4% (+434세대)	14위 청송군 -4.2% (-1,079명)
15위 상주시 +3.1% (+1,470세대)	15위 울진군 -4.3% (-2,155명)
16위 청송군 +2.5% (+346세대)	16위 의성군 -4.3% (-2,279명)
17위 칠곡군 +2.3% (+1,227세대)	17위 군위군 -4.3% (-1,040명)
18위 영주시 +2.3% (+1,118세대)	18위 상주시 -4.6% (-4,572명)
19위 고령군 +2.2% (+351세대)	19위 영주시 -4.8% (-5,117명)
20위 울진군 +1.6% (+407세대)	20위 영양군 -6.0% (-1,034명)
21위 영양군 +1.5% (+137세대)	21위 봉화군 -6.4% (-2,117명)
22위 봉화군 +1.1% (+185세대)	22위 영덕군 -7.0% (-2,682명)
23위 영덕군 -0.9% (-175세대)	23위 고령군 -7.1% (-2,352명)
24위 울릉군 -4.2% (-233세대)	24위 울릉군 -10.0% (-991명)

(출처: 리치고)

인구수 증감률은 2020년 9월 이후 증가와 감소를 반복하고 있으나 전반적으로 2018년 12월 이후로는 꾸준히 증가하였다. 세대수는 지속적 증가 추이를 보이며 경북 내 3번째로 세대수 증가율이 높다. 또한 인구수 증가율 역시 경북 내 유일하게 인구수가 증가하는 4개 지역 중 예천군과 경산시 다음으로 높아 2022년 입주 물량이 부족한 상황에서 실수요자들의 주택 수요 역시 꾸준할 것으로 판단된다.

10) 포항시 북구 종합평가(2021년 12월 기준)

		나쁨		보통		좋음
시세	매매			←		
	전세					→
전세 대비 저평가						→
소득 대비 저평가			←			
물가 대비 저평가			←			
전세가율						→
입주 물량					←	
미분양						→
일자리					→	
인구수, 세대수					→	
종합 결론					←	

포항시 북구는 전국에서 충남 다음으로 전세가율이 높으며 경북 내에서도 전세가율이 가장 높아 상대적으로 투자금액이 적은 지역이다. 투자 수요의 점진적 유입이 예상된다. 2021년 동안 매매가격 상승률은 감소하는 데 비해 전세가격 상승률은 꾸준히 양호한 수준을 유지하였기에 전세 수요 역시 양호한 것으로 확인되며 2022년은 입주 물량이 전혀 없고 미분양 물량도 매우 적어 2022년 부동산 시장에 긍정적 영향을 줄 수 있을 것이다. 다만, 2024년 입주 물량이 포항시 북구 역대 가장 많이 공급되며 소득 및 물가 대비 저평가 인덱스가 이미 고평가에 진입하여 주의가 필요하다고 경고하고 있다. 따라서 포항시 북구의 부동산 매수 시기는 이미 지나갔다고 판단된다.

2022년 매매·전세가격이 상승세에 있다면 단순히 2022년 상승세에만 집중하면 안 된다. 부동산은 '비유동성 자산'이므로 2년 후 부동산 시장의 안정성까지 고려하여 장기적 관점에서 보는 안목을 길러야 한다. 결국 팔아야 내 돈이기 때문이다. 입주 물량의 과다 공급으로 부동산 시장이 침체하면 매도하고 싶어도 매도하지 못하는 상황이 발생할 수 있다. 무턱대고 현재 상황만 판단하여 매수하는 경우가 없길 바란다.

이미 포항시 북구의 부동산을 보유하고 있다면 당장 매도하는 것을 권장하는 것은 아니지만 적어도 2023년 상반기부터는 부동산 시장의 흐름을 꾸준히 지켜보며 적절한 매도 타이밍을 고려할 필요가 있다.

여기까지 『빅데이터 부동산 투자 2021 대전망』에서 언급하였던 6개 유망지역에 대해 1년간 부동산 시장 흐름을 확인해보았다. 서두에 기술한 것과 같이 '전국의 부동산 시장이 보편적으로 매매가격이 상승하였는데 6개 유망지역 역시 다 같이 상승한 것이 아니냐?'라는 의문이 들 수 있다. 이 6개 유망지역의 리뷰를 다시금 확인해본다면 다른 어떤 지역과 비교해봐도 보편적으로 본질가치 대비 부동산이 저평가되어 있었고 매매가격이 상승 초기였거나 전세가격이 매매가격 상승률과 유사한 수준으로 증가하였다. 따라서 비교적 적은 금액으로 내 집 마련을 위해 매수하였거나 부동산에 투자했다면 내 자금 투자액 대비 수익률이 매우 극대화될 수 있는 지역이었다는 것을 이해할 수 있을 것이라 믿는다.

또한 1년이 지난 시점에서도 대부분 유망지역이 여전히 매력적으로 다가왔을 것이다. 이 유망지역을 선정하는 데 단기적 관점이 아니라 최소한 2~3년간 보유한다고 바라볼 때 2021년이 매수의 적기인지 아닌지를 빅데이터들을 종합 분석하여 결정하였기 때문이다. 이미 6개 유망지역 역시 1년간 매매가격이 지속적으로 상승하였기에 2022년에 매수할 계획이 있다면 다소 보수적으로 접근하라고 계속 주의를 주었다. 내 자산의 대부분을 차지하는 부동산인 만큼 부동산 투자는 돌다리를 백 번이 아니라 수백 번을 두드려보는 것이 옳다. 필자 역시 독자들의 자산을 지키고 더불어 같이 증식하고자 하는 바람에서 부동산 투자에 있어 어떤 부분이 위험하고 어떤 부분은 부동산 시장에 긍정적 요인을 끼칠 수 있을지 빅데이터를 통해 기술하였다. 이번 장의 6개 유망지역의 리뷰가 독자들의 내 집 마련이나 보유하고 있는 부동산의 매도 시기를 결정하는 데 도움이 되었길 바란다. 신중히 고민하되 결정하는 것은 '시기'가 있으니 결정이 내려지면 실행할 수 있길 바란다.

5장

2022~2023년
종합투자점수 랭킹과 유망지역

금융위기에도 리치고 종합투자점수는 오르는 지역을 알려주었다

이번 장에서는 여러 빅데이터들을 종합적으로 판단할 수 있는 '종합투자점수'를 통해 전국 부동산 시장의 현주소를 알아보고 2022년 투자 유망지역을 확인해보고자 한다. 『빅데이터 부동산 투자 2021 대전망』에서도 소개한 바와 같이, 종합투자점수란 전세가율, 저평가 인덱스(전세, 소득, 물가), 미분양, 입주 물량, 주택구매력지수 등의 빅데이터를 토대로 필자가 고안한 점수다. 앞서 봤던 종합평가와 같이 여러 시행착오를 통해 적중률이 가장 높은 로직을 만들어낸 것이다. 종합투자점수 랭킹은 여러 빅데이터들의 흐름이 좋아 상승할 확률이 다른 지역보다 높을 수 있음을 보여준다.

이 책을 읽는 독자들이 앞서 제시한 데이터들을 분석하는 데 어렵고 이해가 되지 않는다면 종합투자점수 랭킹을 참고하도록 하자. 참고로 정부의 정책, 일자리 환경, 개발 호재 등의 데이터는 포함되지 않았다. 하지만 과거부터 현재까지 종합투자점수가 얼마나 정확했는지 검증함으로써 필자가 종합한 빅데이터들의 흐름대로 부동산 시장의 흐름이 흘러가는 것을 이번 장에서 확인할 수 있을 것이다.

과거 세계적인 금융위기가 발생했던 2008년 이후부터는 전국 부동산 시장이 모두 좋지 않았다고 믿는 사람들이 많았다. 2008년 이후부터 수도권 부동산 시장이 침체했기 때문이다. 보통 지방에서부터 시작해 수도권을 거쳐 마지막으로 서울 부동산 시장이 침체하고, 부동산 시장이 좋아지면 반대로 흘러간다고 판단하기 때문이다. 그렇다면 2008년 1월의 종합투자점수를 확인해보자.

2008년 1월 종합투자점수 랭킹

1	제주	83%	8	전북	70%
2	부산	79%		울산	70%
3	전남	77%		대구	70%
4	대전	76%	12	경북	68%
	광주	76%	13	충남	67%
6	강원	74%	14	인천	65%
7	경남	73%	15	서울	60%
8	충북	70%	16	경기	54%

(출처: 리치고)

지속해서 종합투자점수를 보완해나가고 있어 『빅데이터 부동산 투자 2021 대전망』을 읽어본 독자라면 2008년 1월의 종합투자점수에 변화가 있는 것을 알 수 있을 것이다. 종합투자점수를 더 고도화하며 변화는 있었으나 전 책과 마찬가지로 2008년 1월에 가장 투자하기 좋았던 지역은 변함이 없는 것을 확인할 수 있다. 2008년에 제주나 부산의 아파트에 투자했다면 금융위기와 상관없이 좋은 결실을 보았을 수 있었다. 반대로 점수가 가장 낮은 경기, 서울, 인천은 금융위기와 맞물려 부동산 시장이 좋지 않았기 때문에 부동산 투자가 매우 위험했던 것을 확인할 수 있다.

2014년 3월 종합투자점수 랭킹

1	경기	83%		9	부산	73%
2	서울	80%		10	충남	66%
3	인천	78%			전남	66%
	대전	78%		12	충북	61%
5	광주	76%			울산	61%
6	제주	75%		14	경남	60%
	강원	75%		15	전북	59%
8	대구	74%		16	경북	58%

(출처: 리치고)

2014년 3월의 종합투자점수를 보면 경기, 서울이 전국에서 가장 종합투자점수가 높았다. 대부분 2014년에 수도권에 내 집 마련하는 것을 매우 주저했던 시기다. 이때 경기도와 서울은 부동산을 투자하기 가장 좋았으며 반대로 경북은 매매가격이 상승하고 있을 시기였음에도 점수가 매우 낮아 주의가 필요한 상황이었던 것을 볼 수 있어 종합투자점수의 정확성을 실감할 수 있다.

2021년 12월 종합투자점수 랭킹

1	경북	54%		10	대전	43%
2	경남	53%		11	서울	42%
3	충북	49%			경기	42%
	전북	49%		13	세종	41%
	강원	49%			대구	41%
6	충남	47%		15	제주	40%
7	전남	45%		16	인천	39%
	울산	45%		17	부산	38%
9	광주	44%				

(출처: 리치고)

2008년과 2014년 등을 확인하여 검증했다면 독자들은 현재 시점에서 종합투자점수가 가장 궁금할 것이다. 표에서 보는 바와 같이 2021년 12월 기준으로 종합투자점수는 전부 50% 이하로 좋지 않다. 다만, 상대적으로 경북, 경남이 전국에서 종합투자점수가 가장 좋으며 반대로 인천, 부산은 부동산 투자 시 매우 위험할 수 있다는 것을 확인할 수 있다. 다만, 여태까지 종합투자점수가 전국적으로 50% 이하로 낮아진 경우가 없었다. 2021년 동안 전국 부동산 시장에 대한 국민의 관심이 매우 뜨거웠고 인위적으로 통화량이 증가하며 나타난 결과로 전국 부동산이 동시다발적으로 침체될 가능성도 매우 크다고 보인다. 부동산 투자에 관심이 있는 분들이라면 필자가 지속해서 언급한 것과 같이 보수적인 시각에서 부동산을 매수하거나 적절한 매도 시기를 파악하여 실행에 옮기기를 적극적으로 권한다.

아직도 세부적으로 찾아보면 종합투자점수가 좋은 지역이 있다

종합투자점수가 전국적으로 매우 낮고 시·군·구를 들여다보더라도 종합투자점수가 높은 지역들이 많지 않다. 하지만 아직 실수요자들에게는 매수할 지역이 남아 있다고 판단되므로 이번 책에서도 6만 세대 이상 지역의 랭킹을 공개하도록 한다. 특정 지역의 부동산에 흘러 들어간 자금은 순환적으로 또 다른 지역으로 유입된다. 따라서 실수요자들은 종합투자점수의 상위 지역과 하위 지역을 확인해보며 안전하게 내 집 마련의 의사결정을 하는 데 도움이 되길 바란다. 반대로 하위 지역에 부동산을 보유한 분들이라면 매도 시기를 고려하여 본인의 자산 가치를 증식하는 데 도움이 되길 바란다.

2021년 12월 전국 6만 세대 이상 시·군·구별 종합투자점수 랭킹

랭킹	지역		점수	랭킹	지역		점수
1	경남	거제시	75%	28	경남	양산시	49%
2	경남	창원시 마산합포구	66%		경남	창원시 의창구	49%
3	경남	창원시 진해구	65%		강원	원주시	49%
4	충남	당진시	64%		충북	청주시 상당구	49%
5	충북	청주시 서원구	61%	33	경남	창원시 성산구	48%
	전남	목포시	61%		강원	춘천시	48%
	경남	창원시 마산회원구	61%		강원	강릉시	48%
8	경북	경주시	58%		대구	달성군	48%
9	경북	안동시	57%		울산	북구	48%
10	경남	김해시	56%		대구	달서구	48%
	충남	서산시	56%		충북	청주시 흥덕구	48%
12	경북	구미시	55%		대구	북구	48%
	경북	포항시 북구	55%		전남	여수시	48%
	전북	군산시	55%	42	전남	순천시	47%
15	울산	동구	54%		울산	울주군	47%
16	경북	경산시	53%		경기	고양시 일산동구	47%
17	전북	익산시	52%	45	울산	중구	46%
	충북	제천시	52%		광주	광산구	46%
19	경남	진주시	51%		인천	남동구	46%
	경북	포항시 남구	51%		광주	남구	46%
	전북	전주시 덕진구	51%		경기	이천시	46%
	전북	전주시 완산구	51%	50	울산	남구	45%
23	경기	고양시 일산서구	50%		경기	용인시 기흥구	45%
	충북	청주시 청원구	50%		경기	용인시 수지구	45%
	충남	천안시 서북구	50%		경기	파주시	45%
	충북	충주시	50%		대전	대덕구	45%
	경북	김천시	50%		인천	계양구	45%
28	충남	천안시 동남구	49%		경기	하남시	45%

랭킹	지역		점수	랭킹	지역		점수
57	경기	남양주시	44%	74	대전	동구	43%
	경기	김포시	44%		경기	시흥시	43%
	경기	성남시 분당구	44%	88	부산	북구	42%
	부산	강서구	44%		경기	의왕시	42%
	전남	광양시	44%		서울	구로구	42%
	경기	안산시 상록구	44%		서울	마포구	42%
	부산	기장군	44%		대전	중구	42%
	대전	유성구	44%		서울	종로구	42%
	제주	서귀포시	44%		대구	수성구	42%
	경기	포천시	44%		서울	성동구	42%
	부산	금정구	44%		서울	금천구	42%
	경기	오산시	44%		경기	부천시	42%
	인천	연수구	44%		서울	중랑구	42%
	경기	안성시	44%		경기	광명시	42%
	충남	아산시	44%		서울	강북구	42%
	경기	수원시 권선구	44%		제주	제주시	42%
	경기	안양시 동안구	44%		경기	의정부시	42%
74	경기	용인시 처인구	43%		서울	양천구	42%
	경기	평택시	43%		대구	서구	42%
	광주	서구	43%		경기	화성시	42%
	경기	구리시	43%		서울	강동구	42%
	경기	안산시 단원구	43%	107	부산	동래구	41%
	경기	안양시 만안구	43%		광주	북구	41%
	경기	군포시	43%		서울	도봉구	41%
	경기	수원시 영통구	43%		서울	강서구	41%
	인천	중구	43%		서울	영등포구	41%
	서울	관악구	43%		서울	성북구	41%
	경기	광주시	43%		대구	남구	41%
	부산	사하구	43%		부산	해운대구	41%

랭킹	지역		점수	랭킹	지역		점수
107	서울	용산구	41%	124	인천	부평구	40%
	서울	은평구	41%		부산	연제구	40%
	대구	동구	41%	131	인천	미추홀구	39%
	경기	성남시 수정구	41%		서울	중구	39%
	부산	수영구	41%		인천	서구	39%
	서울	서대문구	41%		부산	부산진구	39%
	서울	동작구	41%		서울	강남구	39%
	경기	고양시 덕양구	41%	136	경기	수원시 팔달구	38%
	서울	송파구	41%		서울	서초구	38%
124	경기	수원시 장안구	40%		부산	남구	38%
	서울	동대문구	40%		경기	성남시 중원구	38%
	대전	서구	40%		경기	양주시	38%
	서울	노원구	40%	141	서울	광진구	37%
	부산	사상구	40%				

(출처: 리치고)

시·군·구별 종합투자점수 대부분이 65% 이하로 좋지 않아 사실상 부동산 투자는 버블이 가라앉기 전까진 자금을 충분히 모아 두고 기다리는 것이 좋을 것으로 판단된다. 다만, 유일하게 '경남 거제시'의 경우 종합투자점수가 70% 이상으로 매우 높아 관심을 두어도 좋다. 경남 창원시 마산합포구, 진해구, 충남 당진시 역시 아직 65% 이상으로 다른 지역과 비교 시 점수가 상대적으로 양호한 것을 확인할 수 있다. 반대로 가장 하위 20위 지역 대부분이 서울, 인천, 부산, 대구 등이며 서울 근교에 있는 경기도권 내에도 종합투자점수가 좋지 않은 지역이 포함되어 있다. 이들 지역에 부동산을 보유하고 있다면 매도 시기를 잘 살펴보도록 하자.

전국에서 종합투자점수 상위 20위권 지역

주황색 선 : 종합투자점수

파란색 선 : 세대수를 감안한 평균 매매가격

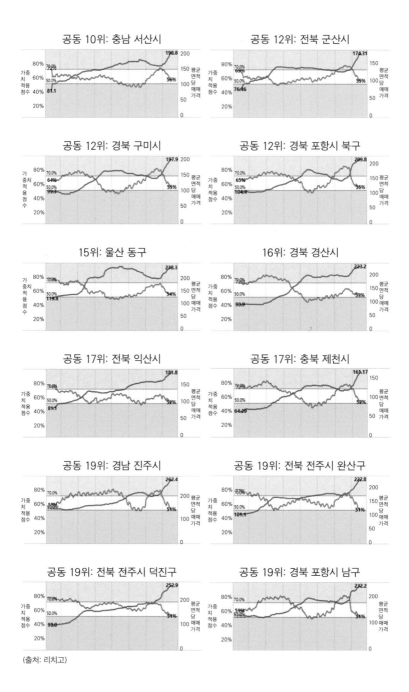

(출처: 리치고)

전국에서 종합투자점수가 하위 20위권 지역

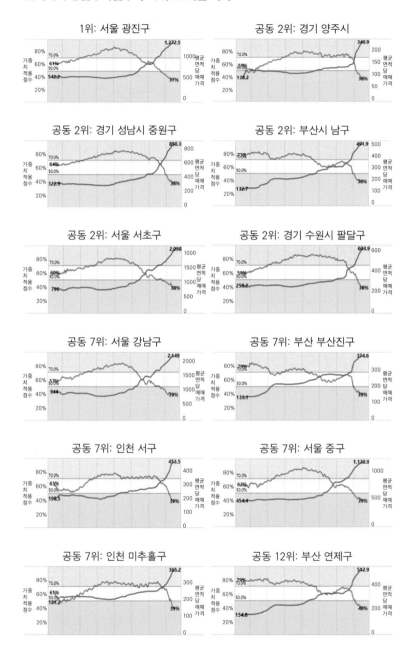

1위: 서울 광진구

공동 2위: 경기 양주시

공동 2위: 경기 성남시 중원구

공동 2위: 부산시 남구

공동 2위: 서울 서초구

공동 2위: 경기 수원시 팔달구

공동 7위: 서울 강남구

공동 7위: 부산 부산진구

공동 7위: 인천 서구

공동 7위: 서울 중구

공동 7위: 인천 미추홀구

공동 12위: 부산 연제구

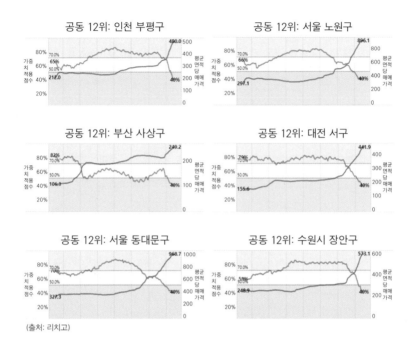

공동 12위: 인천 부평구
공동 12위: 서울 노원구
공동 12위: 부산 사상구
공동 12위: 대전 서구
공동 12위: 서울 동대문구
공동 12위: 수원시 장안구

(출처: 리치고)

이제는 전국 대부분 지역이 10년에 한 번 올까 말까 하는 절호의 매수 시기는 지나갔다. 앞서 2021년 유망지역에 대한 리뷰를 통해 2022년에도 유망지역은 부동산 시장 상승세가 유지될 가능성이 크다고 언급하였으나 이미 매매가격이 1년간 상승 흐름을 타며 종합투자점수가 낮아졌다. 따라서 필자는 잠재 가치가 매우 높은 2022년의 유망지역이라 보진 않는다. 필자가 바라보는 부동산 투자는 부동산 시장의 사이클에서 발바닥 또는 발목에 매수하고 머리 꼭대기가 아니라 어깨 정도에서 매도하는 방식을 의미하며 매우 보수적인 투자를 지향한다.

다만, 종합투자점수로 볼 때 이미 매매가격이 상승하고 있음에도 가장 점수가 높은 '경남 거제시'는 2022년 유망지역으로서 눈여겨볼 필요가 있기에 자세히 기술하도록 하겠다. 또한 종합투자점수 상위

20위 지역들은 금융위기와 유사한 외부 충격 때문에 부동산 시장이 침체된다면 다시금 절호의 매수 적기가 찾아올 수 있기에 기억해두고 있길 바란다.

빅데이터로 바라본
2022~2023년 유망지역

기나긴 부동산 시장의 침체를 딛고
조선업의 메카 거제시가 부활하고 있다

창원시 진해구에 대한 분석을 통해서도 언급했듯이 조선업의 부활이 심상치 않다. 조선업의 메카인 '경남 거제시'는 2014~2015년 조선업 경기가 침체하며 부동산 시장 역시 같이 불황을 겪어왔다. 약 5~6년간 부동산 시장이 침체하여 있었기에 2020년까지도 경남 거제시의 부동산 시장은 더욱 좋지 않을 것이라 믿는 사람들이 많았다. 그런데 종합투자점수에서는 가장 높은 점수로 나타나고 있어 빅데이터를 통해 경남 거제시의 부동산 시장을 확인해보도록 하겠다.

우선, 조선업의 현황에 관해 알아보자. 2012년부터 중국에 세계 선박 수주 점유율 1위를 내주었던 우리나라는 2014년을 기점으로 유가가 급락해 조선사의 일감을 책임진 해양 플랜트 발주가 끊기며 사실상 조선업이 더욱더 침체하였다. 조선업 경기가 좋지 않은 기간 동

한중일 글로벌 선박 수주 점유율 추이

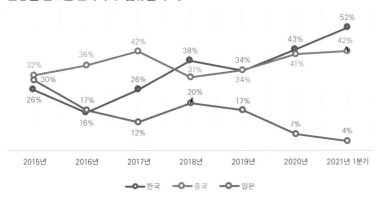

(출처: 클라크슨리서치·조선업계)

안 원가 절감과 기술 강화를 통해 2018년부터 선박 수주 점유율 1위를 되찾기 시작했다. 또한 2021년 1분기까지 세계 선박 수주 점유율 1위 자리를 지키고 있는 것으로 확인된다. 2021년 1분기는 세계 선박 중 절반을 넘게 수주하였다.

연평균 신조선가 지수

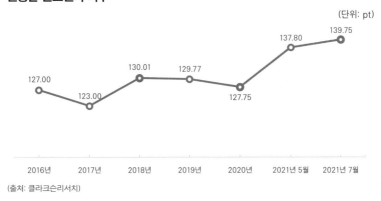

(출처: 클라크슨리서치)

 세계 선박 수주 점유율뿐만 아니라 선박을 새로 건조하는 가격인 '신조선가' 지수가 상승하고 있는 것으로 확인된다. 조선업 불황 이전인 2014년 7월의 139포인트 수준으로 오르면서 침체기가 끝나가고 있다는 의견도 있다. 이처럼 조선업 경기가 회복하고 있는 주요 사유는 국제해사기구IMO에서 2023년부터 운항 중인 선박에 대해 탄소 배출량 규제를 적용하는 강화 정책을 내놓으면서 환경 규제를 준수하기 위해 선박을 개조하거나 폐선한 후 새로 지어야 하는 상황이기 때문이다.

국내 조선사 LNG선 수주 연혁

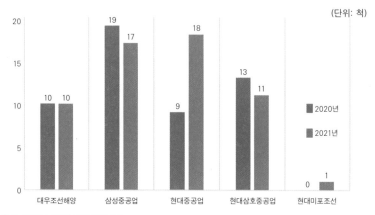

(출처: 클라크슨리서치·한국투자증권)

국내 조선사들은 2021년 전 세계 각 국가에서 발주한 액화천연가스LNG 운반선의 87%를 수주했다. 언론에서는 LNG선 수주 실적이 역대 최고치를 경신할 것으로 바라보고 있다. 2021년 7월 한국조선해양은 총 9,112억 원 규모의 초대형 LNG 운반선 4척에 대한 건조계약을 체결함으로써 일찌감치 올해 수주 목표치를 거의 다 채웠다. 아직 이른 판단일 수도 있으나 조선업계에서는 '슈퍼 사이클'이 도래했다는 예측이 나오고 있다. 조선업 역시 부동산 시장의 사이클과 마찬가지로 7~8년 주기로 호황기가 찾아온다. 여기서 슈퍼 사이클이란 장기적으로 가격이 상승하는 '대호황기'를 의미하며 조선업 시장에선 1973년과 2003년을 각각 1, 2차 슈퍼 사이클이었다고 보고 있다. 슈퍼 사이클은 30년 주기로 찾아왔기에 아직 슈퍼 사이클에 진입했다고 보긴 이르다는 주장도 많다. 그러나 선박의 교체 주기가 도래하였고 세계적 환경 규제로 개조 또는 교체를 할 수밖에 없다. 조선업 시장이 친환경 비즈니스 패러다임에 의한 변화를 맞이하는 시점이기에 긍정적으로 바라보는 시선도 적지 않은 것이 사실이다.

2022년 세계 신조선 발주량 및 한국 수주량 전망

구분	2020년	2021년 추정	2022년 전망	비고
세계 발주량 (증감)	23.2 (△23.5%)	41.3 (81.1%)	35.0 (△15.3%)	증감은 전년 대비를 의미 (단위: 백만CGT)
한국 발주량 (증감)	8.7 (△12.8%)	17.0 (96.4%)	13.0 (△23.5%)	
세계 발주액 (증감)	496 (△37.8%)	965 (94.5%)	860 (△10.9%)	(단위: 억 달러)
한국 수주액 (증감)	195 (△14.8%)	420 (115.9%)	340 (△19.0%)	

(출처: 클라크슨리서치·해외경제연구소)

영국의 조선·해운 시황 분석업체 클라크슨리서치가 발표한 「2022년 세계 신조선 발주량 및 한국 수주량 전망」에 따르면 2022년부터는 세계 선박 발주량이 감소함에 따라 한국의 선박 수주량 역시 감소할 것으로 전망하고 있다.

다만, LNG선 발주액은 2022년 더욱 증가할 예정이기에 실질적인 수주 실적은 2022년에 더욱 좋아질 수 있을 것으로 판단된다. 국내 부동산 시장과 연관 지어보면 이미 2020년 하반기부터 조선업 관련 지역의 부동산 시장이 대부분 회복하거나 상승하는 것을 볼 수 있어 조선업 경기의 완전한 부활을 알리고 있다. 그렇다면 조선업의 메카

LNG선 발주액 예상 추이

(단위: 억 달러)

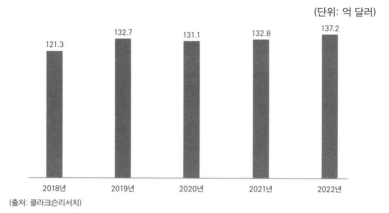

(출처: 클라크슨리서치)

인 경남 거제시의 부동산 시장 흐름은 어떻게 흘러가는지 빅데이터 를 통해 자세하게 확인해보자.

1) 매매와 전세 시세의 흐름(2015년 1월~2021년 12월)

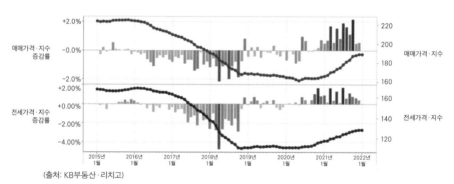

(출처: KB부동산·리치고)

거제시 매매 및 전세 누적증감률(2015년 1월~2021년 12월)

구분	매매 누적증감률	전세 누적증감률
거제시	-15.4%	-23.5%

(출처: KB부동산·리치고)

경남 거제시는 2015년 1월부터 매매·전세가격이 감소세로 진입하기 시작하여 2020년 9월까지 지속해서 감소한 것으로 확인된다. 특히 5~6년간 매매 누적증감률은 -15.4%가 감소하였으나 전세 누적증감률은 -23.5%가 감소하며 매매가격보다 전세가격이 더욱 감소한 것을 알 수 있다. 전세가격의 하락 폭이 크다는 것은 전세 수요가 감소했기 때문인데 실제 일자리 관련 인구가 다른 지역으로 많이 빠져나갔을 것이라 짐작할 수 있어 조선업 경기가 불황을 겪을 때 실수요자들의 인구 감소가 심했을 것이라고 예상할 수 있다. 거제시의 매매·전세가격의 회복은 2020년 9~10월부터 시작되었으며 전세가격 상승률은 '0.14~1.69%'로 꾸준히 증가 추세에 있고 매매가격 상승률은 증가 폭이 커지고 있다.

2) 전세 대비 저평가 인덱스(2015년 1월~2021년 12월)

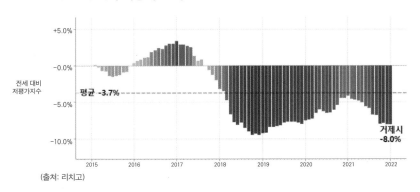

(출처: 리치고)

2021년 12월 전세 대비 저평가 인덱스는 '-8%'로 고평가되어 있다. 유망지역임에도 고평가로 나타나 다소 의아할 수 있다. 매매·전세가격 시세 추이에서 확인한 것과 같이 과거 매매가격보다 전세가격의 하락 폭이 더 컸기 때문에 전세가격 증감률과 매매가격 증감률을 비교하는 전세 대비 저평가 인덱스가 고평가로 나타날 수 있다. 특히 2021년 매매가격 상승률은 지속해서 증가 폭이 커지는 데 비해 전세 가격 상승률은 일정한 상승률을 유지했기에 전세 대비 저평가 인덱스가 2021년에도 고평가 상태를 유지했다.

그럼 앞으로도 전세 대비 저평가 인덱스는 고평가를 유지할까? 앞서 조선업 현황을 확인하며 조선업 선박 수주량이 증가한 것을 볼 수 있는데 선박을 수주하면 선주의 주문에 맞게 건조(제작)하는 기간이 2~3년 소요된다. 즉 선박 수주량이 증가하는 것은 건조하는 데 필요한 인력이 증가할 가능성을 내포하고 있다는 것이다. 이제부터는 선박을 건조하기 위해 인구가 유입될 것이며 2015~2020년 사이 전세 수요가 감소했던 것과 반대로 전세 수요가 증가하리라는 것을 예상할 수 있다. 단언할 수는 없으나 선박 수주량의 증가에 따라 일자리 인구가 증가할 가능성이 크기 때문에 전세 대비 저평가 인덱스 역시 저평가 구간으로 진입할 가능성을 기대할 수 있을 것이다.

3) 소득 대비 저평가 인덱스(2008년 1월~2021년 12월)

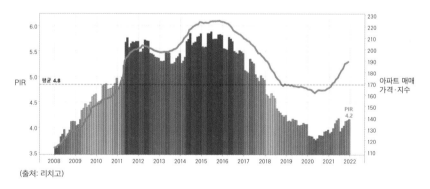

(출처: 리치고)

2021년 12월 PIR은 4.2로 평균 PIR 4.8보다 낮으며 저평가되어 있다는 것을 확인할 수 있다. 2020년 5월 PIR 3.8에서부터 증가 추이에 있으나 과거 가장 고평가 상태였던 2015년 6월 PIR 5.9와 비교하면 아직 소득 대비 거제시의 부동산 시장이 매우 양호한 상황이라는 것을 알 수 있을 것이다.

4) 물가 대비 저평가 인덱스(2008년 1월~2021년 11월)

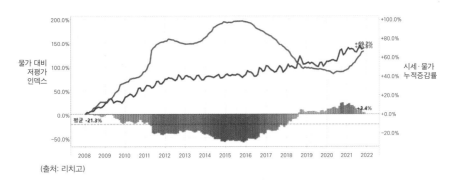

(출처: 리치고)

물가 대비 저평가 인덱스 역시 아직 저평가 구간에 있으며 물가 상승률이 거제시 아파트 매매가격 상승률보다 더 높다. 2020년 10월 '+23.7%'에서부터 저평가 인덱스가 감소하고 있으나 과거 가장 고평가되었던 2015년 11월 '-59.7%'에 비해 매우 저평가되어 있다. 물가 상승률과 비교하면 아직 거제시 아파트 매매가격이 양호한 상황이라고 판단된다.

5) 전세가율(2003년 6월~2021년 12월)

과거 전세가율이 가장 높았던 2017년 1월 77.7%에서부터 2018년 10월 65.6%까지 약 1년간 급격히 감소하였다. 이때는 전세가격이 가

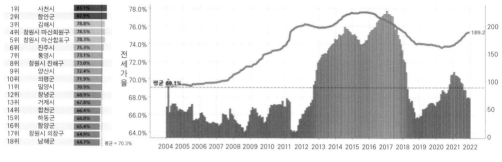

1위	사천시	83.1%
2위	함안군	82.9%
3위	김해시	78.8%
4위	창원시 마산회원구	78.5%
5위	창원시 마산합포구	78.3%
6위	진주시	75.3%
7위	통영시	73.1%
8위	창원시 진해구	73.0%
9위	양산시	72.4%
10위	의령군	71.9%
11위	밀양시	70.9%
12위	창녕군	68.9%
13위	거제시	67.8%
14위	합천군	66.4%
15위	하동군	66.0%
16위	함양군	65.4%
17위	창원시 의창구	64.9%
18위	남해군	64.7%

평균 = 70.3%

(출처: 리치고)

장 많이 하락했던 시기였다. 2018년 10월 이후 2021년 1월까지 약 2년간 전세가율이 증가하였으나 아직 전세 수요가 뒷받침되지 않아 다시금 감소 추이에 있다. 2021년 12월 거제시 전세가율은 67.8%로 경남 전체 22개 시·군·구 중 13번째에 해당하고 평균 70.3% 이하 수준이기에 경남 내에서 상대적으로 전세가율이 높지 않은 수준이라 볼 수 있다(다만, 일자리 환경이 개선되면 전세 수요의 증가를 기대해볼 수 있다). 실수요자들이 내 집 마련을 고민한다면 전세가율의 감소 추이가 큰 의미가 없겠으나, 부동산 투자를 고려할 때는 상대적으로 자금이 많이 소요될 수 있다는 것을 고려하길 바란다.

6) 입주 물량(2000~2024년)

과거 2009~2011년에 입주 물량이 매우 부족하여 매매·전세가격의 상승 폭이 더욱 증가하였고 2017~2018년에 입주 물량의 공급이 역사상 가장 많았던 시기에는 매매·전세가격의 하락이 증폭되었던 것을 볼 수 있다. 입주 물량의 공급에 따라 거제시 부동산 시장의 분위기에 영향이 컸던 것을 확인할 수 있다. 2022년부터 2024년까지 입주 물량의 공급은 부족한 편이다. 2021년 입주 물량은 817호인데 2022년에

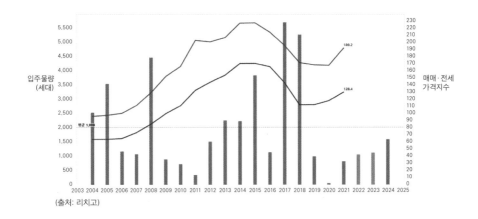

(출처: 리치고)

는 1,049호가 공급될 예정이어서 전년도 대비 232호가 더 공급되나 이 역시 매우 부족하다고 볼 수 있다(거제시는 2021년 12월까지 전남 광양시와 함께 전국에서 유일하게 미분양 관리지역에 속해 공급 물량의 조절에 따라 입주 물량이 매우 적어진 것으로 확인된다). 입주 물량의 부족은 부동산 시장의 상승세에 긍정적 영향을 줄 가능성이 클 것으로 판단된다.

7) 미분양(2007년 1월~2021년 10월)

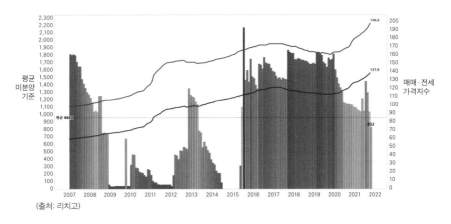

(출처: 리치고)

과거 2010년 3월 미분양 물량이 462호에서 2012년 1월 40호까지 감소하던 시기에 매매·전세가격의 상승 폭이 커졌고 2012년 11월 미분양 물량이 1,354호까지 증가하던 시기에 매매·전세가격이 조정받았다. 2015년 5월부터 미분양 물량이 증가하는데 불과 4개월 만에 3호에서 2,173호까지 증가한 것을 볼 수 있어 당시 거제시의 부동산 시장이 급격히 침체하고 있었다는 것을 알 수 있을 것이다. 미분양 물량은 2019년 12월 1,819호에서부터 2021년 10월까지 꾸준히 감소하고 있으며 2021년 4월과 7월 사이에는 미분양 물량이 일시적으로 증가한 것을 볼 수 있다. 앞서 유망지역인 창원시 진해구에서 미분양 관련 리뷰를 했던 것과 같이 부동산 시장이 침체기에서 벗어날 때 실수요자가 우선이 되는 분양 시장에서는 일부 미분양 물량이 발생하기도 한다는 것을 거제시를 통해서도 확인할 수 있다. 2021년 10월 미분양 물량은 832호가 남아 있으며 아직 평균 963호와 비슷한 수준으로 미분양 물량이 많이 남아 있다. 하지만 2021년 9~10월 미분양 물량이 감소하는 속도가 빨라지는 것을 볼 수 있다. 거제시의 부동산 시장은 이제 침체의 늪을 빠르게 벗어나고 있다고 판단된다.

8) 일자리(국민연금 가입자수 3년간 증감률: 2018년 10월~2021년 10월)

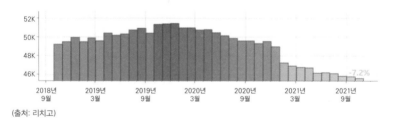

(출처: 리치고)

국민연금 가입자수 증감률은 2019년 12월 이후부터 급격히 감소하는 것으로 확인된다. 선박 수주량이 세계 1위를 유지하는 것과 다

경남 거제시 장평동
전체
(2021년 10월)
가입자수: **15,967**명(-0.8%)

경남 거제시 옥포동
전체
(2021년 10월)
가입자수: **2,431**명(+12.4%)

경남 거제시 고현동
전체
(2021년 10월)
가입자수: **3,826**명(+25.9%)

경남 거제시 아주동
전체
(2021년 10월)
가입자수: **14,612**명(-23.3%)

© 2022 Mapbox © OpenStreetMap

(출처: 리치고)

르게 일자리 인구수는 지속해서 감소하고 있다. 과거 조선업 경기의 불황 때문에 선박을 건조하지 못하던 상황이었기에 수익성 난조로 대규모 구조조정이 단행되었던 것을 생각할 수 있다.

국민연금 가입자수 증감률을 읍면동으로 확대하여 살펴보면 삼성중공업이 위치한 장평동은 큰 변화가 없으나 대우조선해양이 있는 아주동은 매우 큰 폭으로 감소한 것을 확인할 수 있다. 국내 조선업의 빅3에 해당하는 대우조선해양은 2021년 12월까지 60척(108억 달러)을 수주하며 수주 목표치 대비 151%를 달성하였으며 삼성중공업 역시 목표치 대비 123%를 달성하였다. 따라서 다시금 선박 건조를 위한 인력이 재배치되거나 외주를 통한 선박 건조 인력이 유입될 수 있을 것으로 기대할 수 있다.

9) 인구수, 세대수(3년간 인구수 및 세대수 증감률: 2018년 11월~2021년 11월)

3년간 인구수가 감소하는 추이를 보였고 세대수는 꾸준히 증가하

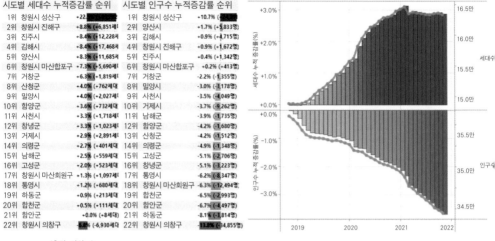

(출처: 리치고)

였으나 2021년 3월부터 8개월간 증가율이 정체된 모습을 보여 인구수와 세대의 추이는 부동산 시장이 지속해서 좋은 분위기를 유지하는 데 다소 좋지 않다고 판단된다. 다만, 경남 전체에서 거제시의 세대수 증가율은 22개 지역구 중 13번째로 준수하며 인구수는 비록 감소하였으나 인구수 증감률도 10번째에 있어 도 내 다른 지역 대비 감소율이 매우 낮은 것은 아니다. 앞으로 일자리 환경의 개선에 따라 인구수와 세대수가 증가할 가능성이 크나 그 추이는 지속해서 지켜볼 필요가 있다.

10) 거제시 종합평가(2021년 12월 기준)

		나쁨	보통			좋음
시세	매매	□	□	□	□	→
	전세	□	□	□	→	□
전세 대비 저평가		□	→	□	□	□
소득 대비 저평가		□	□	□	□	←
물가 대비 저평가		□	□	□	□	←
전세가율		□	□	←	□	□
입주 물량		□	□	□	→	□
미분양		□	□	□	→	□
일자리		□	□	→	□	□
인구수, 세대수		□	□	←	□	□
종합 결론		□	□	□	→	□

거제시는 과거 전세가격의 하락 폭이 컸던 지역으로 전세 대비 저평가 인덱스가 고평가에 있으며 전세가율 역시 낮은 상황에 있다. 다만, 소득 및 물가 대비 저평가 인덱스가 아직 저평가여서 거제시 부동산의 본질가치 대비 저평가되어 있다. 국민연금 가입자수가 줄어든 것 역시 2020년 대우조선해양의 구조조정에 의한 것이었으나 2020~2021년 선박 수주량과 수주액이 지속해서 증가하고 있다. 선박 건조에 필요한 인력이 이제부터 거제시에 유입될 것으로 예상할 수 있다.
2021년부터 매매가격 상승률이 증가하기 시작하였으며 아직 실수요자들은 거제시의 기나긴 부동산 침체기에 대한 공포에서 벗어나지 못한 상황이기에 앞으로 실수요자들의 부동산 매수 수요까지 가세하면 부동산 시장은 활황을 띨 가능성이 매우 크다. 종합투자점수에서 유일하게 점수가 70% 이상에 있는 거제시를 눈여겨볼 필요가 있다. '똘똘한 한 채'를 매수하고 싶다면 거제시는 긍정적으로 검토해볼 지역이라 판단된다.

이상 종합투자점수와 2022년 유망지역인 거제시에 대해 살펴보았다. 부동산 시장은 계속 오르기만 하는 지역도 없고 또 계속 내리기만 하는 지역도 없다. 조선업 경기와 같이 경제 시장은 사이클에 따라 유기적으로 움직인다. 이러한 큰 흐름을 잘 이해하고 있어야 내 자산 가치를 지키며 증식할 수 있다. 수도권만 보더라도 4~5년 전엔 부동산을 매수하길 주저하거나 수도권 부동산 시장이 곧 침체할 것이니 위험하다는 의견이 많았다. 그럼에도 4~5년이 지난 지금의 대중들은 최근 몇 년의 시장이 좋아졌던 흐름만 기억하며 상승장에 올라타지 못한 것을 후회하거나 매수 적기가 지난 것을 알면서도 뒤늦게 편승하여 영원히 상승할 것이란 기대감에 부풀어 있다. 모든 부동산은 1960년대부터 현재까지 본다면 매매·전세가격이 한 번도 하락한 적은 없으나 부동산 사이클에 따라 상승과 하락을 반복해가며 상승하였다. 굳이 상승장의 마지막에 매수하여 다음 상승장을 기다릴 필요가 없으며 언제 다시 상승할지도 모르는 상황에서 시간이라는 기회비용을 버리지 않길 바란다.

필자는 전 책에서도 언급하였듯이 최종 판단은 독자가 하는 것이고 데이터가 항상 100% 정답은 아니라고 생각한다. 그러나 데이터는 그 누구보다 신뢰할 수 있는 객관적인 지표라 자부할 수 있으며 우리가 나아갈 방향을 알려주는 등대와 같은 역할을 하고 있다고 믿는다. 부동산과 관련된 정보의 홍수 속에서도 이 책이 독자들의 고민을 해결하는 방향으로 제시되었기를 바라며 방향을 잘 이해하고 그대로 따라간다면 경제적 자유를 이룰 수 있을 것이다.

물극필반의 교훈을 되새겨보자

(리치톡톡 김기원)

물극필반은 '사물의 전개가 극에 달하면 반드시 반전한다.'라는 뜻으로 흥망성쇠는 반복되며 어떤 일을 할 때 지나치게 욕심을 부려서는 안 된다는 의미를 담고 있습니다. 한국의 부동산 시장은 2020~2021년 너무나도 뜨거웠고 최근에는 분위기가 싸늘하게 식어가고 있습니다. 그런데도 오랜 기간 지속하여온 가격 상승에 대한 관성이 남아 있어서인지, 아직 많은 사람이 향후 부동산 시장의 전망에 대해 긍정적으로 판단하는 것을 느끼고 있습니다.

하지만 부동산과 관련된 여러 빅데이터들은 부동산 시장이 변곡점에 와 있다고 경고하고 있습니다. 머지않아 서울, 경기, 인천, 대구, 대전과 같은 고평가 지역이 대세 하락을 시작할 징조가 보이고 있습니다. 더군다나 금리와 대출 규제 등 부동산 시장을 둘러싸고 있는 주변 환경이 좋지 않은 방향으로 흘러가고 있습니다. 이제는 물극필반의 교훈을 그 어느 때보다 마음에 새겨야 할 시기라 판단합니다.

2016년 1월에 혼자서 '리치고'를 만들던 때부터 기억들이 주마등처럼 스쳐 지나가네요. 부동산에 관한 의사결정을 개인의 의견이나 경험에 근거하는 것에서 벗어나 객관적인 데이터에 근거해서 과학적으로 하고 싶다는 열망에서 리치고를 개발하기 시작하였습니다. 또한 더 많은 사람에게 데이터에 기반을 두어 자산을 안전하게 지키고 증식하는 데 도움이 되며 더 나아가 부동산 시장의 흐름이 안정화되는 데 이바지하고자 2019년 5월 창업을 하게 되었습니다. 지금은 최고의 개발자들이 모여 60여 명 이상이 같은 뜻을 향해 리치고를 만들어나가고 있습니다. 어느덧 개인뿐만 아니라 대형 건설사들도 리치고 빅데이터 시스템을 사용하고 있습니다.

개인과 기업들 역시 이제는 부동산 시장에 관한 의사결정을 과학적으로 결정하는 시기가 도래했다고 생각합니다. 데이터에 근거한 부동산 시장의 의사결정은 궁극적으로 부동산 시장이 안정화되는 데 더 많은 이바지를 할 수 있으리라고 기대하고 있습니다. 아직은 데이터가 아무리 정교해졌다고 하더라도 미래에 어떤 일이 발생할지 알 수 없으므로 분명히 한계가 있을 수 있습니다. 하지만 부동산 시장에 참여하는 의사결정 주체들이 가진 지식과 경험을 지속해서 데이터화하여 결합해나간다면 부동산 시장의 흐름을 미리 예측하는 확률을 더욱 올릴 수 있고 성공적인 의사결정을 할 수 있을 것이라 자신합니다.

세 번째 책이 출간되기까지 늘 다양한 빅데이터들을 어떻게 조합하여 더 정밀하게 부동산 시장을 분석할 수 있을지 같이 고민하고 개선해가는 리치고 식구들에게 감사한 마음을 전합니다. 또한 리치고 팀 초기에 합류해서 그 누구보다 부동산 빅데이터들을 잘 이해하고 있고 실제 투자도 성공적으로 해온 찐 부동산 덕후인 정세윤 팀장이 같이 집필하며 신경 써준 덕에 이 책이 세상에 나올 수 있었습니다. 깊은 감사의 마음을 전합니다. 마지막으로 항상 믿음으로 지켜보고 응원해 주시는 부모님과 가족에게도 깊은 사랑과 감사의 마음을 전합니다.

최적의 매수매도 타이밍은 언제인가

(줍줍인 정세윤)

어머니께서 2001년 부동산업에 본격적으로 뛰어들며 방학 때는 친구와 '월세 있음'이라고 적힌 전단지를 붙이고 다니고 청소와 도배를 하며 부동산을 처음 접한 기억이 아직도 새록새록 떠오릅니다. 어느덧 부동산을 접한 지 20년이 넘어가고 있습니다. 부모님께서 다가구 주택에 투자하여 많은 수익을 내신 것을 보기도 했고, 때로는 부동산 시장이 좋지 않던 시기에 재개발 구역이 해제되며 우울했던 경험을 가족이 다 같이 느끼며 '부동산 투자가 참 쉬운 것이 아니구나.'라는 것을 이른 나이에 깨달았습니다. 그리고 '어떻게 해야 부동산 투자를 안전하게 할 수 있을까?'란 생각을 오랫동안 해오게 되었습니다.

어렸을 때부터 몸소 직접 경험해야 이해할 수 있다고 믿었기에 상가에 대해 자세히 이해하기 위해 롯데GRS의 매장관리직에 지원하며 직접 매장 운영을 통해 상가에 대한 이해를 넓혀보고 더 나아가 부동산을 전문으로 다루는 회사에서 임대차, 매입과 매각, 자산관리, 개발 등의 다양한 업무를 진행하며 최대한 부동산에 대한 이해를 넓혀 보고자 노력해왔습니다. 그런데도 정작 직접 주택 하나를 투자하는 데는 많이 망설여졌습니다. 근 6년 사이에는 많은 통계자료를 분석하고 매주 부동산 전문가의 서적들을 읽고 임장을 다니면서도 늘 부동산 시장 분위기가 좋지 않을 때 대처할 수 있는 위험을 생각하며 투자를 망설인 경험을 여러 번 했습니다.

재개발 지역에 투자하거나 신축 아파트로 갈아타고 개발 호재를 미리 파악하여 신도시에 투자하는 등 부동산에 투자하며 만족하는 삶을 영위해왔으나 늘 마음 한편에서 불안했던 부동산 투자의 위험성을 김기원 대표님과 만나면서 해소할 수 있었습니다. 부동산 빅데이터들을 잘 조합하면 부동산 시장의 흐름을 읽어낼 수 있다는 것을 알 수 있었습니다. 데이터노우즈에 합류하여 만 2년 일을 진행하며 빅데이터의 정확성을 직접 검증해보고자 2021년 유망지역이었던 서산뿐만 아니라 빅데이터들이 알려주는 다양한 지역에 실제로 투자해봄으로써 이제는 그 누구보다 부동산 투자를 안전하게 할 수 있다고 믿고 있습니다. 제가 신뢰하는 부동산 빅데이터들을 많은 독자분들께서 알 수 있으면 좋겠다는 바람에서 『빅데이터 부동산 투자 2022~2023 대전망』을 공동집필하게 되었습니다. 모쪼록 이 책을 통해 독자분들이 부동산 투자를 하며 겪는 어려움을 많이 해결할 수 있었으면 좋겠습니다.

20대 후반 이른 나이부터 부동산 투자를 해오며 주변 사람들한테 가장 많이 들었던 이야기가 "지금이라도 매수해야 할까요?"였습니다. 두 가지를 고려해야 합니다. 첫째, 경제 시장에는 늘 '사이클'이 있습니다. 소득이나 물가가 상승하는 만큼 주택 가격도 계속 상승했지만 사이클에 따라 상승과 하락을 반복해가며 상승하고 있습니다. 수요와 공급의 불균형 문제가 될 수도 있고 IMF와 같이 경제적으로 위기를 겪으며 주택 가격이 하락하였다가 다시 상승하기도 합니다. 둘째, 부동산 시장은 지역마다 각기 다르게 움직입니다. 어느 지역은 부동산 시장 분위기가 좋지 않기도 하지만 어느 지역은 부동산 시장 분위기가 좋아지고 있기도 합니다. 그래서 저는 두 사유로 늘 "지금이라도 매수해도 됩니다."라고 답을 하곤 합니다. 꼭 수도권 부동산을 매수해야 한다는 생각에 국한할 이유가 없다면 언젠가 살고 싶은 지역과 주택으로 가기 위해 자산을 증식할 수 있는 투자 가치가 있는 지역을 선택하면 되기 때문입니다.

그런데 "최적의 매도 타이밍은 언제일까요?"라는 질문에 대해서는 언제나 확답하기 쉽지 않습니다. 부동산 시장의 분위기가 좋을 때는 매도하고도 잠을 설치는 경험을 여러 번 해봤기 때문입니다. 확답을 내리긴 어려운 문제이나 늘 부동산을 매도하고 아쉬울 수도 있고 정말 잘했을 수도 있습니다. 저만의 정답은 매도하고도 다른 투자처를 계획하고 실행에 옮길 만한 확신이 있다면 매도를 결정한 시점에서 원하는 가격에 매도했을 때가 가장 최적의 매도 타이밍이라고 생각합니다. 과유불급이란 사자성어가 있듯 늘 내가 투자한 부동산이 올라가는 것만 보면 아쉬울 수 있습니다. 후회하기보단 부동산을 매도한 후 다양한 투자처에 투자해보며 실패와 성공이 쌓여 노하우가 생기면 이를 바탕으로 문제가 생길 때 적절하게 대처할 수 있는 능력을 갖추게 된다는 것을 몸소 느낄 수 있습니다.

또한 '전국 곳곳을 돌아다니며 여행도 할 수 있으니 이보다 신이 나는 경험이 또 어디 있을까?'라는 생각도 하게 될 것입니다. 부정적인 생각을 긍정적인 생각으로 바꾸면 평범한 사람이 특별한 사람으로 바뀌고 도저히 안 될 것 같은 장애도 넘어설 수 있다고 합니다. 늘 원하는 목적을 위해 후회되는 일을 경험 삼아 더 앞으로 나아가기 위해 노력한다면 어느새 원하는 목적을 달성할 수 있을 거라고 믿으며 독자분들 역시 모두 '성투(성공한 투자)'하셨으면 좋겠습니다.

글을 마무리하며 공동 저자로 참여할 기회를 주신 김기원 대표님께 진심으로 감사드립니다. 그리고 늘 함께 즐거운 하루하루를 만들어가는 데이터노우즈 직원분들과 바쁜 업무 일정 속에서도 주거용 부동산을 연구할 수 있도록 도움을 준 신한리츠운용 신영헌 팀장님, 데이터노우즈에 합류할 수 있도록 도움을 주신 교보리얼코 성창기 팀장님, 어린 시절 같이 전단지를 붙이고 다녔던 소중한 친구 김휘구, 부동산 이야기로 만나 늘 같이 임장 여행을 다니며 부동산 경험을 쌓아가는 사랑하는 배우자 진나라에게 책의 지면을 빌려 고마움을 마음을 전합니다. 마지막으로 항상 믿고 응원해주시는 부모님과 장인 장모님께 깊은 사랑과 감사의 마음을 전합니다.

빅데이터 부동산 투자 2022-2023 대전망

거대한 변곡점 앞에 선 한국 부동산 시장

초판 1쇄 인쇄 2022년 4월 6일
초판 1쇄 발행 2022년 4월 15일

지은이 김기원 정세윤
펴낸이 안현주

기획 류재운 **편집** 안선영 **마케팅** 안현영
디자인 표지 최승협 본문 장덕종

펴낸 곳 클라우드나인 **출판등록** 2013년 12월 12일(제2013-101호)
주소 우) 03993 서울시 마포구 월드컵북로 4길 82(동교동) 신흥빌딩 3층
전화 02-332-8939 **팩스** 02-6008-8938
이메일 c9book@naver.com

값 19,900원
ISBN 979-11-91334-63-0 03320